中学教师资格考试与教师教育公共课程教学系列教材（总主编 郭 平 卢 雄）

中学心理学

（第 2 版）

主　编　　廖全明

副主编　　余红梅　　燕镇鸿

西南交通大学出版社

·成　都·

图书在版编目（CIP）数据

中学心理学 / 廖全明主编. -- 2 版. -- 成都：西南交通大学出版社，2024.7. -- ISBN 978-7-5643-9931-3（2026.1 重印）

Ⅰ. G44

中国国家版本馆 CIP 数据核字第 2024AN2037 号

Zhongxue Xinlixue (Di 2 Ban)

中学心理学（第 2 版）

主　编 / 廖全明

策划编辑 / 梁　红

责任编辑 / 郭发仔

封面设计 / 墨创文化

西南交通大学出版社出版发行

（四川省成都市金牛区二环路北一段 111 号西南交通大学创新大厦 21 楼　610031）

营销部电话：028-87600564　028-87600533

网址：https://www.xnjdcbs.com

印刷：成都中永印务有限责任公司

成品尺寸　185 mm × 260 mm

印张　15　　字数　376 千

版次　2015 年 9 月第 1 版　　2024 年 7 月第 2 版　　印次　2026 年 1 月第 9 次

书号　ISBN 978-7-5643-9931-3

定价　45.00 元

课件咨询电话：028-81435775

第二版前言

经过一年多的努力,《中学心理学》第二版终于要和读者朋友们见面了。在总结多年来教学经验、教学研究成果基础上，我们心理学教研室完成了本教材的修订工作。此次修订，本教材思考了教师资格证考试的一些新需求，深刻分析了心理学知识体系在基础教育教师知识结构中的重要地位，同时也借鉴了国内外一系列心理学教材。

《中学心理学》第一版于 2015 年正式出版发行，至今已过多年。多年来，这本教材深受广大读者和在校师范大学生们的喜爱，在全国多个省市学校被广泛使用。心理学知识部分主要包含教师资格考试笔试科目《教育知识与能力》，不仅考查学生是否掌握普通心理学、教育心理学基本理论知识，而且考查学生对知识的理解、分析、应用情况，旨在突出学生教育教学实践能力，提高学生的职业能力素养。新考试大纲不强调对知识的机械记忆，而重视新知识的学习、应用和综合素养的提升，如不再保留教育心理学概述、心理健康教育的概念等内容，增加了情绪调节方法等内容；新考试大纲不再强调教育学、心理学学科差异，而是重视不同学科间知识的融合，如心理学知识就分布在《综合素质》《教育知识与能力》《学科教学知识与能力》三个科目中，重视考查考生的知识综合应用能力。同时，我们在使用过程中也发现原来的书稿中存在一些不足：部分内容与教师资格考试大纲不符；内容老套陈旧，如创造思维的培养就包括原则、培养、训练三个部分，学生不清楚掌握什么、记忆什么；案例过时，这些案例都是几年前的案例，与现实情况有明显差异；练习与思考题量太少，达不到教师资格考试练习的目的。心理学公共课教学需要适应教师资格证考试的这些新要求、新形势，克服原有教材中存在的不足。因此，我们对原有教材进行了修订。

本次修订在保持和发扬原教材优点的基础上，力争使本教材处于时代前沿、符合新要求，重视教材体系的科学性、系统性和应用性。为此，我们做了以下一些努力：首先，在教材内容上，既强调科学性、系统性，也重视师范性和应用性。在教材内容体系上，我们对内容结构进行了一定程度的调整，基本保留了原教材的知识体系和框架，又按照新的大纲补充了相关内容或修改相关内容，加强了教师教育实际需要的应用性内容，引导读者能根据本书学以致用。本次修订注重应用心理学知识对相关教育教学情境或教育现象、案例进行分析，培养学生解决实际问题的能力。希望在保留公共心理学课程知识体系的完整性、系统性基础上，覆盖教师资格证考试大纲心理学相关知识点，体现内容体系的完整性、科学性、师范性和应用性。其次，在教材体系上，强调实用性和可读性。本书努力创新心理学教材的编写形式，尽量将心理学知识与教育教学实际结合起来，增加教育教学的典型案例，更换过时的教学案例。根据心理学课程教学需要、教师资格证考试现实需要修改、调整陈旧落后的内容，以及不符合形势要求、学生不容易学记的内容。目的是让学生能较为全面地认识和掌握心理学基础知识，培养分析问题和解决问题的能力以及研究创新能力。本书力求通俗易懂、生动有趣，不追求大而全，在遵循教师资格证考试大纲要求的前提下，既精选经典性、较为成熟的理论内容和实验项目，也选择了部分前沿性、能反映心理学研究最新进展的理论内容和实践问题，还选择了现实教学案例进行心理学分析。同时，在修订过程中还增加了练习题量，要求每章编写的练习题题型与考试大纲题型保持一致。

参加本书修订的人员分工如下；第一章“绪论”、第三章“感觉和知觉”、第五章“思维”、第七章“动机与学习”、第十一章“中学生心理辅导”由余红梅负责；第二章“注意”、第四章“记忆”、第十二章“教师心理”由燕镇鸿负责；第六章“情绪和情感”由刘杨负责；第八章“人格及其发展”、第九章“学习心理”由张灏负责；第十章“中学生心理发展与教育”由廖全明负责。全部书稿由廖全明、余红梅、燕镇鸿进行统稿。

本书在修订过程中参考了国内外许多同类教材、相关文献和教学案例，以求博采众长，在此谨向原作者表示衷心的感谢!同时，衷心感谢西南交通大学出版社所做的大量工作，感谢对本书修订工作付出辛勤劳动的所有同事以及为本书出版提供帮助的人！但修订结果与期待之间总会存在一定的差距，难免会有诸多不足之处，敬请读者和同仁们批评指正并提出宝贵意见。

廖全明

2024 年 3 月

第一版前言

公共心理学是教师教育最能体现“师范性”、培养从事教育教学合格师资的重要组成部分之一。它可为师范生学习教育学和各科教材教法提供必要的心理学基础知识，也可对学生从事教育教学实践活动时进行一定的心理学基本训练，还可培养学生学习研究心理学的兴趣，为进一步学习心理学打下基础。心理学是教师教育专业最基本的学科，是教师教育专业学生的必修课程，学好心理学课程也是获得教师资格证书的重要条件。然而，目前高等师范院校公共心理学课程重理论、轻实践，内容较为抽象和空洞，脱离基础教育实践问题较为普遍，在学生从事教育教学工作和研究方面缺乏针对性和可操作性。在全国统一推行教师资格证考试制度的情况下，如何利用所学知识技能解决教育教学中的实际问题，将成为高等师范院校公共心理学课程必须解决的现实问题。改革现有的公共心理学教育教学内容和教学方式，已经成为迫在眉睫的现实需要。

高等师范院校公共心理学应有自己的体系，它不是心理学的分支学科如普通心理学、教育心理学、发展心理学、社会心理学等内容的简单堆积或汇编，而应该根据高等师范院校的培养目标和质量，以及学生从事教师教育实践活动所应具有的素质能力，整合心理学学科内容与教师教育现状，重新构建体现教师教育特色的、全面的、简明的体系。为此，我们组织心理学专业教师编写了这本《中学心理学》。

本书编写遵循以下基本原则：一是可读性原则。本书力求通俗易懂、生动有趣，以达到普及心理学知识、训练学生心理学专业技能的目的，不仅可作为公共心理学课程的教材，供学生阅读和教师教学参考，还可供教育学专业、心理学专业学生使用。因此在具体内容的选择上，在遵循教师资格证考试大纲要求的前提下，既精选经典性、较为成熟的理论内容和实验项目，也选择了部分前沿性、能反映心理学研究最新进展的理论内容和实践问题，目的是培养教师教育专业学生的心理学基本素养，努力使学生掌握心理学最基本或最简单的专业技能。二是可用性原则。本书编委会努力创新心理学教材的编写形式，让读者不仅可培养严谨求实的科学态度，还能形成对心理学较为全面的认识，通过某个心理学知识点或技能点的教学或者通过有限课堂教学的影响，让学生能较为全面地认识和掌握心理学基础知识，提高其分析问题和解决问题的能力以及一定的研究创新能力。因此，本书在内容选择上以贯彻“面向 21 世纪教育振兴行动计划”和第三次全国教育工作会议精神，以及培养适应新时代我国现代化建设所需要的人才为出发点，紧扣教师资格证考试和培养学生应用能力的现实需要，在内容涵盖了认知心理、人格心理、学生心理辅导、教师心理健康等部分，深入探讨和归纳教师资格考试的各部分内容和结构，列出部分练习与思考题，逻辑严谨、学练结合、重点突出、可读性强、梯度合理，极具实用性和兼容性，可作为教师资格认证考试及特岗教师录用考试参考用书。

参加本书编写的人员分工如下：第一章“绪论”、第三章“感觉和知觉”由杨柯撰写；第二章“注意”、第四章“记忆”由胡韬撰写；第五章“思维”由蓝洁撰写；第六章“情绪和情感”由刘杨撰写；第七章“动机与学习”、第十一章“中学生心理辅导”由石岩撰写；第八章“人格及其发展”、第九章“学习心理”由张灏撰写；第十章“中学生的心理发展与教育”由廖全明撰写；第十二章“教师心理”由燕镇鸿撰写。全部书稿由廖全明、燕镇鸿进行统稿。尽管本书的作者参加过多种心理学教材的编写，编写过程中也尽了最大努力，但因水平有限，书中疏漏在所难免，敬请各位专家和广大读者批评指正并提出宝贵意见。

本书在编写过程中参考了大量有关文献和教学案例，在此谨向原作者表示衷心的感谢!同时，衷心感谢西南交通大学出版社所作的大量工作!衷心希望本书能为广大考生朋友的复习备考提供实质性的帮助。

廖全明

2015 年 4 月

目　录

第一章 绪 论

【学习要求】

1. 明确心理学的研究对象，正确理解心理现象。
2. 了解心理学研究的主要内容，理解学习心理学的意义。
3. 明确心理学的研究原则，熟练掌握心理学的主要研究方法。
4. 了解心理学的发展历史，树立科学的心理观。
5. 了解心理学的主要学派及其观点。

什么是心理学？教师为什么要学习心理学？你也许读过心理学的相关读物，对书中介绍的一些心理学知识有兴趣；你也许看过心理学的相关视频，对其中的人、物、事非常好奇，如怎样提高记忆的效果，怎样培养自己的注意力，如何调节自己的情绪，怎样组织教学才能激发学生的兴趣，不同秉性的学生为何要提出不同的教育要求。本章主要介绍心理学研究什么和如何进行研究；说明心理学科和相邻的其他学科有什么联系和区别；讨论心理学的任务及心理学的研究领域，明确心理学在社会发展中的地位和作用；介绍心理学的主要研究方法，在这一过程中进一步理解心理学的科学特性；介绍心理学产生的历史背景，以及当代心理学研究的新发展。我们希望大家能尽快认识心理学、了解心理学，为今后的学习和进一步发展打下坚实的基础。

第一节 心理学的研究对象

一、心理学的内涵

任何一门学科都有自己特定的研究对象和探索领域，如生物学是研究生命现象的科学；教育学研究的是教育事实和教育问题，揭示教育规律的科学。心理学是研究人的心理现象及其发生发展规律的科学。心理现象也称心理活动。

由于心理活动是一种极其复杂的现象，关于它的研究对象，在心理学史上有各种不同的意见。其实，人类对自身心理现象的探究，从有人类文明史以来就已开始。心理学作为一门研究心理现象的科学，是一门与自然科学和社会科学都有交叉关系的边缘科学。心理学不仅是一门认识世界的科学，也是一门认识、预测和调节人的心理活动与行为的科学，对改造客观世界与人的主观世界有重大意义。由于人的行为是受心理活动影响和支配的，因此，研究人的心理发生、发展规律的心理学在社会生活各个领域中都具有重要的作用。

二、心理学研究的主要内容

心理学是研究人的心理活动的科学。人的心理活动是人们既熟悉又陌生，且又极其复杂的现象。例如，听到声音、看见颜色、记住事实、作出判断、产生行为等，都是我们熟悉的心理活动，但要对它们的产生及发展规律作出回答却不是一件简单的事。

人的心理活动是一个统一的不可分割的整体，为了研究和学习的方便，一般把它们分成认知、动机和情绪、能力和人格等三个方面。

（一）认　知

认知是指人们获得知识或应用知识的过程，这是人最基本的心理过程，包括感觉、知觉、记忆、想象、思维和语言等。我们接收到的外界的各种信息，经过大脑的加工处理，转换成内在的心理活动，进而支配人的行为。这一过程就是信息的加工过程，也就是人的认知过程。

人的认知过程是从感觉开始的。看到的颜色、听到的声音、嗅到的气味、尝到的滋味、触摸到的物体等，都是人脑对当前客观事物个别属性的反映，即感觉。它是一种最简单的心理现象。当然，对人来说，单纯的感觉几乎是很少的。因为客观环境中的许多事物都是由许多属性综合而成的整体。当你知道这个事物某一个属性时，往往也就知道了这个事物的整体。如我们看到一种颜色的时候，也就知道它是什么物体的颜色；听到一种声音时，也就知道是什么物体发出的声音，因而也就知道了这个事物的意义，这时的心理活动就是知觉。在日常生活中，正是由于感觉和知觉很难分开，因此我们常将它们统称为感知觉。

在学习和生活中，我们不仅要感知事物，还要记住事物。有时需要我们把它再现出来，有时需要我们把它回忆出来，这就是记忆。记忆是比感知觉更为复杂、更为高级的认识过程。

人不仅能直接感知个别、具体的事物，认识事物的表面联系和关系，还能运用头脑中已有的知识和经验去间接、概括地认识事物，揭露事物的本质及其内在联系和规律，形成对事物的概念，进行推理和判断，解决面临的各种各样的问题，这就是思维。例如，人们对原子的内部结构的认识，对生物进化规律的认识，人们通过对古代化石的研究推知远古时代动物和人类生活的情景。人们解决每天在生活和工作中遇到的各种问题，都是凭借思维活动来实现的。人们还能用语言把自己思维活动的结果、认识活动的成果与别人进行交流，接受别人的经验，这就是语言活动。人们还具有想象的能力，这是凭借在头脑中保存的具体形象来进行的。例如，作家创作一个人物形象、工程师设计一部新的机器、科学家构思自己的理论模型，都包含复杂的想象活动。在这些情况下，想象是和在头脑中创造新形象的活动相联系的。

（二）情绪和动机

人在认识外部世界时，绝不是盲目地去认识和反映客观事物，而总是有自己的某种需要。因此在认识过程中，人们不仅能认识事物的属性及其关系，还会因需要是否满足、目的是否达成而产生对事物肯定或否定的态度，引起满意或不满意、喜欢或不喜欢等主观体验，这就是情绪或情感。积极的情感能促进人们的认识活动，而消极的情感则会妨碍认识活动。

人类的认知和行为受情绪和情感的影响，是在动机的支配下进行的。所谓动机，是指推动人的活动，并使活动朝向某一目标的内部动力。动机的基础是人类的各种需要，即个体在生理上和心理上的某种不平衡状态。人有生理的需要，也有社会的需要；人有物质的需要，也有精神的需要。正是人的各种需要形成了人的不同动机。动机不同，人们对现实的态度以及相应的行为方式也不一样。

人不仅能认识世界，对事物产生肯定或否定的情感，而且能在自己的活动中有目的、有计划地改造世界。这种自觉的能动性是人和动物的本质区别。心理学把这种自觉地确定目的、并为实现目的而自觉支配和调节行为的心理过程叫意志。意志与认知、情感有密切关系。人对自己行为的自觉调节和控制，是根据自己的认识和情感来实现的，而人的意志的坚强或懦弱反过来又对人的认识和情感产生巨大的影响。

（三）能力和人格

能力和人格是心理学研究另一方面的内容。认知、情绪和动机是每个人都有的心理活动，它们的存在体现了人的心理活动的共性。而能力和人格却因遗传素质的差异及环境、教育的不同，反映了人与人之间的千差万别，正所谓“人心不同，各如其面”。世界上找不到两片完全相同的树叶，同样也找不到两个完全相同的人。

生活中我们可以看到，有的人观察仔细，有的人记忆力超强，有的人思维敏捷，有的人想象力丰富，这是人们在能力上的差异；有的人性情温和，有的人冲动固执，有的人活泼外向，有的人内敛安静，这是人们在人格上的差异。正是这些差异，使得人与人之间的心理活动相互区别，也使得人类的社会活动千姿百态。

认知、情绪和动机、能力和人格是人的心理现象的三个重要方面，是心理学研究的主要内容。三个方面相互联系、相互依存，构成个体完整的心理活动。

三、心理学与教师教育

心理学以人的心理活动发生发展规律作为研究内容，教育是培养人的活动，各年龄阶段的个体在发展中有其发展特点和发展规律，这是进行教育的重要依据。例如，研究个体思维发展规律，对于不同年龄阶段教什么、如何教有重要的指导意义；研究学生掌握知识、技能和形成道德品质的心理规律，能够让教师的教育教学活动事半功倍；研究教师良好的个性特点和教育能力形成的规律，可以帮助教师更好地成长；研究影响教育与教学效果的心理因素，可以帮助教师正确认识学与教的关系；研究师生间、学生间的关系及学生的个别心理差异，可以帮助教师形成科学的教育观、学生观，做到因材施教、有的放矢……这些研究成果，可以帮助教师及家长正确地确定教育教学内容，采用合理有效的教育、教学方法，提高教育教学工作效率。心理学是教师必须掌握的基础学科之一。总之，通过学习心理学，首先，可以为进一步学习教育学、学科教学法等提供理论依据；其次，可以为学生进行自我教育、加强自身修养、提高心理素质提供必要的心理学知识；最后，可以为学生毕业后创造性地从事教师工作，以及进行科学研究提供相应的理论知识与方法。

第二节　心理学的研究原则与方法

一、心理学的研究原则

辩证唯物主义是科学心理学的理论基础，在这一理论的指导下，心理学的研究必须遵循如下原则。

（一）客观性原则

在心理学研究中，客观性原则是指对任何心理现象必须按它们的本来面貌加以考察，必须在人的生活和活动中加以研究，即不要附加任何主观臆测，或采用单纯内省思辨的方法进行研究，而要根据别人可以观察并加以检验的客观事实进行分析。因为人的心理活动是通过人的有关活动、所作所为表现出来的。研究者（主试）必须对研究对象（被试）的一切活动进行如实记录，并据此分析、探讨被试的心理活动，从而揭示出心理活动的规律。

（二）发展性原则

发展性原则是指把心理现象看作一个变化、发展的过程，强调要在发展中研究心理现象。世间万物都处于不断运动、变化和发展之中，心理现象也不例外。人的心理是在动物心理发展的基础上形成的。人作为一个个体，从出生到衰老，其心理活动也处在不断的量变、质变中。这些变化既包括某些心理特点的产生与发展，也包括某些心理特征的衰退与消失。同时，心理在发展的过程中，既有人类共同的、一般的规律，又存在多方面的个体差异。因此，心理学的研究也必须遵循发展性原则。

二、心理学研究的基本方法

（一）观察法

观察法是指在日常生活条件下，了解和分析人的言行、表现，以判断其心理活动的一种方法。例如，研究婴儿的心理发展，就应选择特定的婴儿，每日在固定的时间内详细观察婴儿的身体运动、表情、发声等，并记录下当时的客观事实。将观察记录的材料积累到一定数量后，便可以分析、找出婴儿心理发展的规律。如达尔文（C. R. Darwin，1809—1882年）的《一个婴孩的生活概述》、我国陈鹤琴（1892—1982年）的《一个儿童发展的程序》的研究，都是采用观察法完成的。

观察法的优点是被试的心理活动自然、真实，因为被观察者通常不知道自己在被观察，因此会表现得自然真实。缺点是研究者只能消极、被动地等待某些心理现象的出现，研究者难以控制研究的进程。

（二）实验法

实验法是人为地创设和改变某种条件以引起心理现象产生，从而研究心理活动规律的方法。它是心理学研究的主要方法之一。

实验法的优点是：① 研究者可以通过控制条件，引起他所需要了解的某种心理现象，不必消极地等待它们的出现，使研究者处于主动地位；② 研究者可以控制条件，使某种心理现象在相同的情况下重复出现，便于反复观察，以积累较丰富的材料，便于得出较确切的结论；③ 研究者可以通过系统地变化条件，观察心理现象发生变化的情况，有利于确定一定心理现象产生的原因。

实验法包括自然实验法与实验室实验法。

1. 自然实验法

自然实验法是在比较自然的条件下，有目的地控制条件来研究人的心理活动规律的方法。例如，用自然实验法对不同教学方法的优劣进行研究，可以先选定两个在学习能力、智力水平、性别、人数等都相当的平行班作为研究对象，一个班由教师使用教法 A 进行授课，另一个班则采用教法 B 进行教学。经过一段时间后，如发现 A 班的学生发展与学习成绩的提高都明显优于 B 班，则说明教法 A 是较好的；如两个班的情况无大差异，甚至 A 班还低于 B 班，则表明教法 A 无优越性。自然实验法的优点是把实验研究与日常活动密切结合，进行起来较自然、方便，所得结果也较切合实际。缺点是实验条件难以较好地控制。

2. 实验室实验法

实验室实验法是在特设的心理实验室内，借助专门的仪器设备，严格控制实验条件，以探索心理活动发生发展规律的方法。实验室实验法主要用在感知、记忆、思维等心理活动规律的研究和某些心理活动的生理机制研究中。但由于实验室的实验是在人为的特定条件下进行的，其研究结果与日常实际生活中的心理活动有一定差距，研究结果也可能会因为紧张、焦虑而失真。这也是实验室实验法的主要缺点。

（三）调查法

调查法是指就某一问题要求被调查者回答其想法或做法，以此来分析、推测其心理活动的研究方法。调查法在实施时虽然是以个人为对象，但目的是借助许多个人的反映来分析和推测社会群体的整体心理趋向。

调查法分为问卷法和谈话法两种。

1. 问卷法

问卷法是指采用预先拟定好的问题表由被试自行填写来搜集资料，分析和推测其心理特点及有关心理状态的研究方法。由于问卷法可以同时向许多人搜集同类问题的资料，所以较省人力、物力。采用问卷调查时需要注意以下两个问题：一是问卷回收率可能会影响结果的准确性；二是被调查者有时可能不认真配合而使问卷的真实性受到影响。

2. 谈话法

谈话法是指研究者根据预先拟定好的问题向被调查者提出，在一问一答中搜集资料，分析和推测其心理特点以及心理状态的研究方法。谈话法一般不需要特殊的条件和设备，比较容易掌握和施行。但由于这种方法是采用交谈的方式进行的，被试的口头回答有时不够精确，有时回答的内容不完全可靠，多种主、客观因素的变化会影响资料的真实性。

（四）测验法

测验法是指用标准化量表对个体心理特征进行量化研究的方法。测验法通常被用来确定被试者某些心理品质的存在水平。有两种情况：一是采用测验法来研究个体行为（心理特征）在某一层面上的个别差异；二是采用测验法来研究被试者两种或多种行为（心理特征）之间的关系。无论是哪一种情况，测验的量表都必须标准化，测验的内容都必须具备适用性和科学性。只有某项测验量表确立，才能在量表所规定的问题范围内和所规定的人群范围内使用。目前，心理测验的种类很多，如智力测验可以了解不同年龄被试的智力发展水平，成就测验可以了解被试某些特殊能力的现实水平，人格测验可以了解被试各种心理特征和行为特点的综合表现。由于测验法是个体心理特征和行为表现量化研究的主要工具，因此，这种方法的应用范围很广。

心理学的研究方法很多，除上述几种方法外，还有活动产品分析法、教育经验总结法、个案研究法等。各种研究方法都有各自独特的优点，但也有其局限性。由于人的心理活动非常复杂，研究人的心理现象不能只单独采用某一种方法。在很多情况下，心理学的研究往往采用几种方法结合，使其相互补充，使得心理学研究的成果能够更好地揭示人的心理活动规律。

第三节　心理学的发展历史和流派

一、心理学的发展历史

心理学是一门既古老又年轻的科学。说它古老，是因为人类探索心理现象已有两千多年的历史，如在公元前 4 世纪亚里士多德就论述了人类的各种心理现象。说它年轻，是因为直到 1879 年，在德国莱比锡大学由德国哲学家、生理学教授冯特（W.Wundt）建立了世界上第一个心理实验室，把自然科学中使用的方法应用于心理学的研究，心理学开始脱离哲学而成为一门独立的科学。从这一角度说，心理学与物理学、生物学相比是一门年轻的、正在发展中的科学。

（一）哲学对心理学发展的影响

科学心理学的发展受到了近代哲学的深刻影响。17 世纪中期，法国哲学家笛卡尔有两个观点对心理学的发展产生了重要影响：第一，他提出“反射”概念来解释动物的行为和人的某些无意识的简单行为；第二，他把统一、完整的心理活动，如感知觉、思维、想象和某些情绪，与人体分开，因而陷入二元论。笛卡尔关于身心关系的思想推动了当时对动物和人体解剖学与生理学的研究，他的反射概念等对现代心理学的诞生产生了深刻的影响。

从 17 世纪到 19 世纪中叶，经验主义的哲学思想深刻地影响了心理学的发展。洛克被认为是经验主义的奠基人。经验主义主要研究观念的产生与联合。洛克认为人的心灵最初像一张白纸，没有任何观念。一切知识和观念都是从后天经验中获得的。他把经验分成外部经验和内部经验。外部经验叫感觉，它的源泉是客观的物质世界。物质世界的属性或特性作用于外部感官，因而产生外部经验。内部经验叫反省，是人对自己内部活动，如思维、意愿、情绪等的“观察”。洛克提出了“简单的观念是由感官经验而来”的看法，许多简单观念经由心灵的结合而成为复杂的观念。随着英国经验主义的发展，联想主义思潮逐渐形成。联想主义把联想的原则作为对全部心理活动解释的原则，认为观念的结合（联想）是了解人类学习与思考的基本法则。这些看法对心理学关于学习、记忆和思维等理论的产生有深刻的影响。

（二）生理学对心理学发展的影响

哲学为心理学的发展提供了理论探讨的基础，科学心理学的发展则受到了实验生理学的直接影响。19 世纪中叶，生理学已经成为一门以实验为核心的独立科学。生理学的发展，特别是德国生理学家缪勒（J.Muller）对神经细胞的特殊功能的探讨，不但对生理学本身的发展有杰出的贡献，而且激起了包括心理学家在内的许多学者在这方面的研究兴趣。生理学所采用的许多科学方法也相继被应用到对个体行为的研究中。例如，德国著名科学家赫尔姆霍茨（H.Helmholtz）用青蛙的运动神经测量了神经冲动的传导速度，这为心理学中应用反应时的测量方法奠定了基础。另一位德国学者费希纳（G.Fechner）研究大脑在光波的物理属性与人的心理属性之间转变中的作用，并建立了心物之间计量的关系以及心理物理学方法。德国学者韦伯（E.Weber）通过有系统地变化刺激的强度来观察个体的反应，发现刺激与反应之间的某些关系是可以预测的，并可以表示为“定律”，在感觉阈限研究和测量方面作出了特殊贡献。以上几位学者在听觉、视觉以及感觉阈限测量等方面的实验研究及其成果，直到今天仍然是心理学的主要内容之一。这一时期的研究工作和实验手段，为心理学采用科学的实验方法研究人的心理活动，摆脱哲学的附庸地位，最终成为一门独立的科学奠定了基础。1861 年，法国医生布洛卡（Paul Broca）从尸体解剖中发现，严重的失语症与左侧额叶部分组织的病变有关，从而确定了语言运动区（布洛卡区）的位置。1869 年，英国神经学家杰克逊（H.Jackson）提出了大脑皮层的基本机能界线：中央沟前负责运动，中央沟后负责感觉。1870 年，德国生理学家弗里茨（G.Gritsch）与希兹（E.Hitzig）用电击法研究大脑功能，发现动物的运动性行为是由大脑额叶的某些区域支配的。这些研究不仅加深了人们对大脑机能分区的认识，而且对研究心理现象和行为的生理机制开辟了广阔的前景。这个时期生理学家和物理学家在感官生理学方面的一系列重要发现，也为心理学用实验方法研究感知觉问题奠定了基础。

（三）科学心理学的诞生

科学心理学的正式诞生，一般公认为始于冯特（Wilhelm Wundt）的实验工作。冯特是德国莱比锡大学教授，1879 年在莱比锡大学建立了世界上第一个心理学实验室，这成为科学心理学诞生的标志，冯特也因此被称为“心理学之父”。

冯特对心理学的贡献集中体现在以下三个方面：第一，从学术研究的背景看，冯特是 19 世纪后期生理心理学集大成的人。冯特在柏林大学与海德堡大学求学期间，曾是缪勒与赫尔姆霍茨的学生。冯特继承其研究，并发扬光大。自 1864 年起，冯特在海德堡大学任教，并集其研究成果，于 1874 年出版《生理心理学原理》。该书被生理学与心理学界推崇为不朽之作。有人认为，其重要性相当于学术史上的心理学独立宣言。第二，冯特设立的心理实验室，之所以特别受到后人重视，主要是因为他采用了系统的科学实验方法来探究“心之结构”。冯特进行实验研究时，通过研究者控制刺激使之有系统地变化，让受试者凭自己的主观判断做出反应或说出感受。这种方法称为内省，也是心理学研究的主要方法之一。第三，从现代心理学的观点看，一百多年前冯特的研究，在内容上只以意识为主，已不合时宜。但冯特首创的系统实验方法，使心理学也可以像其他自然科学一样进行实验研究，科学所强调的客观性、验证性、系统性三大特征得到了保证。至此，心理学真正脱离哲学的范畴而成为一门科学。

二、心理学的主要流派

19 世纪末到 20 世纪二三十年代，是心理学迅速发展、学派纷争的时期。在心理学独立之初，心理学家们在建构理论体系时因对心理学内容、方法以及研究目的提出了不同的看法，在众说纷纭中产生了不同的学派。根据研究者们不同的理论以及各自对心理学问题的研究，可以将其概括为以下主要学派和思潮。

（一）构造主义

构造主义是心理学的第一个学派，冯特是这一学派的创始人，他的学生铁钦纳（E.B.Titchener）是该学派的代表人物。他们认为心理学应该研究人的直接经验即意识，并把意识分为感觉、意象和感情三种基本元素。感觉是知觉的元素，意象是观念的元素，感情是情绪的元素，所有复杂的心理活动都是由这些元素构成的。在研究方法上首创了内省法，即通过对“自我”内在经验感受的观察和分析来进行研究。

（二）机能主义

机能主义的创始人是美国心理学家詹姆士（W.James），其代表人物还有杜威（J.Dewey）、安吉尔（J.Angell）等。机能主义心理学也主张研究意识，但认为意识不是个别心理元素的集合，而是一种持续不断、川流不息的过程。机能主义心理学强调意识的作用和功能，而不像构造主义那样强调意识的结构。例如，构造主义主要关心什么是思维，而机能主义则主要关心思维在人类行为中的重要作用。机能主义这一推动心理学面向实际过程的显著特点，使它在心理学的发展过程中产生了广泛和深远的影响。

（三）行为主义

行为主义心理学是由美国心理学家华生（J.Watson）于 1913 年创立的。行为主义心理学既不同意构造主义关于心理元素的看法，也不赞成机能主义把意识视为心理学的主题。华生认为意识是不可捉摸的，心理学不应该研究意识，而应该研究可观察、可测量的行为，并应将刺激与反应（S-R）之间的关系作为心理学研究的主要内容。直接的观察与测量是心理学的科学方法，而内省法是不客观的、不科学的。

行为主义心理学有三个重要特征：第一，强调以客观的观察和测量来记录人的行为，由于意识不能观察和测量，所以意识不应该包含于心理学研究的范围；第二，构成行为的基础是个体的反应，而某种反应的形成与相关刺激有关；第三，个体的行为不是生来就有的，而是在生活环境中习得的。

行为主义心理学产生后，在世界各国心理学界产生了很大反响。行为主义心理学强调研究可以观察的行为，强调从刺激与反应之间的关系上客观地研究行为，而不从主观上加以描述，这种研究方法中的客观主义对心理学的发展产生了重大影响。但是，它否定了人的心理、意识以及分析人的行为时存在机械主义的错误，对心理学的发展起了消极的阻碍作用，并限制了心理学的健康发展。

（四）格式塔心理学

格式塔心理学由德国心理学家魏德海墨（M.Wertheimer）首创，代表人物有考夫卡（K.Kofika）、苛勒（W.Kiihler）等。格式塔是从德文“Gestalt”音译而来，意思是完形或整体。格式塔心理学主要研究人的知觉过程，同时受物理学中“场”概念的影响，认为人脑中也存在一个“场”，它决定了人看外界东西的状况。由于“场”有一定规律，人脑就按此规律把客观的东西组成一定的“完形”。格式塔心理学反对构造心理学关于心理元素的观点，也不同意行为主义心理学所持的刺激—反应的观点，认为个体的任何经验或行为本身是不可分解的，每一种经验或活动都有它的整体形态，即心理活动不是由几个元素构成的，行为也不是单纯由一些反应堆积而成，整体不能还原为各个部分、各种元素，部分相加不等于全体，是整体先于部分而存在并制约部分的性质和意义，是经由个人对外界刺激进行选择与组织后的反映。

格式塔心理学理论的适用性并不仅限于知觉过程，许多心理学课题，如顿悟和问题解决也可用其理论加以解释。格式塔心理学理论对认知心理学的出现产生了巨大影响。

（五）精神分析学派

精神分析理论是由奥地利精神病医生弗洛伊德（S.Freud）创立的。该理论的基础来自医学临床经验，对心理学乃至人类文化的影响很大，尤其是在人格以及心理治疗方面。弗洛伊德用潜意识、生本能和死本能等概念来解释人的行为的内在动力，用口腔期、肛门期、性器期、潜伏期和性征期等概念来解释个体的心理发展历程，用“本我”“自我”和“超我”等概念来解释个体的人格结构，用冲突、焦虑、自我防御等概念来解释三个“我”之间的复杂关系。

弗洛伊德是著名的精神病医生，其学术背景不是心理学。他建立的精神分析心理学理论，以他长期对病人的观察记录为依据并用来解释正常人的心理活动。此外，其所持的泛性论的观点，也受到心理学界的普遍质疑。精神分析理论在发展过程中，受到原来追随弗洛伊德心理学家的批评和反对，不再坚持弗洛伊德的“一切行为决定于性本能发展”的观点；加之受到社会学和人类学研究的影响，他们的研究开始重视人格发展中的社会文化影响，并发展成为“新精神分析理论”。

三、当代心理学的理论观点

第二次世界大战以后，心理学的发展极为迅速，在发展方向上表现出两个显著特征：一是各心理学派的理论由对立趋于协调互补：二是放弃了追求普遍的大而全的理论，转向能解释某一方面心理现象的小型理论，并通过小型理论逐渐扩大到统一的普遍理论。在这种形势下，心理学出现了不以学派的形式，而作为一种范式、思潮、一种发展趋向去影响心理学的各个领域。

（一）人本主义心理学

人本主义心理学由美国心理学家马斯洛（A.Maslow）和罗杰斯（C.Rogers）在 20 世纪 50 年代创立。人本主义心理学反对行为主义心理学和精神分析论，认为它们都把人的心理现象异化，而没有揭示人的完整的心理活动和行为表现的实质。为此，该理论主张心理学的研究应以正常人为对象，研究那些真正属于正常人的心理活动的各级层面的问题，特别是蕴藏在人性中的无限的潜力，改善环境和创设条件，使人类潜能得到充分发挥，达到“自我实现”的目的。

（二）认知心理学

认知心理学是当代心理学研究的一种趋势，是受到多种因素的影响而逐渐演变而成的。认知心理学分为广义的和狭义两种。广义的认知心理学包括对人的感觉、知觉、记忆、思维、想象等心理过程的研究。狭义的认知心理学是指信息加工心理学，研究感官的信息接收、贮存、提取和运用等过程，它把人看成一个信息加工系统或信息加工器，认为认知活动就是信息加工。简而言之，认知心理学是研究人们对信息的获得、转换、加工、储存、提取和使用的过程。认知心理学是心理学的历史发展以及心理学与邻近学科交叉渗透的产物，既继承了格式塔心理学对内部心理过程的研究成果，接受了行为主义心理学中的实验操作方法，又融入了信息论、控制论、系统论和计算机科学等学科的知识内容，力求通过揭示人们获取和利用信息的机制，来探究人类的认知活动的规律性。

（三）神经心理学

神经心理学是现代心理学中研究大脑神经生理功能与个体行为和心理活动关系的新分支。神经心理学研究大脑的整体及其不同部位，在个体表现某种行为或从事某种心理活动时究竟发生什么样的变化。这种思路虽早已存在，但直到最近二三十年来才获得技术上的支持并使研究得以开展。神经心理学不仅仅是研究心理学的技术，还是一种解释行为与心理历程的心理学理论。在研究中，直接观察在不同意识状态下（如睡眠、清醒、思考、情绪紧张等）大脑各部位的活动情形，即可推论解释大脑各部分的功能。同时，对行为异常者，也可由此获得资料，作为诊断与治疗的根据。

从 19 世纪末科学心理学诞生后，在一百多年的历史演变中，不同的心理学派采用不同的研究方法，关注心理活动的不同层面，获得了关于心理现象的丰富研究成果。但是，直到今天，关于人性、关于人心、关于人情……还有太多的问题未能揭示。

练习与思考

一、单项选择题

德国莱比锡大学教授冯特，在莱比锡大学建立了第一个心理学实验室的时间是（　　）。

A. 1869 年　　B. 1874 年　　C. 1879 年　　D. 1913 年

二、判断解析题

心理学是一门与自然科学和社会科学都有交叉关系的边缘科学。

三、简答题

1. 什么是心理学?
2. 教师为什么要学习心理学?
3. 简述研究心理学的基本原则与主要研究方法。
4. 简述心理学发展过程中的主要学说。
5. 通过本章的学习，你对心理学有哪些新的认识?

四、材料分析题

1. 常言道：人心隔肚皮，知人知面不知心。其意是指心理的不可知性。试分析此话妥否。

2. 有人说，要做好教书育人的工作，并不一定要学心理学。现实生活中，没学过心理学而成为优秀教师的大有人在；而有的学了心理学却仍然教不好书。可见，学不学心理学影响不大。就此说法，谈谈你的看法。

第二章　注　意

【学习要求】

1. 识记注意的概念、注意的基本特性。
2. 了解注意的外部表现和主要生理指标。
3. 了解注意的功能。
4. 掌握注意的分类，能区分不同种类的注意。
5. 掌握注意的品质。
6. 在教学中运用注意规律。

牛顿将鸡蛋放到锅里煮，因为在思考物理问题时过于专注，结果把手表当鸡蛋放进锅里了；数学家陈景润走路时撞到树上，非但没察觉到自己走错了路，反倒以为撞着别人了，连声说道“对不起，对不起!”牛顿和陈景润的事例说明，我们的心理活动总是指向和集中于一定事物而离开其他事物。心理活动的这种选择与集中现象称为注意，注意对我们的工作与生活十分重要，本章将讨论注意这一心理现象。

第一节　注意概述

一、什么是注意

（一）注意的概念

注意是指人的心理（意识）活动对一定事物的指向和集中。我们平时所说的“专心致志”“聚精会神”便是一种注意状态。注意与编码过程密切联系，注意总是集中于当前正在编码的信息。不过，注意并不局限于编码，从感知到思维、想象的整个认识过程都需要注意。

今天，“注意”是我们熟悉的一个词。然而在我国汗牛充栋的古文献中却找不到“注意”这个复合词，但与其有关的单音词却有不少，主要有如下两个：一是“注”。如明代王廷相在《慎言·问成性》中说：“注于听则视不审，注于视则听不详，注于言则嗅不的，注于嗅则言不成。”意思是说，若注意于听，视觉就不清楚；注意于视，听觉就不周详；注意于言语，嗅觉就不准确；注意于嗅，言语就不流畅。可见，这里的“注”相当于今天所说的“注意”。二是“意”。我国古代思想家有时也用“意”来表达“注意”。如王夫之在《张子正蒙注·大心》中写道：“非意所属，则见如不见，闻如不闻。”这里的“意”也相当于今天所说的“注意”。由此可见，我国古代主要用“注”“意”等词来表达“注意”之意，这是由于古人用词造句讲究简洁、明了的缘故。

（二）注意的基本特性——选择性和集中性

1. 注意的选择性

注意的选择性是指人从众多事物中选择一定的客观事物作为心理活动的对象，同时离开其余对象的心理现象。我们在特定的时刻都可以得到无数刺激，但人的认识能力是有限的，所以我们不能对所有刺激都加以反映，而只能有选择性地反映其中的少量刺激。这表明人的心理活动不能同时朝向一切对象，而是有选择地指向特定的客体。这种有选择性的指向就是注意的特性——选择性。

注意的选择性很早就引起了我国思想家的关注，在我国古代心理学思想中有论述注意选择性的思想，如《荀子·解蔽》云：“心不在焉，则白黑在前而目不见，雷鼓在侧而耳不闻。”意即若注意不选择某一事物，如“白黑”“雷鼓”，即使它离我们很近，就在前面或侧旁，也会不见、不闻。《大学·传七章》也有类似的表述：“心不在焉，视而不见，听而不闻，食而不知其味。”

1958 年，英国著名心理学家布罗德本特（Donald E. Broadbent）首先做的双耳分听术实验很好地说明了注意具有选择性。实验给被试的两耳同时呈现不同的刺激，并规定某一只耳为追随耳，要求被试事后复述追随耳所呈现的刺激。实验结果显示，被试可以很好地复述对追随耳呈现的刺激内容，而对非追随耳呈现的刺激，最多只能报告出是男声或女声，其他的一概报告不出来。这个实验证明，人的心理活动在一定的时间内总是指向一定的对象而离开其他的对象，即有选择性地反映事物。

视觉的选择性注意是研究者感兴趣的研究课题。斯特鲁普（Stroop）效应是一种广泛使用的认识加工研究范式。对该效应发生机制的理论解释中，有人将注意的选择性看成该效应发生的重要原因。该效应是指在色词刺激中，词的印刷颜色与词的意义相冲突。而任务是命名印刷颜色时，被试的反应就慢，相反就会快一些。比如，用黄色涂料印一个“绿”字，向被试呈现这样一个字，要求被试说出这个字的印刷颜色，被试受到字义的干扰，反应较慢；如果用绿色涂料写一个“绿”字，被试反应就相对较快。斯特鲁普效应说明，对于字体的颜色与字义的加工不能同时进行，需要人分别对字体的颜色与字义进行注意，并进行加工。但是，心理学上也发现了斯特鲁普效应反转现象。这一现象是指在斯特鲁普刺激中，当刺激呈现时间变长，或注意力高度集中的条件下，词的印刷颜色与词的意义冲突时，对印刷颜色的命名反而比印刷颜色与词的意义一致时快。看来，信息的加工与注意的状态是高度相关的。

2. 注意的集中性

注意的集中性是指人的心理活动在特定的对象上保持并深入下去。集中有两种情况：一是指同一时间内各种有关的心理活动共同集中于一定的对象的现象。如聚精会神、专心致志等就是这种情况。学习英语单词时，我们同时手写单词，口读单词，心理反复复述单词，发动思维理解等同时进行，这是我们集中各种心理活动于学习单词任务上的注意集中现象。二是指同一种心理活动不仅有选择性地指向一定的对象，而且维持这种指向，使活动不断地深入下去，如注视、倾听就是这种情况。在注意力高度集中的情况下，人的认知加工过程抗干扰能力会增强。古人有言："察秋毫之末者，不见泰山之形；调五音之和者，不闻雷霆之声。"可见，由于人们的精神高度集中于某物，即使外界有强大的干扰，主体也不受影响。也就是说，主体在注意力高度集中时，一切与专注对象无关的事物对主体来说都是不存在的。

3. 选择性和集中性的关系

注意的选择性和集中性是相互联系、不可分割的两个基本特性，是同一注意的两个方面。选择性是集中性的前提和基础，集中性是选择性的体现与发展。注意的集中性使人的各种心理活动集中且维持于某一事物，从而使得该事物处于注意的中心，而其他的事物处于注意的边缘或处于注意之外，所以注意的集中也表现了注意的选择。在生活与工作中，注意的选择与集中往往是同时存在的，维持我们活动进行的每一注意状态都是选择性与集中的结合。

（三）注意与心理过程

心理学界一般认为注意不是一种心理过程。心理过程是人对心理事件的加工操作过程，如感知觉、记忆、思维、想象等。注意不操作心理事件，所以它不是一种独立的心理过程。平常说的"注意灯光""注意铃声""注意黑板"，这并不是注意独立地认识"灯光"或"铃声"，而是由于语言习惯，往往把"注意看灯光"和"注意听铃声"中的"看"字和"听"字省略掉了。但注意是各种心理活动必不可少的一个条件，对人的心理活动具有重要的组织作用，能保证心理过程更好地进行，使心理活动富于组织性、积极性、清晰性和深刻性，所以心理过程的顺利进行又离不开注意。总的来说，注意不是一种心理过程，而是心理活动的一种状态，即心理活动的一种积极状态。

二、注意的重要意义

注意在人的心理活动中占据很重要的位置，对人类具有十分重要的意义。它是人们能细致观察、良好记忆、创造性想象、正确思维的重要条件，对学生学业成绩的优劣和智力的发展，对劳动生产效率的提高，对科技工作者科学实验的成败，都有重要的影响。

俄国著名教育家乌申斯基把注意形象地比喻为通向心灵的"唯一的门户"，知识的阳光只有通过注意这扇窗户才能照射进来。我国古代著名哲学家、教育家荀子指出："君子壹教，弟子壹学，亟成。"壹就是专一之意，即集中注意力。意思是说，教师专一地教，学生专一地学，很快就能够达成教学目标。在教学实践中，有经验的教师会发现，有一些学生学习成绩差，并不是智慧不足，而是没有集中注意力去学习的缘故。

早在 1890 年，著名心理学家詹姆斯就说过，注意是心理学的中心课题。但是，自 20 世纪 20 年代以后，统治心理学近半个世纪的行为主义却把注意看成心灵主义的概念，认为科学心理学中不应该有注意的地位。因此，长期以来，注意一直得不到很好的研究。直到认知心理学兴起以后，研究者才开始关注注意问题。

在现代认知心理学中，注意是信息加工理论框架的中心概念，有人也曾将注意引入智力测量中。智力测量一直受到人们的推崇，但是我们应用的是 20 世纪 20 年代就已发展并且从那时起没有实质改变的智力测验，这些测验究竟在多大程度上代表人的真实智力和水平呢？有些心理学家认为从斯皮尔曼的“G”因素论到卡特尔的流体—晶体智力理论等一系列智力理论都存在问题，以这些理论建立起来的智力测量不能很好地反映人的智力。戴斯在神经心理学和认知心理学基础之上建立了智力 PASS 理论。他认为，人的智力过程包括以下 4 个加工过程：计划（Planning）、注意（Attention）、同时性（Simultaneity）、继时性（Successive）。注意过程是基础；同时性加工和继时性加工功能平行，两者处于中间层次；计划过程是最高层次。由此可见，注意对于人的认知来说是十分重要的。

三、注意的功能

注意由于以下功能的发挥而体现出其意义。

1. 选择功能

注意使心理活动有选择地指向符合自己所需要或与当前的活动一致的事物，而避开或排除那些无关事物的影响，使心理活动具有一定的方向性。如果心理活动没有注意的选择功能，我们就不可能将有关的信息检索出来，意识就会处于一片混沌状态。美国一份调查显示，每个工作日有 560 余份广告暴露给个体；另一份的调查结果显示，每天个体接受到的广告平均为 300 份。这两项调查结果说明，我们每天接受到的刺激非常多，而我们在有限的时间内加工的信息量是有限的，这就需要依靠注意来选择部分刺激作为加工对象。

2. 维持功能

注意使心理活动稳定在选择的对象上，直至活动达到目的为止。我们从外界获得的感知信息、从记忆中提取的信息只有加以注意才能保持在意识中或进行精加工，转换成更持久的形式存储在记忆中。没有注意的维持功能，头脑中的信息就会很快在意识中消失，任何智力操作都无法完成。个体的注意维持功能有很大的差异，一般成人比儿童强。不同职业的人的维持能力也有差异，有的职业要求从业者具有很高的注意维持能力，如外科大夫为抢救病人的生命，往往需要连续数小时站在手术台前，集中精力做手术。

3. 调节和监督功能

注意能使人及时觉察事物的变化，并调节自己的心理和行动以适应这种变化。人的活动是有目标的，注意监督心理活动是否与目标一致，不一致则要调节心理，使之与目标保持一致。注意的监督作用表现为能随时发现自己行动的错误，并对自己的心理和行为及时进行调整，纠正错误。

四、注意的外部表现和生理机制

每当新异刺激出现时，人便会产生一种相应的运动，将感受器朝向新异刺激的方向，以便更好地感知这一刺激。定向反射活动时，人除了朝着刺激的方向转动眼睛和头部外，还会出现植物性反应和脑电反应，这些都是注意的表现。人在集中注意某一对象时，常伴随有特定的生理变化和外部表现。

（一）注意的外部行为表现

1. 适应性动作

人在对某一对象高度集中注意时，会把视线集中在该物体上，“举目凝视”；把耳朵转向声源方向，“侧耳倾听”；集中精神思考问题时，显得比较“呆滞”，表现出凝神沉思；如果集中注意于兴趣浓厚的活动上时，还伴有丰富的表情动作。人在集中注意时，呼吸会变得轻而缓，一般表现为吸短呼长，甚至在高度注意的状态下，会出现暂时的“屏息现象”。

2. 无关动作停止

人集中注意时，其他无关的动作就会停止，而表现出专注某项活动的状态。例如，在杂技演出中，精彩惊险的场面能使剧场呈现出一片寂静；学生集中注意听老师讲课时，他就不会说小话，也不会做小动作。

根据注意的外部表现，教师在教学中可以判断学生的专注程度。但注意的外部表现又受到意识的控制，也会出现外部表现和内部注意状态不统一的情况，即貌似注意实已分心的现象。不过，只要教师仔细观察，认真分析，就不难发现。

（二）注意的生理指标

1. 循环系统

在血液循环方面，血压会升高，这可能与注意引起血管收缩有关。

2. 内分泌系统

注意受到内分泌系统的调节。儿茶酚胺和乙酰胆碱与觉醒有关。儿茶酚胺包括多巴胺、去甲肾上腺素、肾上腺素三种介质。注意与去甲肾上腺素分泌量明显相关。在注意状态时，去甲肾上腺素的分泌量会明显增加。多动症是一种注意缺乏症，多动症儿童的去甲肾上腺素分泌量较低。在高度注意状态下，乙酰胆碱的分泌量会增加，睡眠时分泌量会减少。

3. 感官变化

在注意状态时，感官会发生变化。如注意看某一事物时，瞳孔直径会变大；注意听某事物时，耳道也会发生变化。

4. 脑诱发电位的变化

在注意状态时，大脑会伴随相应的诱发电位。所谓诱发电位，是指在外界刺激的作用下，从头皮上记录到的电位波动反应。沃尔特（Walter，1964）发现，在给被试执行某一任务的命令刺激（S2，行动信号）之前，先给一个预告信号（S1，条件刺激），S1 与 S2 两个刺激相距 1～2 秒。自第一刺激 S1 施加后 200 毫秒，持续到第二刺激 S2 的动作反应结束，皮层会出现一个脑诱发电位，称为关联负变化（Contingent Negative Variation，CNV）。沃尔特将其称为“期待波”。罗尔博进一步分析，CNV 可分早晚两种成分。晚成分在额叶处最显著，对警告刺激起反应，是期待的表现。早成分在顶叶处最显著，与随意运动相关，是注意水平、反应定式的良好生理指标。

Sotton 于 1965 年发现，在“认知”某种靶刺激时，可从头皮记录到一组波，他将这组波统称为事件相关电位（ERP），P_{300}是其中的一种诱发电位。Donchin 认为 P_{300}潜伏期反映了记忆场合更新时反映对刺激的辨认速度和选择过程。波幅大表明注意对象更换，所以，P_{300}是分心的重要指标，分心时 P_{300}波幅变大。但 P_{300}波幅变大并不一定意味着分心，Sotton 认为记忆效率高时，P_{300}也会变得明显、波幅变大。

第二节 注意的种类

美国心理学家詹姆斯曾把注意分为有意注意和无意注意两种。苏联心理学家多勃雷宁指出，除有意注意和无意注意外，还有一种有意后注意。目前一般根据产生和保持注意时有无目的性和意志努力程度的不同，把注意分为无意注意、有意注意和有意后注意。当然，注意还有其他的分类方法。进行不同的分类，往往是为了更好地研究注意。

一、无意注意、有意注意和有意后注意

（一）无意注意

1. 概 念

无意注意是事先没有预定的目的，也不需要作意志努力的注意。由于其不受意识的调节和支配，所以又叫“不随意注意”。

无意注意由周围环境发生变化而引起，是一种定向反射。这种反射并非由主观目的或努力引起，表现为在一定刺激物的影响下，人不由自主地把感觉器官朝向刺激物。无意注意是一种初级的、被动的、缺乏积极性的注意，所以有时也把无意注意称为消极注意；由于无意注意与情绪、兴趣和需要相关，所以有时也把无意注意称为情绪注意。无意注意一般都能导致探索行为的出现，有利于人们正确地认识周围环境，也不易疲劳，但这种注意状态下容易分心。

2. 引起无意注意的原因

（1）客观刺激物的特点。客观刺激物的特点是无意注意产生的主要原因。

第一，刺激物的强度。一般来说，强烈的刺激物容易引起无意注意，如一道强光、一声巨响、一种浓烈的气味，都会不由自主地引起人们的注意。无意注意基本上服从于刺激的强度法则。有人用强度不同的声音作用于被试，并记录由定向反射引起的血管容积的变化。结果发现，用 60 分贝的声音比用 50 分贝的声音能引起较大的血管反应。但是，无意注意也不是完全受到刺激强度的引导，只要刺激对个体有重要意义，较小的刺激量也会引起个体的无意注意。在生活中，广告在利用无意注意的强度法则是很常见的。堪称广告之最的瑞士钟表广告，直径 16 米，重 6 吨，垂挂在东京一座摩天大楼上。把钟表做得很大就是增加刺激强度，引起人们的无意注意。

第二，刺激的新异性。一般来说，新颖奇特的事物容易引起无意注意，而司空见惯的事物则不易引起人们的注意。泰国首都曼谷有家饮食店，门前斜摆着一只巨型酒桶，上面写着四个醒目大字“不可偷看”，而酒桶里写的是“敝店美酒与众不同，请享用!”这一异乎寻常的广告引起了人们的注意，许多过往行人好奇地将头伸进酒桶，在一股清醇的酒味中，不自觉地接受了该广告。其实，现在很多广告、宣传都在应用新异性引起人们对广告宣传对象的关注。

第三，刺激物之间的对比关系。刺激物在强度、形状、大小、颜色和持续时间等方面与其他刺激物存在显著差别时，会引起人们的无意注意。我们平时所说的“万绿丛中一点红”“鹤立鸡群”等，都说明某一刺激物与周围环境的对比关系明显更能引起我们的注意。在课堂教学中，教师讲课时通过声音的突然提高或降低来引起学生的无意注意，生产实践中把流水线上的透明无色的零件放置在黑色的背景上，以提高劳动生产率、降低废品率，都应用了这一原理。

第四，刺激物的运动变化。运动变化的事物比静止、无变化的事物更容易引起人们的注意。例如，霓虹灯闪烁很容易引起人们的注意，闪烁的救护车标志灯容易引起人们的注意，活动的玩具很容易引起儿童的注意，等等。

（2）人的主观状态。无意注意主要由外界刺激物的特点所引起，但也决定于人本身的状态。同样的刺激物，引起了一个人的注意，不一定能引起另一个人的注意，这就是由个人状态所导致的。

第一，人的需要、兴趣和态度。凡是能满足人的需要、符合人的兴趣、与个人情感有关的事物，都能引起人的注意。如饮料容易引起口渴的人的注意，却很不容易引起不口渴的人的注意；音乐会海报容易引起音乐爱好者的注意，却很难引起一般人的注意。一般来说，对事物的直接兴趣会引起无意注意。在平日的众多刺激中，我们注意到的往往是我们感兴趣的。

第二，人的已有知识经验。凡是和已有经验相联系又能增进新知识的事物，容易引起注意。一位建筑师外出旅游关注的往往是各地的建筑物，而一位摄影师往往关注可以摄影的美景，这些都是以往经验对个体的引导，使得个体更多地注意到与经验相关的事物。

第三，人对事物的期待。凡是人们期待的事物，容易引起注意。期待本来就意味着一种刺激寻求，人们期待的事物自然会容易引起人们的注意。在评书中我们常常听到“欲知后事如何，且听下回分解”，这便是要引起我们对下回书的期待，以便下一回评书时我们能很好地注意。

第四，人的情绪与精神状态。心境开朗、心情愉快、身体健康与精神饱满与否，在很大程度上影响着一个人的无意注意。心情和精神不好，注意力往往就会处于涣散状态。

（二）有意注意

1. 概 念

有意注意是服从于预定目的、需要作意志努力的注意。由于它受意识的调节和支配，所以有意注意又叫随意注意；由于有意注意需要个人的积极性和意志努力，所以有人也称其为积极注意或意志注意。

有意注意是一种高级的注意形式，是在人的实践活动过程中发展起来的，是我们许多有目的的活动和实践中都需要的注意形式。有意注意需要做出一定的意志努力，这种意志努力是由第二信号系统来控制和调节的。有意注意也要受人的情绪、过去的经验和兴趣的影响，但是这种影响是以间接的方式表现出来的。无意注意受直接兴趣的制约，但是制约有意注意的却是间接兴趣。间接兴趣即对活动的目的和结果有兴趣，而对活动本身可能并没有兴趣。

2. 引起和保持有意注意的条件和方法

（1）具有明确的活动目的和任务，加深对活动的理解。有意注意是有预定目的的注意，人们对活动的目的、任务及其重要意义理解越清楚、越深刻，对完成任务的愿望越强烈，那么与完成任务有关的一切事物也就越能引起和保持人的有意注意。

（2）具有稳定的间接兴趣。在有意注意中，人的兴趣具有间接的性质。这种兴趣是对活动目的的兴趣、对活动结果的兴趣。人的间接兴趣可能不断地变化，如昨日我们对某一活动结果感兴趣，今天可能就不感兴趣了。间接兴趣的这一变化会使本来注意着的事物从我们的认知视阈中消失。例如，我们开始学习外语时，对学好外语后带来的个人发展感兴趣，但后来又觉得学好外语对个人的发展并不重要，于是外语就逐渐淡出我们的注意范围。

（3）具有坚强的意志力。有意注意过程中往往会遇到困难和干扰，这可能会影响到有意注意的持续。但只要我们用坚强的意志力去克服困难，排除干扰，有意注意也是可以持续的。一般认为，个体当前受到的与有意注意对象无关的刺激都是干扰刺激。但是也有人认为，某些看似干扰的刺激，只要节律与个体的生理契合，也会起到促进作用。例如，有人习惯一边学习一边听背景音乐，这种背景音乐就是这样的刺激。

（4）合理地组织活动。合理地组织活动是有助于有意注意的。在智力活动时，进行与智力活动相关的实际操作有利于引起和保持有意注意。例如，在阅读较难的作品时，适当做点笔记，可以帮助人们长久地把注意集中在读物上。根据任务的需要，提出一定的自我要求或根据注意内容进行自我提问等，也有利于有意注意的保持。

（三）有意后注意

1. 概 念

有意后注意是指有目的但无须特别的意志努力的注意。有意后注意是从有意注意转化而来的无意注意，兼有有意注意和无意注意的优点。在生活和工作中，人们开始根据需要从事某项生疏的、不感兴趣的工作时，人们往往需要通过一定的意志努力才能把自己的注意保持在这项工作上。经过一段时间后，他们对这项工作熟悉了，并产生了兴趣，就可以不需要意志努力而继续保持注意。这时，有意注意就发展成有意后注意。例如，熟练地阅读课文、熟练地骑自行车等活动中的注意都是有意后注意。

无意注意、有意注意和有意后注意之间有区别，但在实践活动中它们又是紧密联系、协同活动的。三者之间的区别见表 2-1。

表 2-1　不同类别注意的比较

注意类型	预定目的	意志努力
无意注意	无	不需要
有意注意	有	需要
有意后注意	有	不需要

几种注意的联系表现在：首先，任何一件工作都需要有无意注意和有意注意的参加，最好最终能发展到有意后注意状态。只有无意注意去从事某种工作，工作就会显得杂乱无章，而且也难以持久。只有有意注意参与工作，才能保证工作完成。但是，单凭有意注意从事工作，就要进行紧张的努力，付出巨大的能量，时间久了，人会感到疲劳，所以必须有无意注意参与。如果个人能在一段时间后，发展出有意后注意状态的话，工作将会进行得更为顺利。其次，有意注意可以发展为有意后注意，而无意注意在一定条件下也可以转化为有意注意。例如，开始时人们偶然为某种活动所吸引而去从事这种活动，后来通过实践认识到它的重要意义，便自觉地、有目的地去从事这种活动，并克服一定的困难，坚持对活动的注意。这时，无意注意就转化为有意注意。

二、环境注意和自我注意

根据注意的指向对象不同，可以把注意区分为环境注意和自我注意或外部注意和内部注意。

（一）环境注意

环境注意，或称为外部注意，是指对外部世界的对象和现象的注意。外部注意能保证人对外部世界的认识正常进行，外部注意与人类对世界的认识密切联系，没有外部注意就不可能有对世界的认识。

（二）自我注意

自我注意，或称为内部注意，是指对自己的身体、行为和观念的注意。自我注意是自我意识的重要组成部分。借助于自我注意，人能够窥测自己的内心世界，了解自己与外部世界的关系，了解自己的异常反应，从而调节自己的行为。

把注意区分为环境注意和自我注意仅具有相对的意义。人的注意往往不断地、迅速地转换对象，而不是长时间地全部集中于环境或集中于自我的。自我注意和环境注意是交互抑制的。在教学中，考试焦虑的学生特别容易自我注意，过多注意自己，因而分散了对当前学习活动的注意，结果反而降低了成绩。口吃的学生也特别容易自我注意，这样就愈加口吃。

在生活与工作中，需要我们注意环境，也需要我们注意自我。实验证明，让被试跑相同的距离，一种情景是"跨园"跑，风景不断地变，另一种是枯燥单一的环境，结果是虽然都感到累，但在丰富环境中跑时速度更快，又相对不那么累。自我注意也很重要，忽略自我注意往往会带来不利的影响。例如，不少中年科技工作者由于专注于自己手头的工作，往往忽视了自我注意甚至觉察不到自己身体的不适，从而延误了对自己疾病的治疗。

三、外源性注意和内源性注意（自主注意）

外源性注意是选择源于外在刺激作为心理活动对象的注意状态，无意注意往往是外源性的。内源性注意是选择源于个体本身作为心理活动对象的注意状态。

对于环境信息的加工，有自下而上的加工或称数据驱动的过程，以及自上向下的加工或称目的引导的过程两种。前者往往是自动化的，而后者是有控制的加工。在视觉选择性注意领域，这一类问题被归结为注意的控制问题：注意选择是外源性的还是内源性的，即注意选择在多大程度上源于视觉刺激的特性或源于人本身的目标状态。

四、选择性注意和集中性注意

（一）选择性注意

选择性注意是心理过程对一定对象的选择状态。选择性注意是现代认知心理学和认知神经科学研究重要领域之一，研究方法主要有双耳分听任务、空间线索化任务、视觉搜索任务、启动和负启动技术等，功能性核磁共振成像（FMRI）和事件相关电位（ERP）等脑成像技术也已经广泛用于选择性注意机制的研究。

在分类上，根据感觉通道，选择性注意可分为听觉选择性注意、视觉选择性注意和跨通道选择性注意；根据刺激选择的内外因，选择性注意可分为目标驱动选择性注意和刺激驱动选择性注意；根据注意选择单元，选择性注意可分为基于空间的选择性注意、基于客体的选择性注意和基于特征的选择性注意；根据注意选择内容的表征，则可将选择性注意分为知觉水平的选择性注意和概念水平的选择性注意。

在选择性注意的理论模型方面，围绕注意选择的位置，出现了过滤器模型、衰减器模型和反应选择模型；围绕心理资源的分配，Kahneman 提出了注意的中枢能量分配理论；Treisman 等则从知觉和注意关系的角度，提出了注意的特征整合论；Tippe 等将无关信息的命题引入选择性注意理论，提出了选择性注意的目标激活和无关信息抑制双重机制理论。

（二）集中性注意

集中性注意是心理活动对一定对象的集中并持续加工的注意状态。注意的集中性在很大程度上决定了注意力，影响工作和学习的效率。国内有人对体育活动对提高儿童注意集中能力、促进学业成绩的影响作了研究。彭学曾的研究表明，小强度的体育锻炼对小学生有意注意的发展影响最佳，中强度的锻炼对中小学生身体锻炼效果最好，大强度锻炼起初能提高注意力，但经过一段时间（1 节课）后大脑工作力和注意力明显下降。陈融等的研究表明，体育锻炼后被试的注意力会显著变化；在对有训练者（少年体育学校学生）与普通生的比较研究中发现，有训练者在安静状态下注意力水平明显高于普通生。这些研究说明，体育锻炼可提高儿童的集中注意能力。

第三节　注意的品质

注意品质是衡量注意能力的指标。我们从哪些方面来衡量人的注意能力呢？目前，学术界普遍从注意的范围、注意的稳定性、注意的分配和注意的转移等方面来衡量。

一、注意的范围

（一）注意范围的概念

注意的范围也称注意的广度，是指一个人在同一时间内能清楚地观察到对象的数量。

1830 年，哈密顿（W.Hamilton）最先做了示范实验，他在地上撒一把石弹子，让被试在一瞬间辨认。结果发现被试不容易立即看清 6 个以上的石子，或者最多不过看到 7 个石子。但如果把石子放成 2 个、3 个或者 5 个一堆，被试把握的堆数和看到的单个石子的数目一样多，因为人们会把一堆看作一个单位。1871 年，郁文斯（W.S.Jevons）进行了类似的实验。他把黑豆撒在一个黑色背景上的白盘子中，要被试立即报告所看到的盘子中的黑豆数量。经过一千余次重复实验，结果发现：撒 5 粒豆子时，开始发生估计上的误差；在 8 ~ 9 粒豆子时，估计比较正确；超过 9 粒豆子时，错误估计次数占 50%以上。后来，心理学家用速示器做实验。在 1/10 秒的时间内呈现彼此不相联系的数字、图形、字母或汉字，研究结果表明，成人注意的平均广度是：黑色圆点 8 ~ 9 个，外文字母 4 ~ 6 个，几何图形 3 ~ 4 个，汉字 3 ~ 4 个。

研究者得出的结论是一般人平均注意的广度，事实上，注意范围是存在很大个别差异的。在阅读的时候，有的人按字、词来读，有的人按行来读；有的人则是几行几行地、一段一段地扫视过去，也就是一目十行。据列宁战友回忆说：“列宁读电报似乎连扫一眼电报内容都不能那么快，可是他已把所有的电文记熟了，以后还能逐字逐句援引，并且提到数字时总是很准确。”阅读的快慢与一个人的注意范围有关，注意范围越大，阅读速度可能也越快。当然，阅读速度也与短时记忆的组块有关。

（二）注意范围的影响因素

1. 知觉对象的特点

研究表明，对排列成一行的字母，比对分散在各个角落上的字母所能引起的注意数目要多一些；对大小相同的字母，比大小不同的字母所能引起注意的数量要多得多。知觉对象越集中，排列得越有规律，越能成为相互联系的整体，所能引起的注意的范围就越大。苏联心理学家的一项研究表明：显示孤立的字母时，成人的注意广度是 4～6 个对象，小学生是 2～5 个对象。在显示短的词句时，注意范围是 4～6 个客体，其中包含 10 多个字母。

2. 知觉者的知识经验和知觉者的活动任务

同样的知觉对象，由于个人知识经验不同，注意的范围也会有一定的变化。一般来说，知觉范围会随着经验的丰富而扩大。例如，用速示器呈现一个中文句子，我们的注意范围就远比不懂中文的外国人的注意范围要大得多；专业素养深厚的人在阅读专业资料时可以做到“一目十行”，非专业人士即使逐字逐句阅读也不见得能正确理解；围棋高手扫视一下棋盘，就能把握棋局的形势和局面变化，一个初学者却不能做到。

知觉者的活动任务也影响注意的范围，一般来说知觉任务越困难，注意的范围就越小，反之范围就越大。用速示器呈现一些英文字母，其中有些存在书写错误，要求一组学生在短时间内判断哪些字母书写有误，并报告字母的数量；要求另一组学生报告所有字母的数量。结果，前者知觉到的字母数量要比后者少得多。可见，活动任务越复杂，越需要关注细节的注意过程，注意的广度会大大缩小。

我们通常说的注意范围往往是指同时范围，其实注意的范围除了同时范围外，还有继时范围，即一个人把握在时间上连续出现的刺激物的数量。塔伯曼（R.E. Tauboman，1950）等人研究了连续闪光刺激和连续声音刺激的注意范围。呈现 1～10 个短促的音或闪光，每次呈现的刺激数量不等，呈现的频率也不相同，然后要求被试说出看到或听到的数目。结果表明，在一般情况下，刺激数量越多，呈现速度就越快，判断错误也越多，而且越趋向于低估数量，这种倾向对于视觉刺激更为明显。

二、注意的稳定性

（一）注意的稳定性与注意的起伏

注意的稳定性是指注意保持在某一对象或某一活动上的时间久暂特性。一般用某一时间范围内工作效率的变化来表示。注意在同一的、不变的对象上的保持是很困难的，总是存在一定的起伏。所以，我们平时所说的稳定性，是指对某一活动的总方向始终不变，接触的对象以及行动的本身是可以变化的。

在注意过程中，存在注意的起伏现象。注意的起伏是指短时间内注意周期性地不随意跳跃现象，或称注意的动摇。如您注视图 2-1，您时而把它看成顶端向着您，时而把它看成底端向着您，很难稳定下来，这就是注意起伏的一种表现。注意的起伏周期一般为 2、3 秒至 12 秒。对于注意动摇的原因有两种解释：一种意见认为，注意动摇是由于感觉器官的局部适应使个人对物体的感受性交替而短暂地下降；另一种意见认为，有机体的一系列机能活动都具有节律性，如呼吸的节律、血压的节律、神经元活动的节律性等。注意的动摇是由有机体的这种节律性活动引起的。

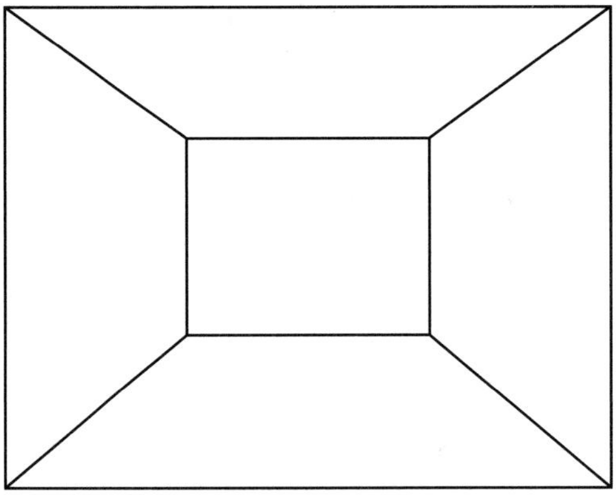

图 2-1　注意的起伏

（二）影响注意稳定性的因素

影响注意稳定性的因素主要有两个方面。

1. 注意对象的特点

人对相对单调、静止的对象难以保持长久的注意，面对新异和变化大的对象则易于保持注意。在一定范围内，注意的稳定性程度是随注意对象的复杂性的增加而提高的。范兹（R.L.Fantz）的研究表明，婴儿似乎从出生起就会选择一定的图形加以注意，并且对复杂的和社会的图形注视的时间较长。但是，如果注意的对象过于复杂，则疲劳可能会迅速出现，注意也会减弱。因此，对象过于复杂或过于单调都不利于注意的稳定。格林堡（D.J.Greenberg）等人的研究表明：各个年龄阶段都有一个与其发展阶段相适应的输入信息和处理信息的最佳水平。他把方格、线条和圆点三种图形，每种都由简到繁分为三级。研究表明，出生后 6 周的婴儿对中等复杂图形凝视较久，11 周的婴儿则对更复杂的图形凝视较久。

2. 人的主观状态

人对所从事的活动的意义理解得比较深刻，具有积极的态度、浓厚的兴趣，并进行积极的思维活动，注意就易稳定、持久。另外，意志坚强又善于自制且能和干扰作斗争的人，注意就容易保持稳定。

与注意稳定性相反的状态是注意的分散，也叫分心，指的是注意不自觉地离开当前应当完成的活动，而被无关刺激所吸引。注意的分散对于学习是极为不利的。对于学生的学习活动而言，养成稳定注意的习惯具有十分重要的意义。

三、注意的分配

（一）注意分配的概念

注意的分配是指人在同一时间内把注意指向两种或两种以上的对象和活动上的特性。

我国古代一般认为，心理活动不能同时指向两种或两种以上的事物。如董仲舒的《春秋繁露·天道无二》说："目不能二视，耳不能二听，手不能二事。一手画方，一手画圆，莫能成。"我国北齐时文学家刘昼在《刘子新论·专学》中也有类似的论述："使左手画方，右手画圆，令一时俱成，虽执规矩之心，回劂之手而不能者，由心不两用，则手不并运也。"朱熹也说："大凡人心不可二用。"

其实，在一定的条件下，注意的分配是可能的。1887 年，波尔哈姆（F.Paulham）最早进行了关于这一问题的实验。他一边口诵一首熟悉的诗，一边手写另一首熟悉的诗，结果发现是可以做到的。比纳也观察到，要两手同时各做不同的动作是困难的。不过，他认为，如果两手的动作能很好地组合起来，就不会有干扰作用，注意分配也就能实现了。在生活中，注意的分配现象是常见的。例如，司机开车时既要驾驶车辆，又需要留意车前的行人；老师在课堂教学中，既要讲授，又要板书，还要观察学生听课的情况；骑自行车时眼睛要注视前方及左右两边的情况，脚要蹬踏板，手还要控制刹车。

（二）注意分配的条件

1. 同时进行的几种活动之间的关系

如果同时进行的几种活动可以形成某种反应系统，组织具有合理性，则注意分配就要容易一些。例如刚学打篮球的人，一边要注意控制球，一边要注意对方和己方其他球员的位置，往往感到手忙脚乱；经过一段时间的训练，建立起了一个比较固定的反应系统后，就能分配注意于几个方面，使活动顺利进行了。所以，良好的注意分配能力是在实践活动中训练出来的。教师可以有意识地培养学生的注意分配能力，提高学生的学习效果。

2. 熟悉程度和自动化程度

在同时进行的多种活动中，如果多种活动都是生疏的，那么注意分配基本上是不可能的。如果只有一种活动是生疏的，其他活动都是熟练的，那么人就可以把注意主要集中在生疏的活动上，而其余的活动则自动化进行，或可以不费思索稍加留心即可完成。这样，注意的分配就可以实现。例如，一边听课，一边记笔记，书写应该是非常熟练的。如果书写不熟练的话，往往会顾此失彼，很难进行。又如，骑自行车，刚开始学骑自行车时，有时只顾蹬踏板，临要刹车时就会手忙脚乱，车子也会东倒西歪。如果已经很熟练，就不会出现上述情况。

四、注意的转移

（一）注意转移的概念

注意的转移是指人有意识地把注意从一个对象转移到另一个对象上，或从一种活动转移到另一种活动上。注意的转移与注意的分散是不同的。前者是有意识地根据活动任务的需要把注意从一个对象转向另一个对象，是一种积极主动的注意状态，是注意的优良品质；而后者则是在需要注意稳定的时候，不随意地改变了注意的对象，是一种消极被动的注意状态，是注意的不良品质。

注意转移的能力对于顺利完成工作任务具有重要意义。飞行员、司机、车床的操作工人等许多工作都需要有较好的注意转移能力。如一个飞行员在起飞和降落的 5 ~ 6 分钟的时间内，注意的转移就达 300 多次，如无良好的注意转移能力，就很难胜任飞行员工作。

注意的转移对个体适应社会生活十分重要。目前研究较多的共同注意其实就是一种注意的转移，共同注意（Joint Attention）是一种注意转移现象。共同注意能力，是指个体在交往中，参照他人提供的各种信息（如言语、目光、姿态、动作等），确定对方的注视点并调整自己注意的指向，与对方同时关注二者之外的第三事件或物体的社会认知能力。

（二）影响注意转移的因素

注意转移的难易程度和速度受以下几个条件的制。

1. 原来注意的强度

原来注意的强度越大，注意的转移就越困难、越缓慢，反之则快。如有的教师一上课就发试卷，然后开始讲新课，结果学生的注意力都被试卷上的分数所吸引，很难一下子转移到听课上来。

2. 新的注意对象的特点

新的注意对象越符合人的需要和兴趣，注意的转移就越迅速，反之则越慢。如课间学生进行追逐活动。上课时往往就很难马上把注意力转移到听课上来。有经验的教师，有趣地导入新课，就可以促使学生将注意迅速转移到课业上来。

3. 注意的转移和神经过程的灵活性有关

一般来说，神经过程灵活性大的人，能顺利地实现注意力的转移。儿童随着年龄的增长，神经灵活性变大，注意的转移也就越能顺利地实现；中年以后，随着年龄的增长，神经灵活性降低，注意的转移也就难一些了。

4. 个体意志力强弱

对于有高度自觉性和目的性的人来说，注意转移到新的活动中去要容易一些，这些人能用意志努力迅速实现注意的转移。所以，在其他因素一定的情况下，意志力对注意的成功转移有决定性的作用。

第四节 注意规律在教学中的应用

一、教学中学生注意力涣散的主要原因

（一）刺激过多或过少

教学中的刺激过多或过少都会导致学生的注意力涣散。例如，教材内容过深或过浅，教师无意义的重复或冗长的言词，都会使学生感到索然无味，进而产生厌烦，导致注意力涣散，以寻求其他的刺激。教师讲课声音过高，讲课速度过快，会由于刺激过多，学生容易产生疲劳，导致分心；而教师讲课声音过低，讲课速度过慢，又会由于刺激不够，不能充分引起学生的注意，进而使学生注意涣散。

（二）情绪急剧波动

教学中情绪急剧波动，会使学生难以把注意力及时转移到教学中来。例如，一上课教师就分发上次的测验试卷，会使学生情绪特别兴奋或沮丧；一上课就进行测验，也会使学生的情绪特别紧张。

（三）反抗或淡漠

如果教师处理问题不公平，就会导致师生关系紧张，受到不公平待遇的学生可能会把不满情绪迁怒到教师讲课上，以不听课或捣乱的方式加以反抗。有的学生或因学业上屡遭失败，或其他原因导致屡受挫折，这类挫折一旦超过了学生的容忍度，就可能导致学生对学业反抗或对学业淡漠。

（四）寻求注意和承认

有些学业成绩欠佳或品德能力欠佳的学生，由于受到人们的忽视、鄙视或奚落，可能在上课时故意搞恶作剧，破坏课堂纪律，以寻求教师和同学们的注意。

二、教学中培养学生注意力的方法

（一）正确运用无意注意的规律组织教学

1. 创设良好的教学环境，避免无关刺激的干扰

引起无意注意的一个因素就是刺激物的特点。在教学过程中，教师要善于利用有关刺激物的特点来组织学生的注意，创设良好的教学环境，避免无关刺激的干扰。一方面要尽量消除分散学生注意听课的因素；另一方面要尽量创造条件，使学生注意去听课，如保持教室周围的安静，教室内的布置整洁、简朴，空气清新，光线充足，课桌上不放与学习无关的物品，等等。

2. 关注学生的内部状态，激发学生的学习兴趣

引起无意注意的另一个因素是外部刺激物符合人的内部状态。教师在教学过程中应当考虑学生的需要、兴趣、知识经验和情绪状态，激发他们的学习兴趣。例如，教学内容符合学生的需要，切合学生的实际，教法能够激起学生的兴趣等，都能使学生保持持久注意。

3. 注重学习内容的选择，采取多样化的教学形式

个体的知识经验是影响无意注意的一个主要因素。经验表明，学习内容能满足学习者的需要，有助于学习者保持稳定的注意。因此，教师要善于把教学内容与学生的知识经验相联系，引起学生的直接兴趣，维持学生的注意。教师还要善于运用多种教学方法和手段，激发学生饱满的情绪反应和学习积极性。

（二）着重培养学生的有意注意

学生的学习活动具有自觉性、目的性、组织性等特点。学生要搞好学习，就不能只凭直接兴趣，还要发展有意注意。

1. 激发学生学习的自觉性和克服困难的意志力

激发学生学习的自觉性和克服困难的意志力，是培养学生有意注意的主要途径。教师可以通过各种教育教学活动，培养学生学习的自觉性。例如，在开始讲授一门新课时说明这门课的目的、任务和意义，在一个新单元开始时明确提出需要解决的问题，在教材比较难懂的地方预先说明问题的复杂性和重要性，所有这些都能激发学生学习的自觉性，同时也利用了间接兴趣，引起学生对教学活动的注意。教师还可以通过各种教育教学活动，培养学生克服困难的意志力。例如，在教学中，教师可以利用“最近发展区”理论，向学生提出具体明确的新问题、新任务和新要求，并且要求学生严格执行。

2. 培养学生良好的注意品质

在智力相差不多的情况下，学习效果与学生的注意品质紧密相关。有研究表明，学习优

秀的学生注意资源的容量明显多于学习困难的学生，并且能更有效地运用注意资源；学习优秀的学生抑制分心物的能力明显高于学习困难的学生。所以，教师在教学中应当有意识地对学生的注意品质进行培养，提高他们的学习效果。

3. 在课堂教学中培养学生有意注意的方法

（1）给予信号。当学生注意力开始分散时，教师及时给予信号能有效地加以制止。例如，凝视着做小动作或没有认真听讲的学生。

（2）邻近控制。对注意力分散的学生，教师可以一边讲课，一边走近学生，站立其旁，或轻拍其背，或轻加警语，加以提醒。

（3）提出问题。对注意力分散的学生，教师可以对全班进行提问，然后指名让不注意听讲的学生回答。

（4）特殊安排。有些学有余力的学生，完成教师布置的任务后，会觉得无所事事，就会违反课堂纪律。对这些学生教师应预先做特殊的安排，如吩咐他们做完家庭作业之后预习第二天的学习内容。

（5）提出批评。对经常违反课堂纪律，注意力容易分散的学生，教师应当进行批评，提醒他们要遵守纪律，集中注意力听课。需要注意的是，教师应在课堂上进行简单的制止，批评宜放在课后进行。

（三）善于运用两种注意相互转换的规律组织教学

在教学中，如果完全要求学生依靠有意注意来学习，学生的大脑皮质长时间处于兴奋状态，容易产生疲劳和注意的涣散；如果只让学生依靠无意注意来学习，则不利于他们的主动性及与困难作斗争的意志力的发展，影响学习任务的完成。所以，在教学过程中，教师应当使学生的有意注意和无意注意有节奏地交替轮换，使学生的注意长时间地保持集中，提高学习效果。一般来说，上课之初，要引起学生进入学习任务或课业活动的有意注意；接着，要引起学生对新课题、新内容发生兴趣，产生无意注意；当学习进入重点难点时，要设法使学生加强有意注意，集中精力思考和理解问题；在进行紧张而努力的有意注意之后，通过教学方式的改变，介绍所学知识在生活中的一些有趣运用等，使学生转入无意注意；下课之前，学生的注意最易涣散，布置作业也要求学生有一定的有意注意。需要注意的是，交替使用两种注意规律，没有固定的模式，需要教师根据教学目标、学习内容、学生年龄阶段的特点和学生注意力的发展水平，创造性地运用两种注意转化规律，把学生的注意力始终维持在学习活动中。

练习与思考

一、单项选择题

1. 王老师讲课时迟到的小明突然推门而入。同学们不约而同地把目光投向他，学生的这种心理活动属于（　　）。

A. 无意识记　　B. 有意识记　　C. 无意注意　　D. 有意注意

2. 小刚被教室窗外的小鸟所吸引，不能专心听讲。这属于（　　）。

A. 注意分配　　B. 注意广度　　C. 注意分散　　D. 注意转移

3. 张老师一边讲课，一边观察学生的反应，这体现了注意的哪种品质？（　　）

A. 注意分配　　B. 注意广度　　C. 注意分散　　D. 注意转移

二、判断辨析题

注意转移就是注意分散。

三、简答题

1. 简述如何评判一个人的注意能力。
2. 简述无意注意、有意注意和有意后注意的区别。
3. 简述注意的功能。
4. 简述在教学中培养学生注意力的方法。

四、材料分析题

弈秋，通国之善弈也。当弈之时，有吹笙过者，倾心听之，将围未围之际，问以弈道，则不知也。非弈道暴深，性有暂暗，笙滑之也。隶首，天下之善算也。当算之时，有鸣鸿过者，弯弧拟之。将发未发之间，问以三五，则不知也。非三五难算，意有暴昧，鸿乱之也。弈秋之弈。隶首之算，穷微尽数，非有差也。然而心有笙鸿，而弈败算挠者，是心不专一，游情外务也。《刘子新论·专学》

1. 材料中反映的是哪种心理现象？
2. 结合现代心理学理论，分析给出防止材料中现象产生的办法。

第三章　感觉和知觉

【学习要求】

1. 识记感觉、知觉、感受性、感觉阈限等基本概念，认识感知觉在人类社会生活及认知发展中的重要作用。
2. 了解感觉、知觉的种类，理解影响感受性发展的因素和知觉特性。
3. 掌握并运用感知规律来提高社会生活及教育教学活动的效率。
4. 掌握培养学生观察能力的方法。

我们对客观事物的认识是从感觉开始的，首先通过感觉来反映作用于我们感觉器官的客观事物的个别属性和我们所处的某种活动状态的信息。在实际生活中，任何客观事物的属性并不是脱离具体事物而独立存在的，因此，人们在对事物的个别属性进行反映时，是把其个别属性作为事物的一个方面而与整个事物同时被反映的。这种对客观事物进行信息整合而形成客观事物的整体映像就是知觉。在成人的认识活动中，不存在单纯的感觉，而是在感觉的同时融进已有的知识、经验、主观的需求、态度等因素。在两者的关系上，感觉是知觉的基础，知觉以感觉为前提，并与感觉一起进行而产生。但知觉不是把感觉简单地相加，还要借助于经验和知识的帮助，也就是说，感觉的产生主要由客观刺激的特征决定，而知觉则是经验参与其间的纯粹的心理活动。在这部分，我们将通过心理学对个体心理过程的研究与解释，认识感知觉是如何发生的，有什么规律或现象，在日常生活和教育教学活动中应该怎样利用感知规律来提高活动效果。

第一节　感　觉

我们到底是如何来感知我们所生存的世界的？感觉的存在给人们带来了愉快，带来了好处，但同时也给人们带来了痛苦，带来了烦恼。感觉使我们发现世界上美好的事物，使我们留心并去探究世间万物。比如，眼睛能告诉我们生动的画面和鲜明的色彩；香水和各种调味品能使我们产生愉快的嗅觉和味觉；温柔的抚摸使我们得到安慰；而轻轻的爱抚有时会把我们从梦中唤醒。但是当刺激过于强烈的时候，我们必须把眼睛闭上或把耳朵堵住，否则强烈的光照和尖锐的声音会使我们的眼睛受到损伤、耳朵产生痛感；过于浓烈的气味常使我们惊慌；而痛觉则会使我们感到周围的世界在紧缩。我们日常生活就是处在愉快的感觉和痛苦的经验之中的。

一、感觉概述

感觉是人脑对直接作用于感觉器官的客观事物的个别属性的反映。例如，面对一朵玫瑰花，鼻子闻到了它的香味，眼睛看到了它的颜色及形状，手触摸到花茎的刺及花瓣的柔，等等。物体的这些个别属性通过感觉器官作用于人脑，在人脑中引起的心理活动就是感觉。

人的认识活动是从感觉开始的，通过感觉，人不仅能够了解客观事物的各种属性，如物体的颜色、气味、软硬、光滑或粗糙等，而且能知道身体内部的状况和变化，如饥饿、疼痛等。在心理学研究中，感觉占有相当重要的地位，是意识和心理活动的重要依据，是意识对外部世界的直接反映，也是人脑与外部世界的直接联系。割断了这种联系，大脑就无法反映客观存在，意识也就无从产生。人们理解周围世界的过程始于感觉。

感觉虽然很简单，但很重要，在人的生活和工作中有重要的意义：

首先，感觉提供了内外环境的信息。通过感觉，人能够认识外界物体的颜色、形状、气味、软硬等，从而能够了解事物的各种属性；通过感觉，我们还能认识自己机体的各种状态，因而有可能根据自己机体的状态来调节自己的行为。

其次，感觉保证了机体与环境的信息平衡。人要正常地生活，必须和环境保持平衡，人们从周围环境获得机体正常生活所必需的信息；相反，信息超载或不足，就会破坏平衡，给机体带来严重的不良影响。感觉剥夺实验（Bexton，Heron & Scott，1954）说明，来自外界的刺激对维持人的正常生存是十分重要的。

最后，感觉是一切较高级、较复杂的心理现象的基础。人的知觉、记忆、思维等复杂的认识活动，必须借助感觉提供的原始资料。人的情绪体验，也必须依靠人对环境和身体内部状态的感觉。因此，没有感觉，一切较复杂、较高级的心理现象就无从产生。

二、感觉的种类

根据刺激物的性质以及它所作用的感觉器官的性质，可以将感觉区分为外部感觉和内部感觉。外部感觉接受外部世界的刺激，如视觉、听觉、嗅觉、味觉、肤觉等。内部感觉接受机体内部的刺激（机体自身的运动与状态），如运动觉、平衡觉、内脏感觉等。

三、感受性及其发展变化

（一）感受性与感觉阈限

感觉是由刺激物直接作用于感官所引起的，但要产生感觉，除了感官必须接受适宜刺激之外，还需要这种适宜刺激处于一定的强度范围。也就是说，即使是适宜刺激物刺激感官，但当它强度不在此范围时，也不会产生相应的感觉。不同的人对刺激的感觉能力是不同的，而同一个人对不同刺激的感觉能力也是有差异的。一个人对适宜刺激感觉的灵敏程度，即感觉能力，称为感受性。感受性是指感觉器官对适宜刺激的感觉能力。

感受性的高低用感觉阈限的大小来度量。感觉阈限就是能引起感觉的刺激量。感觉阈限值越小，感觉能力越强，感受性越高；反之，感觉阈限值越大，感觉能力越弱，感受性越低。感受性与感觉阈限成反比。

1. 绝对感受性与绝对感觉阈限

绝对感受性指的是刚刚能觉察出最小刺激量的能力。绝对感受性的高低用绝对感觉阈限来度量。绝对感觉阈限指的是刚刚能引起感觉的最小刺激量，即达不到这个最小刺激量的刺激就不会引起感觉。绝对感受性与绝对感觉阈限成反比关系。绝对感觉阈限越大，绝对感受性越低。二者关系可用下列公式表示：

$$E=\frac{1}{R}$$

式中，E 表示绝对感受性；R 表示绝对感觉阈限。

一般来说，人类的感觉极为灵敏。根据心理学的有关研究，人类重要感觉的绝对阈限的近似值如表 3-1 所示。

表 3-1　人类重要感觉的绝对阈限

感觉类别	绝对阈限
视觉	晴朗的黑夜中能看到 30 英里外的一点烛光
听觉	安静房间内能听到 20 英尺外的手表的嘀嗒声
味觉	能辨出两加仑水中一勺糖的甜味
嗅觉	能嗅到一升空气中散布的千万分之一毫克人造麝香的气味
触觉	能感受到一片蜜蜂翅膀从一厘米外落下

2. 差别感受性与差别感觉阈限

差别感受性是指刚能觉察出两个同类刺激物之间最小差异量的能力。差别感受性的高低用差别感觉阈限来度量。差别感觉阈限指的是刚刚能引起差别感觉的两个同类刺激物之间的最小差别量。两个同类刺激物达不到这个最小差别量则不会产生感觉上的变化。差别感受性和差别感觉阈限成反比关系。差别感觉阈限越小，差别感受性越高；反之，差别感觉阈限越大，差别感受性越低。

1834 年，德国生理学家韦伯测量了包括触觉、视觉、听觉在内的多种感觉的差别阈限，发现原来刺激强度越大，被试察觉出差异所必需的刺激强度的变化也就越大。差别感觉阈限是原来刺激强度（或标准刺激强度）的一个恒定的分数。这个分数称为韦伯分数，韦伯分数表现的规律称为韦伯定律，用下列公式表示：

$$K=\frac{\Delta I}{I}$$

式中，I 是标准刺激（原来刺激）的强度；ΔI 是标准刺激条件下的差别阈限；K 为一个常数。对于不同感觉来说，K 的数值不同（见表 3-2）。

表 3-2　不同感觉的韦伯分数

音高	响度	明度	嗅香气味	橡皮气味	咸味	压觉	重压	举重
0.003	0.088	0.016	0.07	0.104	0.20	0.136	0.013	0.019

根据韦伯分数的大小可以判断某种感觉的灵敏程度，韦伯分数越小，感觉越灵敏；反之则越迟钝。但韦伯定律只适用于中等强度的刺激，过弱或过强刺激的韦伯分数都会发生改变，而不是一个常数。

（二）感受性的发展变化

客观刺激不仅以其特定的物理性质和刺激强度来引起感觉，而且还会以不同的时间、空间来影响感觉的获得，使感受性产生各种变化。

1. 感觉的变化可以发生在同一分析器内，包括感觉适应和感觉对比

（1）感觉适应。人的感觉能力（感受性）在刺激物持续作用下引起的变化，有时提高，有时降低，这种现象叫感觉适应。例如，我们从亮处走进暗室，最初感到一片漆黑，什么也看不见，过一会儿才能看见暗室的一些东西，这叫暗适应。这时人的视觉能力提高了。如果从暗室走向强光照射的地方，最初感到一片耀眼，看不清外界的东西，几秒钟以后才能逐渐看清，这叫明适应。这时人的视觉能力降低了。触压觉和温度觉的适应现象也很明显。刚刚穿上棉衣时会感到衣服很重，经过一段时间就适应了。洗澡时，刚接触到热水时会觉得烫，过一会儿就适应了。嗅觉也容易适应，古语说："入芝兰之室，久而不闻其香；入鲍鱼之肆，久而不闻其臭。"这是嗅觉适应。

适应现象是感受性即感觉能力的暂时性变化。人们依靠感受性的变化来适应多变的外界环境，使人与环境保持必要的平衡。南方人到北方工作，人从地球飞向月球，环境发生了很大变化。如果不能适应这个变化的环境，就无法生活，无法工作。了解了适应现象的规律性，我们就可以采取必要的措施主动去适应环境。体育训练和比赛之前都要做好各种准备活动，就是为了适应下一步的剧烈运动。

（2）感觉对比。感觉的对比有同时对比与先后对比之分。同时对比，是指感受器由于同时接受两种刺激物的作用而产生的感受性变化的现象。例如，同一灰色长方形放在白色背景上显得暗一些，放在黑色背景上就显得更明亮；又如，将灰色小方块分别放在红色和黄色背景上，红色背景上的灰会略带青绿色，而黄色背景上的灰则呈蓝色。先后对比，是指同一感受器由于接受刺激的先后不同而引起的感受性变化的现象。例如，吃糖之后再吃苹果，就觉得苹果酸；喝了苦中药再喝白水，觉得白水都甜。教师在直观教学中若能充分利用感觉对比的规律，则能极大地提高教学效果。

2. 感觉的变化也可以在不同分析器之间发生

在同一时间内，一个人可以产生许多种感觉。这些感觉之间往往相互作用、相互影响，使感受性发生变化（提高或降低）。一般来说，一种分析器的微弱刺激，能提高其他分析器的感受性；一种分析器的强烈刺激，能降低其他分析器的感受性。例如，微弱的声音刺激，可

以提高视觉感受性；微弱的光的刺激，可以提高听觉的感受性。又如，强烈的噪音刺激，可以降低视觉感受性，强烈的光的刺激可以降低听觉感受性。生活中也可以利用这些变化，如播放音乐可以减轻牙科手术中病人的疼痛。

3. 联　觉

联觉指的是一种感觉兼有另一种感觉的心理现象。颜色感觉最容易引起联觉，如不同的颜色可引起冷暖觉、远近觉、轻重觉等。红色、橙色使人产生类似火焰的温暖的感觉，是暖色；蓝色、青色，使人产生类似冷水的感觉，是冷色。绘画或布景上的深色，使人感到近些，淡色使人感到远些。机器上的深色使人感到重些，浅色使人感到轻些。美术作品的创作、房间的色调配置等都充分利用了色觉的联觉现象。

（三）人的感觉能力在实践锻炼中不断发展完善

人的感觉能力有极大的发展潜力，经过实践锻炼和专门训练可以激发出来，并不断发展逐步完善。

首先，各种感觉器官正常的人，由于生活和劳动的要求，其相应的感受性会显著地发展。例如，汉语“四声”的辨别能力，就是在生活实践中发展起来的。特殊的职业对某种分析器的运用具有不同的要求，就形成特定分析器感觉能力的高度发展。例如，一些印染工人能分辨 30～40 种黑色的色度，而一般人只能辨别 3～4 个色度；炼钢工人通过蓝色眼镜能精确辨别炼钢炉中浅蓝色火焰的微小差别，以判断炉内的温度；包装香烟的工人有高度发展的肌肉感觉能力，可以根据触摸觉从一堆纸烟中一次抓到 20 支香烟；有经验的飞行员能辨别出每分钟 1 300～1 340 转的发动机的转速；调味师有高度发展的嗅觉与味觉；运动员有高度发展的运动觉与平衡觉，等等。

其次，某种原因造成某一种感觉能力缺失的人，由于生活和劳动的要求，以及特殊的训练等，他们的其他感觉也因此会有高度的发展。如盲人的听觉与触觉特别发达，聋哑人的视觉和振动感觉异常发达。这些都说明感觉能力在实践的要求下可以得到高度发展。

在教学中，教师要认识到学生的感觉能力存在巨大的发展潜力，要通过有计划的训练，使之得到应有的发展。实验表明，有些一年级小学生原来只能分辨三种不同色调的红色、两种黄色，不能分辨蓝色与绿色的不同色调。经过四天的专门训练，每天要求他们把绒线团按不同颜色从深到浅排列五次，每次纠正其错误。结果平均能辨别十二种红色、十种黄色、六种绿色、四种蓝色，大大提高了学生的感觉能力。因此，音乐课、美术课、体育课、劳动课、实践课、语言课的教师都要有计划地采取有效措施，不断发展学生的感觉能力。

第二节　知　觉

一、知觉概述

知觉是人脑对直接作用于感觉器官的客观事物的各个部分和属性以及它们之间关系的综

合的整体反映。

客观事物的信息往往以孤立的、片断的形式进入个体的感觉，但是人类并不是以孤立的、片断的方式认识客观事物的，而是有组织、有界限，以统一的整体方式认识客观事物的。我们不仅能听到各种声音、看到各种颜色、闻到各种气味、尝到各种味道，而且还可以认识到作用于我们感官的事物是什么，能叫出它的名称，并用词标示它。

感觉和知觉是紧密联系的心理活动过程。感觉和知觉都是人脑对当前客观事物的反映，即都是客观事物直接作用于感觉器官时在人脑中所产生的对当前事物的反映。只有当客观事物直接作用于感觉器官，并引起它们的活动时，才会产生感觉和知觉。一旦客观事物在人的感觉器官所及的范围内消失，感觉和知觉也就停止了。

感觉和知觉是紧密联系的。感觉是对物体个别属性的反映，知觉则是对事物整体属性的反映，没有反映个别属性的感觉，就不可能有反映事物整体的知觉，因此感觉是知觉的有机组成部分，是知觉的基础，而知觉则是感觉的深入和发展。感觉到的个别属性越丰富、越精确，相应的知觉也就越完整、越正确。在现实生活中，人们一般都是以知觉的形式直接反映客观事物的，感觉只是作为知觉的组成成分而存在于知觉之中，很少有孤立的感觉存在。

感觉和知觉又是相互区别的。第一，感觉是介于心理和生理之间的活动，它的产生主要来自于客观刺激的物理特性及感觉器官的生理活动，相同的客观刺激会引起相同的感觉；而知觉则是以生理机制为基础的纯粹的心理活动，它的产生是在感觉的基础上对物体的各种属性加以整合和解释的心理活动过程，受个人的动机、兴趣、需要、记忆、言语、思维等的影响，相同的客观刺激可能会产生不同的知觉。

第二，感觉是人脑对客观事物的个别属性的反映，知觉则是对客观事物的不同属性、不同部分及其相互关系的综合的、整体的反映。

第三，从感觉和知觉的生理机制来看，感觉仅依赖于个别感觉器官的活动，而知觉则依赖于多种感觉器官的联合活动。在多种感觉器官的参与下，通过反映事物多种属性并整合后才形成知觉。

感觉和知觉是人对客观世界认识的初级阶段，是人们认识世界的开端，也是人们其他心理活动的基础。一个人若没有感觉和知觉，就不可能形成记忆、思维、想象等复杂的心理活动。可见，感觉和知觉是一个人正常心理活动发生发展的必要条件。

二、知觉的特性

（一）知觉的选择性

人在知觉客观世界时，总是有选择地把少数事物当成知觉对象，而把其他事物当成知觉的背景，以便更清晰地感知相应的事物与对象。如在课堂上，教师的声音成为学生知觉的对象，周围环境中的其他声音便成为知觉的背景。在这个意义上，知觉过程是从背景中分出对象的过程。

知觉的对象从背景中分离，与注意的选择性有关。当注意指向某种事物的时候，这种事物便成为知觉的对象，而其他事物便成为知觉的背景。当注意从一个对象转向另一个对象时，原来的知觉对象就成为背景，而原来的背景便成为知觉的对象。所以，知觉的对象与背景既相互依赖又相互转化。人们知觉某一对象，不仅取决于对象本身的特点，而且受对象所处背景的影响。这一点对了解知觉过程有重要意义。如果教室内很安静，那么即使教师用很低的声音讲课，学生也能听清楚；相反，如果环境中的噪音很大，那么教师用相同强度的声音讲课，学生就听不清楚了。可见，在不同背景下，人们对同一对象的知觉可能是不同的。因此可以说，人们的知觉是由对象及其背景的相互关系来决定的。

（二）知觉的整体性

将知觉对象中许多个别的孤立的部分知觉为一个统一的整体的知觉特性，称为知觉的整体性。它是对具体事物的整体反映。有的时候，我们接触到的刺激并不完备，但知觉仍可保持完备。例如图“□”“△”我们不会把它看成四条直线、三条直线，而是一开始就把它们看成是正方形、圆形的整体结构；学生听老师讲课，并不能对老师说的每一个字音都毫无遗漏地知觉，而是听清老师讲的完整句子和完整的意思；对于熟悉的人，也常常是仅闻其声便知其人。这些情况均说明，人们可以知觉到还没有感觉到的事物。

知觉之所以能把当前客观刺激中缺少的部分补充完整，是因为我们过去曾经有过这些刺激所引起的感觉，过去经验参与了当前的认识活动，使得我们能够从整体上认识事物。

（三）知觉的恒常性

知觉的恒常性是指当知觉对象在一定范围内改变时，我们的知觉映象仍保持相对不变。

知觉的恒常性表现在以下几个方面：一是大小恒常。例如，同一个人站在离我们 2 米、5 米、8 米、10 米、15 米的不同距离处，他在我们视网膜上的视像是不同的。但我们不会认为 2 米处的人高大、15 米处的人矮小，我们仍然会按照他的实际大小来反映。二是形状恒常。篮球架上的铁圈，从下往上看，在视网膜上的成像是圆形的，从侧面看在视网膜上的成像是椭圆的，但是我们仍然认为是圆的。三是明度恒常。在中午和黄昏的不同强度光线下，黑板总是知觉成黑色的，粉笔总是知觉成白色的。四是颜色恒常。一面红旗，不管是在白天或晚上，也不论有多少彩灯照射，我们都会把它知觉为红色。

知觉的恒常性对人类的生存和发展有十分重要的意义。客观事物总有一定的稳定性，因此人类对客观事物的知觉也就需要有相应的稳定性，这样才能真实地反映事物的自然属性和真实面貌。知识经验对知觉的恒常性也有重要的作用。我们在知觉某事物时，总会利用以往的知识经验去感知，反映事物固有的本来面目，从而保证我们根据客观事物的实际意义来适应环境。如果人类的知觉不具有恒常性的话，那么人类适应环境的活动就会变得十分复杂和烦琐。所以，知觉恒常性是我们适应周围环境的一种重要能力，可以使我们获得对客观事物本身面貌的精确知觉。

（四）知觉的理解性

知觉的理解性是指人以已有的知识经验为基础对感知的事物进行加工处理，并用语词加以概括，使其具有一定的意义。

人在知觉过程中并不单单依靠感觉器官对新事物作照相式的反映，而是由过去经验参与对新事物的理解。对事物的理解是产生正确知觉的必要条件。知觉的理解性，表现在运用已有经验把当前的知觉对象纳入已知的相应的一类事物的系统之中，知道它是什么，如这是苹果，那是玫瑰……

在两歧图的实验研究中，我们可以看到，对同一事物可以表现出不同的知觉结果。这与知觉者的知识经验、实践经历、接受到的言语指导，以及个人的兴趣爱好等均有关系。

三、知觉的分类

（1）根据知觉过程中起主导作用的感觉器官，可以将知觉分成视知觉、听知觉、触知觉、嗅知觉、味知觉等。例如，对一首乐曲的声音方向、节奏、韵律的知觉，听觉器官起主导作用，因而属于听知觉；对一辆由远处向我们开来的汽车的形状、大小、距离和运动的知觉，视觉器官起主导作用，因而属于视知觉。

（2）根据知觉反映的事物的特性，可以把知觉分为空间知觉、时间知觉和运动知觉以及错觉等。例如，对物体大小、形状、距离、方位的知觉，其反映的是客观事物的空间关系，因而属于空间知觉；对事物发生的先后顺序的知觉，其反映的是客观事物的延续性和顺序性，因而属于时间知觉；对一个物体的空间位移的知觉，其反映的是物体的运动特性，因而属于运动知觉；对两条具有同样物理长度的线段，由于二者间的位置关系不同而知觉为一条比另一条短一些，即对其产生了错误的反映，因而属于错觉。

第三节　感知觉规律在教学中的应用

一、感知觉规律在教学中的应用

在教学过程中，教师应按照感知活动的特点和规律来安排教学，才能提高学生的认知效果。

（一）运用被感知事物的强度律

强度律是指在制作和使用教具时，刺激量不应太强或太弱，应考虑各种刺激的感觉阈限。如果刺激太强，易给学生形成“超限刺激”，使他们在心理上、生理上都难以接受，从而影响教学效果；若刺激量太弱，学生们根本知觉不到，同样也不会有效果。所以，教室的环境以及教师的着装，都应遵守这个强度律。教室外的环境不应有超过 60 分贝的噪音，教室内的布置也不应有对比太强的色彩图案，教师的着装不能新奇古怪，否则都会削弱教学效果。

（二）运用被感知事物的对比律

对比律是指被感知的事物与它的背景条件应有明显的差别，形成突出的对比感，这样容易使学生迅速感知到对象。所以，在教学中凡是要学生重点感知的内容，通过加强对象和背景的强弱对比、动静对比、明暗对比和大小对比等方法都可以取得良好的教学效果。

（三）运用被感知事物的组合律

组合律是指被感知的事物在空间和时间上接近，有联系或连续性，易构成一个整体而被清晰地感知到。比如，教师讲课时从内容的连续上进行总结概括，进行合理的组合，在图示方面要注意图形分布的合理性，语音语调的抑扬顿挫变化等，都可以使学生获得整体性的信息，易于接受，取得良好的讲课效果。如果内容上散乱、不易总结概括，不做合理组织的杂乱图示，语音语调没有变化，速度过于缓慢等，就会形成时间上的断阻，不连续。这些做法都有悖于知觉的整体性，有悖于组合律，从而易使知觉效果差，教学效果也差。板书的安排，如缺乏条理、字迹不清楚，距离凌乱等，也违背了组合律。所以，重要内容需要在板书上加以组合，在语声语调上进行组合。采用这种双组合的做法，可以取得理想的教学效果。

（四）运用被感知事物的协同律

协同律是指在教学过程中，多种感官共同活动，多种知觉系统发挥作用，以提高感知效果。多种感官参加活动是获取大量感性材料的必要前提，而大量的感性材料必须建立理性认识的基础上：物理、化学、生物等课程，若加入实验课，由学生亲自动手操作，就可以给学生提供实践的机会，做到眼看、鼻嗅、手摸、嘴尝，用多种感官参加，教学效果也会较单一感官活动的效果好。再如学外语，也要求口到、耳到、跟到、手到、脑子到，才能提高成绩。心理学研究表明，参与的感官越多，收集的信息就越多，可以做到融会贯通，所学知识就更牢靠、真实。有人曾作过统计：只用听觉去听别人讲课只能记住 15%，单用视觉去看别人写的文字材料，只能记住 25%，如果既看又听则可记住 65%。

二、观察力的培养

（一）观察的概念

观察是有目的、有计划的、主动的知觉过程。观察可以使学生获得大量的感性知识，有助于提高学生的学习兴趣，激发学生的求知欲，调动学习的积极性。所以，观察在学生的学习过程中有十分重要的作用。很多科学家不仅有良好的思维力，还有良好的观察力。达尔文把观察和实验（实验是一种在特定条件下的观察）看作通向科学的大门；巴甫洛夫把“观察、观察、再观察”当成座右铭；盘尼西林的发明者弗莱明曾说：“我的唯一功劳是没有忽视观察。”因此，很多国家都十分重视学生观察能力的培养。例如日本，小学阶段要做 180 多个观察、100 多个实验，这些观察和实验涉及动物、植物、光线、磁铁、岩石等内容，让学生通过直接体验，积累对自然现象的感性认识，培养学生对事物进行科学观察的习惯和能力。还有的国家小学自然课要求学生用 80%的时间来观察以掌握感性经验，20%用于听老师讲课；初中理、化、生物课要求学生用 60%的时间来观察、实验以掌握知识，40%用于听老师讲课；高中理、化、生物课要求学生用 50%的时间来观察、实验，50%的时间用于听老师讲课，可见观察对于学生学习是非常必要的。

（二）学生观察力的培养

1. 必须提出明确而具体的目的、任务

因为观察的效果决定于观察的目的是否明确。教师必须向学生提出应该看什么，儿童才会注意到事物的重要方面，使知觉的选择性服从于观察的目的、任务。如果“走马看花”，就会一无所得。实验表明，同等水平的两组学生分别观察同一事物，一组具有明确的观察目的，另一组没有明确的观察目的。结果发现，前者的成绩大大优于后者。这说明，漫无目的的浏览，得益是很少的。

2. 在观察前要做好有关知识的充分准备，并制订出周密的计划

有了相关的知识，在进行观察学习时，才能产生兴趣和丰富的想象力。而且，准备愈充分，观察也愈全面和深入。所以，教师在演示实验或组织学生参观前，必须使学生对所要观察的事物有一般的了解，这样才能提高观察的效果。例如，教师结合学生写作训练，带学生去观察某一个动态性场面，事先学习有关范文，进行启发，并适当讲解有关写作知识，使学生懂得如何下手，如何深入观察。另外，在观察前应制订出系统的计划和阶段性计划。在各阶段计划中，应明确观察重点、步骤和方法，做到心中有数。如先观察什么、后观察什么，如何观察、观察的重点是什么等，一切都要有计划、有步骤地进行。

3. 有计划有系统地训练学生的观察技能和方法

学生在观察事物时，往往只对形象生动的部分感兴趣，而缺乏细致的观察力；他们常常只注意表面现象，并以此为满足，缺乏深入观察、认真分析的能力；他们还容易看看这、听听那，缺乏观察的条理性，不善于独立地进行观察。因此，要使学生的观察富有成效，还必须培养他们的观察技能和方法。首先要培养学生细致观察的良好习惯。例如，有经验的教师，经常训练学生观察人物、动物的动作、神态和景物的变化，来培养学生细致的观察习惯。其次，要训练学生有条不紊地按顺序进行全面观察的技能和方法，也就是要训练学生从上到下、从左到右、从整体到部分地进行观察。最后，引导学生观察时要注意抓重点，能从不显著而且初看起来不太重要的现象中抓住反映事物本质或变化规律的关键情节。此外，还要培养学生独立观察的能力。

4. 培养学生观察的主动性，使其养成勤于观察的好习惯

观察的积极性、主动性，是影响学生观察力发展的重要因素。因此，教师应该十分重视培养学生观察的主动性，养成他们乐于观察、勤于观察的好习惯。训练学生写观察日记，是启发、培养主动观察的好形式，是发展学生观察力行之有效的途径。指导学生写观察日记，要做好三方面的工作。首先，培养学生的观察兴趣。兴趣是最好的老师，有了浓厚的兴趣，才会主动地观察，也才有利于积累观察素材。其次，根据学生的特征和知识水平，有计划地按循序渐进的原则，由浅入深地进行观察训练。最后，结合有关学科的教学，对观察的内容和写日记的方法给予具体的指导。

5. 利用一切机会，让学生参加多种实践活动

学生的观察力总是和活动相联系的。只有通过活动，才能培养和发展他们的观察力。因此，教师要尽可能组织学生参加各种必要的活动，使学生用多种感官接触客观事物，以增强观察的效果。教师不仅要重视各种课内练习作业，还要重视课外活动。例如，组织科技小组、参观旅行、劳动等，使学生增加接触客观现实的机会，丰富知识经验，发展观察力。

6. 指导学生做好观察记录，对观察的结果进行整理和总结

观察前要明确写观察记录的要求，要求学生按顺序、有计划地作记录，并对内容进行分类，区分主次，有详有略。在观察进行中，要指导学生做好观察记录；观察结束时，要指导学生用书面语言或口头语言对观察的结果加以总结，或者写成文字材料。这样，观察到的材料才能上升到理性层次，成为有系统的材料。比如，组织学生观察一年四季春、夏、秋、冬大地的主要颜色，就应该先让学生看些有关“四季的颜色”的绘画或照片，然后在不同的季节带领学生观察初春的绿色、夏天的红色、秋天的金黄色、冬天的灰白色等，并随时作出观察记录，画出相应的颜色，这样学生们就将能一年四季大自然色彩的变化转化成为自己观察得来的知识。不过，课堂内的一般观察，只需作一些简单记录或通过提问让学生口头报告出来即可。较复杂的课外或校外观察，则可以填表或作书面报告。

练习与思考

一、单项选择题

人们喜欢冬天使用暖色的床上用品，夏天使用冷色的床上用品。这属于感觉的哪种现象？（　　）

A. 适应　　B. 对比　　C. 联觉　　D.统合

二、判断解析题

知觉是人脑对直接作用于感觉器官的客观事物的个别属性的反映。

三、简答题

1. 什么是感受性和感觉阈限？他们有何关系？
2. 人的感觉能力的发展与人的社会生活、教育训练有何关系？
3. 简述知觉特性。
4. 试概括感知规律，并结合学校教育教学活动谈谈如何应用感知规律来提高教学效率。
5. 观察力对人的学习与实践活动有什么意义？
6. 如何培养学生的观察力？

四、材料分析题

1. 常言道“眼见为实，耳听为虚”，这一说法是否正确？为什么？

2. 数学科代表交给新来的李老师一张未完成作业的学生名单（见下图），当李老师照着名单批评陈易章、代丽萍、余霞萍时，同学们都很奇怪，因为班上没有这几个同学。这是为什么？

陈	代	余
易	丽	霞
章	萍	萍

第四章　记　忆

【学习要求】

1. 掌握记忆的概念和分类。
2. 掌握记忆表象及其分类。
3. 掌握记忆的品质。
4. 掌握记忆的三个记忆系统及其特征。
5. 掌握记忆过程中的主要规律。
6. 能将记忆规律应用于教育教学实践。

在地球上的所有物种中，人类所表现出来的环境适应能力是其他任何生物不可比拟的。不仅如此，人类还创造出了璀璨的人类文明。在人类适应环境和创造人类文明过程中，记忆发挥着重要的作用。人们学习前辈积累起来的经验，探索自然和社会规律，进一步加深对世界的认识，存储新的经验，为后代的发展奠定更为坚实的基础。这些经验的积累表现在个体身上就是一个记忆过程。自古以来，人们一直关注记忆现象，认识心理学发展起来后，记忆现象更是成为心理学研究中的一个重要领域。

第一节　记忆概述

要研究记忆，首先要认识记忆这一心理活动。本节将着重分析什么是记忆、记忆的分类、记忆表象和记忆品质等问题。

一、记忆的概念

记忆是人脑对过去经验的识记、保持、回忆和再认。从信息加工的观点看，记忆是信息的输入、编码、存储、保持和提取。人们在生活实践中感知过的事物、思考过的问题、体验过的情绪、做过的事情等都可以成为记忆的内容。感知过的事物主要是指通过感官获取的信息，如我们见过一个人，他的外貌、言谈、举止都可成为我们记忆的内容；我们听过的音乐，其旋律可成为我们记忆的内容；我们闻过的气味、品尝过的味道等也可以成为我们记忆的内容。思考过的问题包括思维过程和思维结果，如思考过的数学问题，做过的数学题都会存储在记忆中，下次再做此题的时候上次思考的结果就会被提取出来。体验过的情绪主要是指情绪过程遗留下的情绪体验。“一朝被蛇咬，十年怕井绳”就是体验过的情绪存储在记忆中，看到井绳后又唤起了这种情绪；“触景生情”说的也是过去体验过的情绪，在见到这种情绪产生的类似情景后，情绪记忆内容会被唤醒。做过的事情主要是指做事的操作程序，如经历过新生到校报到的这一程序，这一操作程序就作为经验存储在我们的大脑中；学过的广播体操等操作程序也会储存在我们的记忆之中，适当的时候还可以提取出来。

记忆是通过识记、保持、再认或回忆的三个基本环节在人脑中积累和保存个体经验的心理过程。识记是记忆过程的第一个基本环节，是指个体获取知识经验的过程。保持是记忆过程的第二个基本环节，是指已获得的知识经验在人脑中的巩固过程。再认或回忆是记忆过程的第三个基本环节，是在不同条件下恢复过去经验的过程。过去经历过的事物不在面前，能把它们在人脑中重新呈现出来的过程称为回忆；过去经历过的事物再次出现在面前，能把它认出来的过程称为再认。既不能再认又不能回忆的现象称为遗忘，遗忘是保持的对立面。记忆过程中的三个基本环节是密切联系的。没有识记就谈不上对经验的保持；没有识记和保持，就不可能对经验过的事物进行再认或回忆。因此，识记和保持是再认或回忆的前提，再认和回忆则是识记和保持的表现。不仅如此，再认或回忆还可以进一步巩固和加强识记和保持的内容。

如果把记忆过程看作一个信息加工过程的话，对信息的编码就相当于识记过程，对信息的贮存就相当于保持过程，对信息的提取就相当于再认或回忆过程。贮存在人脑中的信息在应用时不能提取或提取时发生错误则属于遗忘。

二、记忆分类

（一）根据记忆内容分类

根据记忆内容的不同，可以把记忆分为形象记忆、动作记忆、情绪记忆、语词逻辑记忆和情节记忆。

1. 形象记忆

形象记忆是以感知过的事物形象为内容的记忆。这些形象可以是视觉的形象，也可以是听觉的、嗅觉的、味觉的和触觉的形象。形象记忆以视觉和听觉记忆为主，也存在着某些触觉的形象记忆。不同群体的人，擅长的形象记忆不同，画家一般视觉形象记忆能力强，容易记住看过的风景、人物等形象；而作曲家的听觉形象记忆较强，很容易记住听过的音乐节奏。

2. 动作记忆

动作记忆是以做过的动作或运动为内容的记忆，也称运动记忆。动作记忆的内容其实质上是一般动作或运动的形象，只不过这些形象是动态的而不是静态的。动作记忆往往识记起来比较慢，但记住后就不易遗忘。上体育课时的体操动作、武术套路，上实验课时的操作过程等这些动作都会在头脑中留下一定的痕迹。一般来说，运动员、武术擅长者的动作记忆能力较强。

3. 情绪记忆

情绪记忆是以体验过的情绪或情感为内容的记忆，也称情感记忆。人们在认识事物或与人交往的过程中，面对一定的人和事，总会带有一定的情绪色彩或情感内容，这些情绪或情感也作为记忆的内容而被存储进大脑，成为人的心理内容的一部分。如学生对接到大学录取通知书时的愉快心情的记忆就是情绪记忆。情绪记忆形成以后很难遗忘，对人的行为具有较大的影响。教师对某个学生的第一印象会在很大程度上影响教师对该生的态度和行为，这是因为第一印象是与情绪紧密联系的。在所有群体中，可能从事影视艺术的人情绪记忆能力比较强，经历过的情绪很容易存储在他们的记忆中，并影响或引导他们的行为。

4. 语词逻辑记忆

语词逻辑记忆是以语词、概念、命题或原理等为内容的记忆，又称语义记忆。如我们对数学定理、公式、哲学命题、各类概念等的记忆都属于语词逻辑记忆。语词逻辑记忆的组织是抽象的和概括的，它所包含的信息不受接收信息的具体时间和空间的限制，是以意义为参照的。语词逻辑记忆内容总是有一定的逻辑意义，在识记过程中理解和把握记忆内容的逻辑意义十分重要。所以，语词逻辑记忆具有概括性、理解性和逻辑性等特点。对于学生来说，这类记忆至关重要，既是学生学习新知识的基础，又影响学生的抽象逻辑思维能力的发展。科学家、哲学家、文学家的逻辑记忆能力都较强。

5. 情节记忆

情节记忆是指以个人亲身经历的、发生在特定时间和地点的事件为内容的记忆，也叫情景记忆。情节记忆的最大特点是具有情节性，它建立在与信息或经历出现的位置和环境相联系的基础上，与某个时间和地点相关。情节记忆还具有自动性，是自然的，不管是存储还是提取，都很少要求外在的或内在的动机。情节记忆与自我体验密切相关，储存的是自传式的信息，是自传体记忆的一部分。情节记忆大量存在，如我们将某人在某时某地的音容笑貌形象地描绘出来，经历过的某一事件历历在目，都是情节记忆的表现。研究表明，情节记忆是由多种与海马记忆有关的记忆线索组成的，它位于新生皮层区内，并依赖“海马”进行整体回忆。

（二）根据识记过程的目的性分类

识记是记忆过程的第一个阶段，我们可根据获得记忆内容的识记阶段是否有目的，把记忆分为无意记忆和有意记忆。

1. 无意记忆

无意记忆，也称无意识记，是指没有预定目的，在识记过程中也不需要做一定的意志努力、自然而然发生的识记。如看过的电影、戏剧，听别人讲过的故事，外出看见的一件意外事故等。感知它们时并没有识记的意图，但这些内容以后能重新出现在脑海里，对这些内容的识记就是无意识记。

无意识记的内容是构成我们经验的重要部分，对心理活动及行为也有明显的影响。无意中所经历的事情，在我们有意识地面临某些情境、处理某些问题时，能作为已有经验起帮助作用。平日我们所说的“潜移默化”就是指无意识记及其影响。我们所处的环境、所接触的人、所做的工作，都可能成为我们无意识记的内容，从而对人的心理与行为发展产生很大的影响。

无意识记带有极大的选择性。一般来讲，进入无意识记的内容有两个特点：一是作用于人们感觉器官的刺激具有重大意义或引人注意，如人们对新异的事物会过目不忘。二是符合人的需要、兴趣以及能产生较深刻情绪体验的内容，如参加高考时的情境，到大学报到第一天的情境等。无意识记对人们知识经验的获得有积极作用，教师应该尽量使学生通过这种方式愉快地学习。但是，无意识记不能保证学生获得系统的文化科学知识。因此，在教学过程中，大量的识记内容应通过有意识记来获得。

2. 有意记忆

有意记忆也称有意识记，是指有预定目的，在识记过程中要做一定的意志努力的记忆。有意识记过程是在识记目的支配下进行的。识记的目的性决定了识记过程是对识记内容积极主动的编码过程。这种编码包括“识记什么”和“怎样识记”。“识记什么”确定识记的方向和内容，“怎样识记”是采取什么方法才能更好地记住所要识记的内容。学生在听课过程中的识记就是由这两部分组成的。每节课都有一定的教学目的、任务。教师一般会先作交代，使学生产生识记意图，以一种积极的心态识记新知识。为了更好地记住教师所讲内容，有些同学专心致志地听，即用心记的方法；有的同学采取心记与笔记相结合的方法等。

人们的全部知识经验就是通过有意识记和无意识记的方式获得的。不过，就识记效果而言，有意识记优于无意识记。作为教师，了解识记的这一规律，有助于在教学过程中加强对学生的学习目的性教育，要合理地给学生布置任务，以达到良好的教与学的效果。

（三）根据识记时对材料是否理解分类

根据识记时对材料是否理解分类，可以把记忆分为机械记忆和意义记忆。

1. 机械记忆

机械记忆是指在材料本身无内在联系或不理解其意义的情况下，按照材料的顺序，通过机械重复方式进行的记忆，也称机械识记，如对无意义音节、地名、人名、历史年代等的识记。这种识记具有被动性，但它能够防止对记忆材料的歪曲。对于学生而言，这种识记也是必要的，因为有一部分学习内容的确需要精确记忆，如山脉的高度、河流的长度等。也有些内容，限于学生的知识经验，不可能真正理解其意义，但这些知识对以后的学习是重要的，也应该进行机械识记，如小学一二年级的学生背诵乘法口诀。实际上，纯粹的机械记忆是很少的，人们在识记过程中，总是尽可能地把材料意义化。按照信息加工理论的观点，个人对任何输入的信息都要尽可能地按自己的经验体系或心理格局来进行最好的编码。如记电话号码，并不是单纯重复记忆，而会利用谐音或找规律等方式使之意义化。

2. 意义记忆

意义记忆是在对材料内容理解的基础上，通过材料的内在联系而进行的记忆，也称意义识记或理解记忆或理解识记。在意义记忆中，理解是关键。理解是对材料的一种加工，根据人的已有知识经验，通过分析、比较、综合来反映材料的内涵以及材料各部分之间的关系。由于意义记忆需要消耗较多的心理能量，与机械记忆相比，它是一种更复杂的心理过程。意义记忆应该是学生识记的主要形式。

（四）根据信息加工方式分类

根据信息加工处理方式的不同，可把记忆分为陈述性记忆和程序性记忆。

1. 陈述性记忆

陈述性记忆是对事实的记忆，如对人名、地名、名词解释以及定理、定律等的记忆都属于陈述性记忆。陈述性记忆具有明显的可以言传的特征，即在需要时可将记得的事实表述出来。

2. 程序性记忆

程序性记忆是对具有先后顺序的活动的记忆。程序性记忆主要包括心智技能与动作技能两部分，是经过个体由观察学习与实际操作练习而得到的记忆。程序性记忆的习得比较困难，但一旦掌握便很难遗忘，如小时候学会了弹钢琴，几十年以后仍然不会忘。程序性记忆的检索建立在熟练程度的基础上，如果已经达到了纯熟程度，那么程序性记忆的信息检索会以自动化的方式出现。程序性记忆最显著的特点是不能用言语表述，即不能言传。从个体的发展来看，个体首先发展的是程序性记忆。例如，自幼学习的动作技能，如写字、骑车甚至吃饭等，都是通过练习获得的程序性记忆。

（五）根据记忆的不同的信息加工阶段分类

记忆过程是一个信息加工过程，这个加工过程可分为三个记忆加工系统，即感觉记忆系统、短时记忆系统和长时记忆系统。

1. 感觉记忆

感觉记忆（Sensory Memory），也叫感觉登记（Sensory Register）或瞬时记忆，是指感觉刺激停止之后所保持的瞬间映象，如光、声、气味和触压等的瞬时映象。感觉记忆，是记忆信息加工的第一个阶段。进入各种感觉器官的信息，首先被“登记”在感觉记忆中。例如，视觉信息通过眼睛被“登记”在图像记忆中，听觉信息经由耳朵被“登记”在音响记忆中。

感觉记忆有以下特点：① 感觉记忆在瞬时能储存大量的信息。进入感受器的信息几乎都被储存。② 感觉记忆中的信息保持时间很短。视觉信息约在 1 秒内衰退，听觉信息约在 4 秒内衰退。③ 感觉记忆中的信息是未经任何加工的，是按刺激的物理特征原样直接加以编码和储存的。④ 感觉记忆中的一部分信息由于模式识别而被传送到短时记忆中，并在那里赋予它以意义。所谓模式识别（Pattern Recognition），就是由感觉记忆向短时记忆传递信息并赋予它意义的过程。确定选择哪些信息传输到短时记忆，而让哪些信息从感觉记忆中衰退，需要注意发挥作用。注意使信息从感觉记忆传输到短时记忆，从而使信息得到进一步的加工。因此，感觉记忆中的信息是我们觉察不到的，一旦其中的一些信息被我们觉察到了，这些信息也就被传送到短时记忆之中了。

2. 短时记忆

短时记忆是指脑中信息的短时（一分钟之内）加工编码过程。

与感觉记忆、长时记忆相比较，短时记忆具有以下特征：① 短时记忆的容量是有限的，一般认为短时记忆的信息容量为 7±2 个组块。组块（Chunking）是指人们在过去经验中已变为相当熟悉的一个刺激单元，如一个字母、一个单词、一个数字、一个成语等。② 短时记忆又是唯一对信息进行有意识加工的记忆阶段。如果加以注意，信息在短时记忆中的保持同注意的时间一样长，可以远远超过 20 秒。感觉记忆和长时记忆中的信息是我们意识不到的，这两种记忆中的信息只有被传送到短时记忆中才能被执行、控制和加工。所以，短时记忆也叫工作记忆。③ 信息在短时记忆中的主要加工方式是复述。复述（Rehearsal）就是出声或不出声地重复。复述能使信息保持在短时记忆中，以防止被其他信息排挤掉。一旦停止复述，信息在短时记忆中将迅速消失，这类复述往往被称为维持性复述。另外，复述还能作为信息的传输机制将信息从短时记忆送入长时记忆，这种复述称为精制性复述。④ 短时记忆中信息的提取主要是以系列全扫描方式进行的。大脑的神经信息扫描有三种：一是平行扫描，将探测信息与记忆中的所有项目相比较。二是系列自中断扫描，即将探测信息逐个与记忆中的项目相比较，发现有与探测信息相同的就中断扫描。三是系列全扫描，即将探测信息逐个与记忆中的所有项目都进行比较，不论记忆中有没有探测信息。

3. 长时记忆

长时记忆是指记忆内容加工充分，在人脑中保持相对长久的记忆存储，也称为永久性记忆。经验告诉我们，并不是所有的经验都能保存在记忆中，许多信息在感觉记忆和短时记忆中已被遗忘。长时记忆有以下特征：① 记忆容量无限。长时记忆是一个真正的信息库，记忆容量似乎没有限度，可以储存一个人关于世界的一切知识，为他的所有活动提供必要的知识基础。人们从来不觉得过去记得太多，现在一点也记不进去。长时记忆的容量究竟有多大，有人认为是 5 万至 10 万个组块，也有人认为是 1 015 比特。② 信息保持的时间很长。长时记忆中的信息保持时间在 1 分钟以上，甚至数年乃至终生。在理论上，长时记忆内容有可能长时间地保持，但是事实并非如此，长时记忆中的内容会因为干扰等因素而发生遗忘。

三、记忆表象

（一）记忆表象的定义

感知过的事物不在面前而在头脑中重现出来的形象叫记忆表象，又称表象，是同形象记忆有关的回忆结果。例如，提到你过去的一位教师、同学或朋友，那么他的形象、他的音容笑貌就会出现在你的脑海里，这种形象性记忆就是记忆表象。记忆表象不同于感觉后像，后像是作用于感官的刺激停止后、头脑中仍然保持的事物映像，由刺激物直接影响后的效应引起，时间短暂，不受意识支配，在生活实践中不起重要作用。

（二）记忆表象的特征

1. 形象、直观性

记忆表象产生于感知，是在过去感知的基础上形成的事物映像，所以它同知觉一样，也是以其形象为基本特征的。记忆表象属于客观事物的感性印象，是直观的、具体的。例如，我们回忆中学的某位教师时，这位教师的音容笑貌、言谈举止的形象就会在大脑中浮现，犹如在眼前一样。但是，由于记忆表象所反映的事物不在眼前，因而它与知觉表象相比又有些差异，记忆表象不如知觉表象那样鲜明、完整和稳定，而是较模糊、暗淡、片断、不稳定的。

2. 概括性

表象的概括性是指记忆表象是综合了多次知觉的结果，是对多次感知过的一类事物的一般形象和特点的反映。例如，对一个人的表象，不是某一次的具体形象，往往是多次感知的概括，但这种概括不是对事物本质和规律的概括。但表象的概括只限于外部形象，其中混杂有事物的本质和非本质属性，还未达到思维的抽象概括水平，基本上属于感性认识阶段；思维的概括性则反映了事物的本质属性，属于理性认识阶段。

3. 可操作性

表象的可操作性是指表象可被智力操作，如放大、缩小、移植和翻转等。表象的可操作性为形象思维、创造性思维奠定了基础。

（三）记忆表象的分类

根据不同的分类标准，可将记忆表象作不同的分类。

1. 根据感觉来源渠道分类

根据感觉来源渠道，可将记忆表象分为视觉心象、听觉心象、运动心象、触觉表象、嗅觉表象。视觉心象，即头脑中出现的有视觉特征的形象，如颜色、形状、大小、方位等形象。听觉心象，即头脑中出现具有听觉特征的形象，如音高、响度、音色、旋律等形象。运动心象，即头脑中浮现出的与动作系统相联系的形象。触觉表象，即头脑中出现的与触觉相联系的形象。嗅觉表象，即人脑中浮现出的具有嗅觉特征的形象。

2. 根据概括性分类

根据概括性，可将记忆表象分为个别表象和一般表象两类。个别表象是指在对个别对象的多次感知基础上产生的记忆表象，如对某个人的记忆表象。一般表象是指在对同类事物的不同个体多次感知基础上产生的记忆表象，如对“大学生”形象的记忆表象，就是对多个大学生多次感知形成的表象。

四、记忆的品质

记忆的品质也是鉴别一个人记忆力好坏的指标，主要有四个主要指标，即敏捷性、持久性、准确性和准备性。

（一）记忆的敏捷性

记忆的敏捷性是指一个人在识记事物时的速度方面的特征。能够在较短的时间内记住较多的东西，就是记忆敏捷性良好的表现。记忆的敏捷性是记忆的品质之一，但它不是衡量一个人记忆好坏的唯一标准。在评价记忆敏捷性时，应与记忆的其他品质结合起来才有意义。

（二）记忆的持久性

记忆的持久性是指记忆内容在记忆系统中保持时间长短方面的特征。能够把知识经验长时间地保留在头脑中，甚至终生不忘，这就是记忆持久性良好的表现。一般来讲，记忆的敏捷性与记忆的持久性之间呈正相关，记得快的人，保持的时间较长。但也不尽然，有的人记得快，但保持的时间短。

（三）记忆的准确性

记忆的准确性是指对记忆内容的识记、保持和提取时是否精确的特征，是指记忆提取的内容与事物的本来面目相一致的程度。准确性是记忆的重要品质，如果离开了准确性，敏捷性、持久性就失去了意义。

（四）记忆的准备性

记忆的准备性是指对保持内容在提取应用时所反映出来的特征。记忆的目的在于实际需要时，能迅速、灵活地提取信息，回忆所需的内容并加以应用。在准备性方面，有的人能得心应手，随时提取知识加以应用，有人则不然。

记忆的这一品质是上述三种品质的综合体现，而上述三种品质只有与记忆的准备性结合起来评价，才有价值。

第二节　记忆过程与规律

记忆包括识记、保持、再认或回忆三个基本环节，每个环节都有其自身的规律，掌握这些规律有利于提高记忆效率。

一、识记及其规律

前面我们已经论及识记过程，即通过对事物的特征进行区分、认识并在头脑中留下一定印象的过程，用信息加工的观点看就是信息编码的过程。识记是记忆过程的第一环节，对记忆效果的好坏具有非常重要的影响作用。因此，了解、掌握识记规律，有助于改善记忆。

（一）影响识记的因素

识记是记忆的第一环节，识记是记忆内容保存长短、提取是否容易的关键。了解影响识记的诸因素，对提高记忆效果十分重要。

1. 识记的目的性

有无明确的识记目的，直接影响识记的效果。明确识记任务及其相应的目的有利于调动一个人的识记积极性和针对性。彼得逊（Peterson）曾做过对比实验，让两组被试共同识记 16 个单词，其中一组有明确的目的，另一组则没有，结果是有明确的目的的一组识记成绩明显高于无明确目的组。在另一项实验中，要求被试“丝毫不差”地识记完整的故事，结果被试能逐句回忆 35%；而要求被试尽可能完整回忆一篇课文时，可以回忆 12.5 个句子，而无此要求，他们只能回忆 8.7 个句子；要求被试按图形呈现的顺序进行识记，在回忆时可保持原顺序的 43%。因此，这里所讲到的识记的目的性不只是涉及有意识记和无意识记的问题，即便在有意识记中也存在目的性明确不明确的问题，它们对识记效果都有明显影响。

2. 识记材料的意义性

识记材料的意义是指识记材料所蕴含的事物内在联系以及与识记者知识经验的联系。这种联系越多，表明识记材料的意义性越强，识记效果越好。肯斯雷（Kingsley）对此做过专门的实验研究。他组织了 348 名被试，向他们每次呈现 1 个单词或音节，呈现时间是 2 秒钟。练习一遍后，要求被试默写识记内容，结果显示效果与材料的意义性呈正相关，见表 4–1。

表 4–1　识记材料的意义性对识记效果的影响

识记材料	默写出的平均数
15 个无意义音节	4.47
15 个由 3 个字母组成的孤立英文单词	9.95
15 个彼此意义相关联的英文单词	13.55

3. 识记材料的数量

一次识记的材料数量也是影响识记的因素之一。大脑的总记忆储存量是极大的，但是一次识记的材料数量则会明显地影响识记的效率。索柯洛夫（E.H.Соколов）的实验表明，一次识记的材料数量与识记的效率呈负相关，数量越大，效率越低：识记 12 个无意义音节达到背诵的程度，平均 1 个音节需要 14 秒；识记 24 个无意义音节达到背诵的程度，平均 1 个音节需要 29 秒；而识记 36 个无意义音节达到背诵的程度，平均一个音节需要 42 秒。对无意义材料进行机械识记是这样，对有意义材料进行意义识记也是如此。莱昂（D.O.Lyon）在实验中让被试背诵不同字数但难度相同的课文，结果平均每 100 字的识记时间随课文字数的增加而增多（见表 4-2），同样呈现出识记数量与效率负相关的趋势。

表 4-2　识记材料的数量与识记时间

课文字数	识记总时间（分钟）	识记 100 字平均时间（分钟）
100	9	9
200	24	12
500	65	13
1 000	165	16.5
2 000	350	17.5
5 000	1 625	32.5
10 000	4 200	42

4. 识记材料的位置

在多个项目连续呈现的情况下，各项目在序列中的位置也会影响识记的效果。一般来说，最先呈现的项目，也就是排在序列首部的项目最易记住，称为“首因效应”；最后呈现的项目，也就是排在序列末位的项目也容易记住，称为“近因效应”；而排在序列中部的项目相对难记。

5. 识记时的态度

识记时有高度的独立性和积极性，识记效果好。对识记内容采取积极的态度，识记时注意力集中并积极地进行思维活动，识记往往进行得迅速，保持也牢固。实验证明：高度集中注意地阅读两遍课文，比漫不经心地浏览十遍的识记效果好得多。识记时积极思维的成分越多，识记效果也越好。让识记材料成为直接活动的对象是发挥识记者积极性和独立性的有效手段。国外心理学家做过这样一个实验：教师先给学生出示拟好的 8 个句子，让他们回忆每个句子说明什么语法规则。之后，要求学生按照这些语法规则自己编出 8 个句子。下课前，要求学生把教师出示的和自己编写的各 8 个句子默写出来。结果发现对教师给的 8 个句子，全部学生仅记住了 24 句；而自己编写的却记住了 74 句。自己编写的回忆成绩比教师给的高出 3 倍。究其原因，就在于这 8 个句子乃是他们思维活动的结果，而教师给予的 8 个句子是他们回忆语法规则的手段，所以效果差。学生运用自己编写的课文提纲比运用教师拟好的现成提纲来记忆课文内容效果要好，也是这个道理。

6. 识记时的情绪状态

识记时的情绪状态对一个人识记的效果也会产生影响。一般来说，心情好的时候，识记效率高；而心情不好时，则识记效率低。有人曾做过试验，让被试在不同的心境下识记 6 个句子的内容，结果发现，识记效率随心境水平上升而提高（见表 4-3）。

表 4-3 被试在 6 种心境水平上的识记成绩

心境水平等级	人数	识记意义单词得分		能回想出的句子的总数（人数×6）	全忘掉的句子数	全忘的百分数（%）
		平均分	标准差			
8	13	32.8	9.9	78	4	5.1
7	19	30.6	9.1	114	12	10.5
6	37	30.8	8.2	222	23	10.4
5	17	25.7	9.3	102	16	15.7
4	11	32.5	8.8	66	8	12.1
3	8	24.3	10.5	48	11	22.9

7. 识记时的理解

识记需要借助事物之间的联系来进行。实验和经验都证明，意义识记优于机械识记。艾宾浩斯最早进行这方面的实验，他用学习无意义音节和有意义材料的结果作了对比，发现识记 80 个无意义音节，需要重复 80 次；而识记拜伦的《唐·璜》一诗中的一个有 80 个音节的阶段，约需 9 次就能记住。他得出结论，学习无意义材料比学习有意义材料在难度上几乎大九倍。意义识记的这种优越性主要表现在识记速度、保持的牢固性以及检索的准确与速度上。据此，识记时要进行积极的思维，通过对识记材料的分析综合，弄清它们的内在联系，以及新旧材料之间的关系，把识记建立在理解的基础上。鉴于机械识记要比意义识记的效果差，对于一些无意义的材料，也要尽量用联想的方式，或人为地给它赋予一定的内在联系，使其变成意义识记的内容。如日本富士山的高度为 12 365 英尺，靠机械识记难以记住，如果将其当作一年的月数（12）和一年的天数（365）来记就好记了。

8. 识记时的感觉通道

识记时运用单一感觉通道和运用多种感觉通道，识记效果有很大差别。研究表明，单凭听觉可记住材料的 15%，单凭视觉可记住 25%，而视听结合可记住 65%。

（二）识记方法

识记方法也称记忆术，是指记忆的窍门和方法，主要有以下几种。

1. 试图回忆法

试图回忆法，是一种再认与回忆相结合的方法，可以大大提高记忆效果。简单地重复阅读，效果不好。应该在材料还没有完全记住前就要积极地试图回忆，回忆不起来再阅读，这样容易记住，保持时间也长。

2. 定位法

定位法即所谓传统记忆术，是将记忆项目与熟悉的地点位置相匹配，使地点位置作为恢复各个项目的线索。这种记忆术来自古希腊。在古代，主要是在演讲中采用这种方法。他们都事先记住要讲几个主要论点，如走到这个门说这个论点，走到那个窗子说那个论点，走到另一个门再说另一个观点，等等。这样，所要讲的几个论点就不至于漏掉。这个方法的产生据说是一个古希腊的诗人在宴会上朗诵了一首诗，随后他就出去了。他刚一出去，屋顶塌了，厅里的人全部都遇难，无法辨认尸首，这个诗人根据宴会中各个座位坐的是谁而辨认出了尸首。以后他就认为，把东西“放在”一定位置就能记住了。因此，这种记忆的定位法传了下来。定位法能产生效用，主要符合这样两种原理：一是把没有组织的材料加以组织了；二是把一个东西放在一个位置上，给其定位，这就建立了联系，进行了更深一步的加工。

3. 联想记忆法

联想记忆法是通过当前的事物回忆另一事物，建立事物间的联系而进行记忆的方法。可以采取接近联想、对比联想等各种联想进行记忆。如学习古代汉语，靠死读、死记，固然可以弄懂一些词语、句式和古汉语语法，但如果我们运用接近联想来帮助记忆，就可以把它同现代汉语联系起来，比较古今词义、句式、语法的异同，看有什么发展变化，这样就可以理解得更深，记得更牢固。学习散文，可以比较一下杨朔、秦牧、刘白羽等名家的散文作品在立意、选材、结构、语言、风格上各有什么特色，这样留下的印象往往是强烈而深刻的。

4. 形象记忆法

形象记忆法是对抽象的材料赋予一定形象而进行记忆的方法。运用形象记忆法，主要是对那些抽象难记的材料，尽可能地赋予一定的形象，通过联想使它们变成看得见、听得到、摸得着，能强烈刺激视觉、听觉、嗅觉、触觉等器官的具体生动的东西。例如，在中学地理课教学中，有的教师采用图像形象记忆法，把某一国家或地区画成简单的几何图形，如欧洲像个平行四边形，亚洲像个不规则的菱形，非洲像个三角形加上一个半圆形，澳洲像一个五边形，南北美洲像一对直角三角形，等等。这样就可以提高记忆效果。

5. 谐音记忆法

谐音记忆法是根据记忆的内容的读音，编成另一句读音相同的话，利用二者音调相谐产生的联想来帮助记忆。例如，有人利用谐音来记忆圆周率 3.1415926535，编成谐音是“山巅一寺一壶酒，尔乐苦煞吾”，这样很容易就记住圆周率小数点后的 10 位数字了。又如马克思生于 1818 年，卒于 1883 年，编成谐音是“一爬一爬，一爬爬上山”，这就容易记住，并不易忘记。谐音记忆法可以把“死”变“活”，把枯燥乏味的记忆材料变得兴趣盎然，记起来诙谐滑稽、轻松有趣。它还能化“难”为“易”，把晦涩难记的东西变得流畅易记。在记忆数、理、化、历、地等科知识和外语单词方面，谐音记忆法大有用武之地。

6. PQ4R 法

目前最流行而又取得公认的记忆技术是 PQ4R 法。PQ4R 法的取名是下面所述学习材料时应该遵循的 6 个步骤的英文缩写。

（1）预习（Prepare）：涉猎全章学习材料，确定要探讨的一些总课题。确定作为单元来阅读的各分段，把以下（2）~（5）四个步骤应用在各分段上。

（2）提问（Question）：提出有关分段的问题。把各分段的标题改为适当的问句。例如，一个分段标题是“信息在头脑中的存储”，可改为“何谓信息在头脑中的贮存”或“头脑中的信息是如何进行贮存的”，等等。

（3）阅读（Read）：仔细阅读各分段的内容，尝试回答自己对于分段所拟定的问题。

（4）思考（Reflection）：在阅读时思考内容，力图予以理解，想出一些例子，把材料和自己原有的知识联系起来。

（5）复述（Repeat）：学完一个分段后，尝试回忆其中所包含的知识，力图回答自己对本分段所提出的问题。如果不能充分回忆，就重新阅读记忆困难的部分。

（6）复习（Review）：学完全部材料后，默默回忆其中的要点，再次尝试回答自己所提出过的各个问题。这种记忆技术由于学习者通过对学习材料进行了良好的“主观组织”，因此形成了有效的记忆。

二、保持及其规律

（一）保持量和内容的变化研究

对记忆的保持量的研究很多，其中以艾宾浩斯和巴拉德的研究最为著名。

1. 艾宾浩斯的研究

德国心理学家艾宾浩斯最早对记忆保持量的变化进行了系统的实验研究。他以自己为被试，以无意义音节（如 WOL、GEX、CEF 等）为记忆材料，以再学法的节省率为保持量的指标。用再学法测量保持量时，他先让自己把无意义音节字表学习到一个标准（如百分之百正确），然后隔 20 分钟、1 小时、9 小时、1 天、2 天、6 天、31 天后，再学习该材料，并求出各阶段的节省率。其结果如图 4-1 所示，学习后的不同时间里保持量是不同的，刚学完时保持量最大，在学后的短时间内保持量急剧下降，然后保持量渐趋稳定地下降，最后接近水平（Ebbinghaus，1913/1965）。这条曲线称为保持曲线（Retention Curve）。由于传统意义上的保持也被看作遗忘的反面，因此这条曲线也常常被称为遗忘曲线（Forgetting Curve）。这条曲线表明，我们记忆的信息，大多数在记忆之后便立刻遗忘了。

如果用不同的测量方法和指标检查保持量，所得的结果有所不同。陆志韦（转引自曹日昌，1963）用再认、再学、重建和自由回忆四种方法测量被试学习无意义音节后的保持量，所得结果如图 4-2 所示。这个结果表明，用再认法测得的保持量最多，用回忆法测得的保持量最少，用再学或重建测得的保持量居于再认法和回忆法之间。其他人的研究大多也得出类似的结果。

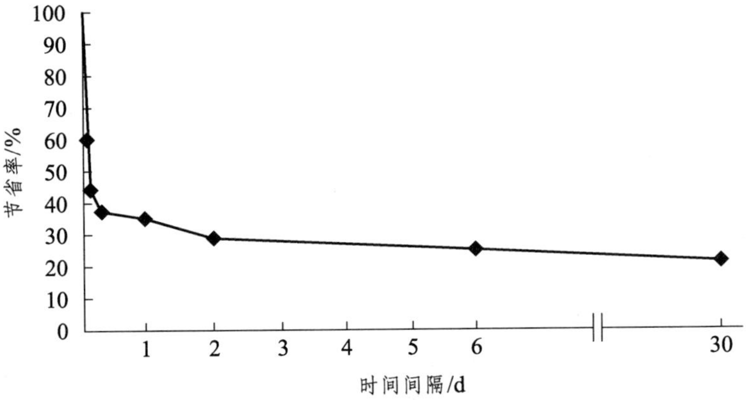

图 4-1 艾宾浩斯保持曲线

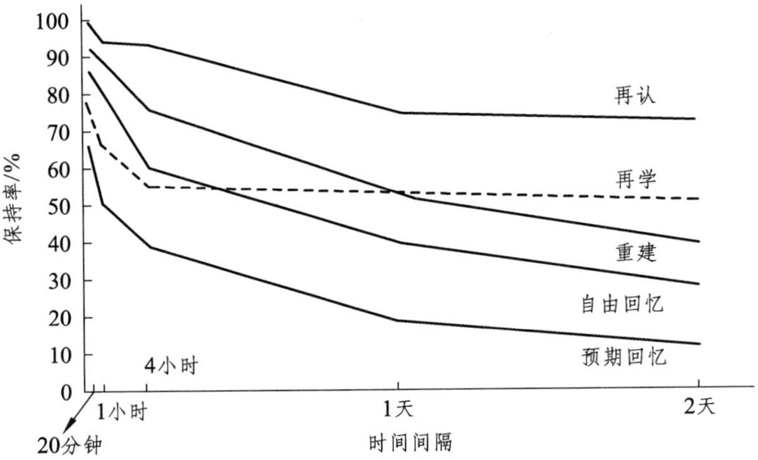

图 4-2 用不同的测量方法得出的保持曲线

学习的程度不同对保持进程也有影响。一种学习材料如果学习后没有达到一次完全能背诵的标准，我们说这是低度学习的材料；如果达到恰能背诵之后还能继续学习下去，这种材料就是过度学习的材料。显然，低度的学习材料容易遗忘，过度学习的材料要比恰能成诵的材料保持得好一些。在一个实验中，让三组被试练习画手指迷宫，第一组被试者练习到正确地画出手指迷宫，第二组被试多练习 50%，第三组多练习 100%。以后检查三组的保持量，结果如图 4-3 所示，超出 100%的过度学习保持量最高，但 50%的过度学习效率最佳。这说明过度学习对记忆是很有好处的。

记忆材料性质的不同对保持进程也有很大影响。一般来说，熟练的动作保持得最好；记熟了的形象材料，也比较能长久地记住；有意义的语文材料，特别是诗歌，比无意义材料保持得更好些。如果学习程度相等（如动作刚会正确地做一次，语文材料恰能成诵），各种材料的保持曲线大致会如图 4-4 所示（曹日昌，1963）。

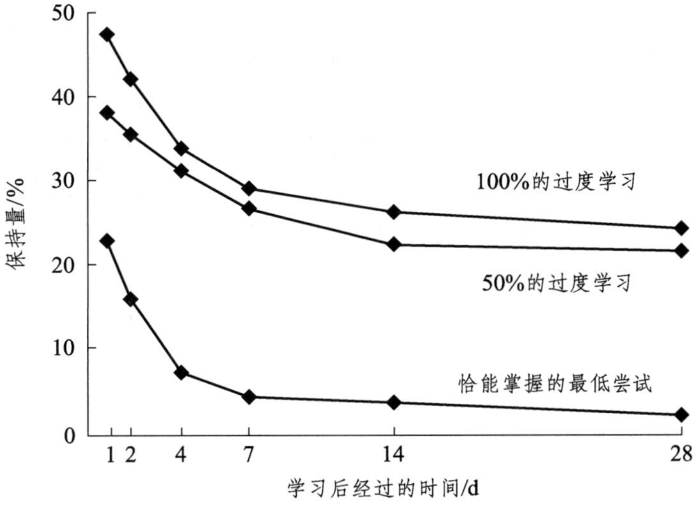

图 4-3 不同学习程度的保持曲线

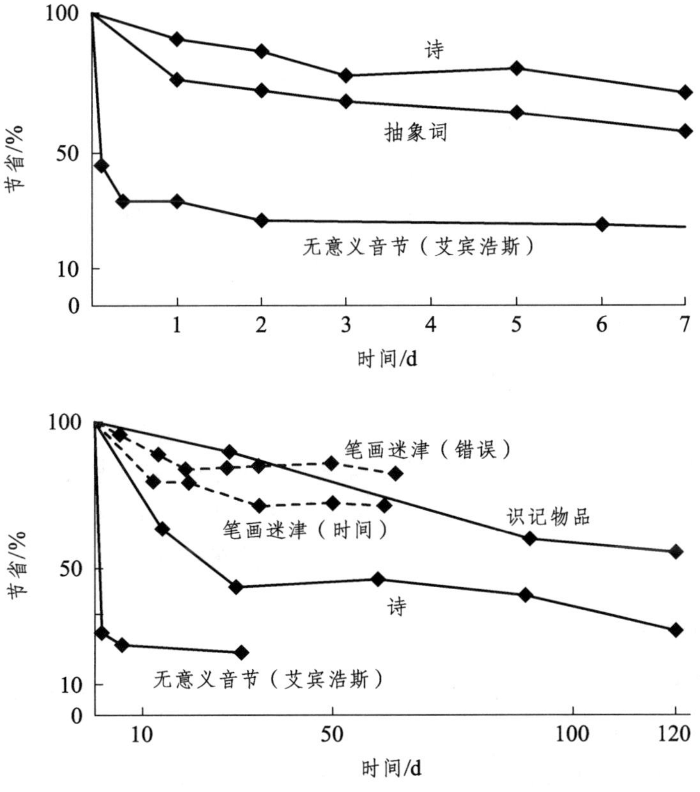

图 4-4 不同性质材料的保持曲线

2. 记忆恢复现象

一般而言，随着时间的推移，保持量会逐渐减少。但在一定条件下，也有例外的情况，学习后过 2～3 天测得的保持量反而比学习后立即测得的保持量要多。这种现象叫作记忆恢复

（Reminiscence）。巴拉德（Ballard，1913）让一组 12 岁的儿童用 15 分钟学习一首诗，事先没有提醒，在学习后立即进行测验，之后在几天间隔中继续测验，结果如图 4-5 所示。儿童在学习后的 2 ~ 3 天的保持量比学习后立即测得的保持量高 6% ~ 9%。继巴拉德之后，许多人重复了这类实验，都得到同样的结果，证明儿童在学习后的 2 ~ 3 天保持会有所发展。保持的发展不是被试在这段时间进行复习的结果，在这类实验中这个条件是控制了的。记忆恢复现象在儿童身上比成人更普遍，学习较难的材料时比学习较易的材料更明显，学习程度较低的比学习纯熟的更容易看到效果。

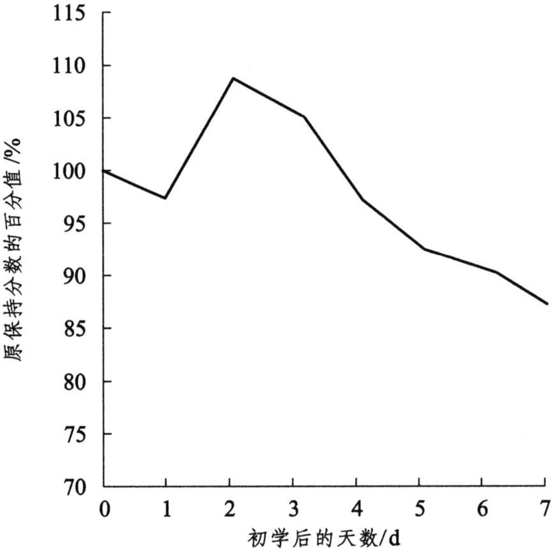

图 4-5　记忆恢复曲线

对记忆恢复现象有不同的解释。一种观点认为，识记后立即进行回忆，学习者对学习材料还没有形成一个统一的整体，对材料的储存是零散的，因而回忆成绩低；之后学习者采用某种较为有效的解决任务的方法，把学习材料作为一个整体来考虑，这样回忆的内容就较详尽。另一种观点认为，由于识记时有累积抑制，影响了识记后的立即回忆成绩，过了一定的时间，抑制解除了，记忆的成绩就可能提高。这些解释都有待于进一步研究。

3. 保持内容的变化

随着时间的推移，不仅记忆的保持量会发生变化，产生遗忘，而且记忆内容也会发生变化。记忆内容的变化也称为记忆的扭曲。

人们往往会扭曲自己的记忆。例如，仅仅嘴上说说你身上发生了什么事情就可以让你倾向于认为它真的发生了，不管它事实上发生与否（Ackil & Zaragoza，1998）。又如，给小学生讲故事，过一段时间后，让他们复述，不同学生的复述内容是有差异的。根据研究，对不同的人而言，故事内容的改变形式是不一样的，大致有以下几种：

（1）内容简略、概括，不重要的细节逐渐趋于消失。

（2）内容变得更加完整、合理和有意义。

（3）内容变得更加具体，或者更为夸张和突出。如学生在复述《狼和小羊》的故事时，有的学生给故事添了一个结尾，有的学生在描述狼和小羊的形象时绘声绘色，也有的三言两语就把故事讲完了。

（二）遗　忘

遗忘是指识记过的材料不能回忆和再认，或者回忆和再认有错误的现象。按照信息加工的观点，遗忘过程在记忆的不同阶段都存在。遗忘基本上是一种正常、合理的心理现象，因为感知过的事物没有全部记忆的必要，识记材料的重要性具有时效性。遗忘是人心理健康和正常生活所必需的。

1. 遗忘的分类

（1）根据遗忘时间，把遗忘分成暂时性遗忘和永久性遗忘。暂时性遗忘是指遗忘的发生是暂时的，以后还能重新回忆的遗忘现象。永久性遗忘是指不经过重新学习，记忆的内容就不能恢复的遗忘。

（2）根据遗忘内容，可分为部分遗忘与整体遗忘。部分遗忘是指对识记的材料的部分内容的遗忘，如对材料细节的遗忘。整体遗忘是指将识记材料全部遗忘。

2. 遗忘的原因

产生遗忘的原因，既有生理方面的，如因疾病、疲劳等因素造成的遗忘，也有心理方面的。关于遗忘的原因。主要有五种学说。

（1）记忆痕迹消退说。记忆痕迹消退说认为，遗忘是记忆痕迹随着时间的推移而逐渐消退的结果。记忆痕迹（Memory Trace）是指记忆活动使脑神经细胞或大脑活动所产生的变化。衰退（Decay）理论比较符合人们的常识，在日常生活中随处可见物理或化学痕迹随时间推移而衰退的现象，因而这种理论比较易于被接受。但是，用衰退来解释长时记忆中的信息因为长期不使用以致最终减弱而不能被提取的做法会受到质疑。第一，一些似乎已经被遗忘的记忆可以通过再认、重建、重学和启动而获得。第二，无法解释为什么一些不用的记忆会衰退，而另一些同样不用的记忆却能保持终生。第三，为什么老年人记不住一两天前发生的事情，却能把昔日的琐事和多少年前很少提及的往事回忆得清清楚楚？

尽管衰退理论存在上述问题，有关的实验证据也不够充分，但该理论仍有其可取之处。可以推测，由于任何事物都有发生、发展和衰亡的过程，记忆痕迹应该也不例外。目前比较一致的观点是：衰退是感觉记忆和维持性复述被阻断时短时记忆中的信息丧失的重要原因；至于长时记忆，随着时间的流逝，回忆量会逐渐减少，回忆内容会越来越模糊、不准确甚至被遗忘，其中很可能也有痕迹衰退的原因。

（2）干扰说。这种理论认为，遗忘是由于所识记的先后材料之间的相互干扰造成的。前摄抑制和倒摄抑制是支持干扰说的有力例证。前摄抑制是指先学习的材料对后学习的材料所起的干扰作用；倒摄抑制是指后学习的材料对先学习材料所起的干扰作用。由于这两种抑制是引起遗忘的重要原因，因此受到许多心理学家的注意。大量的研究不仅证明了这两种抑制的存在，而且对造成这两种抑制产生的原因进行了探讨，认为主要有三个方面：一是材料的相似性，即先后学习的两种材料在意义上、组成上或排列的顺序上有某些相似或相同的成分时，会产生较大的抑制效果。当原来的材料与插入材料的相似性，由完全相同向完全不同变化时，倒摄抑制首先逐渐增加，当相似性达到一定程度时，抑制作用最大，随后逐渐减少。二是学习的巩固程度。先后两种学习材料的巩固程度也是影响抑制的重要因素。如果其他条件相等，插入材料所产生的倒摄抑制作用，将随着原材料学习的巩固程度的提高而减少。三是先后两种学习的时间安排。实验证明，先后两种学习之间的时间间隔越大，倒摄抑制的作用则越小。实验还证明前摄抑制和倒摄抑制不仅产生在学习两种材料之间，而且存在于学习一种材料的过程中。一篇材料的开头和结尾的保持效果好于中间部分，就是因为中间部分受两种抑制的影响，而开头只受倒摄抑制的影响，结尾只受前摄抑制的影响。

（3）压抑说。这种理论认为，遗忘是由于情绪或动机的压抑作用造成的，如果压抑被解除，记忆就能恢复。有些研究者发现，许多人对快乐和正面的事情记忆得多，对痛苦和负面的事情记忆得少，临床心理学家把这种倾向称为动机性遗忘（Motivated Forgetting），即由一定的动机驱使所出现的主动性遗忘。这种遗忘可以将某些痛苦或令人尴尬的记忆排除到意识之外，使人忘掉过去的这些经历，从而保护自己。弗洛伊德在对精神病人进行催眠治疗时发现，许多人能回忆起童年生活中的许多琐事，而这些事情平时是回忆不起来的，它们大多与罪恶感、羞耻感相联系。据此，弗洛伊德（Freud，1923）提出了压抑（Repression）的概念。他认为记忆系统会对让人痛苦的信息进行监控，并抑制住这些信息（实际并未消失，而会通过某些线索或者治疗被重新诱发出来），从而缓解焦虑，保护个人的自我同一感。从这一角度来说，遗忘不是保持的消失而只是记忆被压抑了。

（4）提取失败理论。提取失败理论认为，很多记忆内容无法回忆或再认可能只是编码不准确或缺乏提取线索，而非真正的遗忘。在大街上遇到久未见面的老同学可能想不起他的名字，但在和对方聊了一些往事后，此时往往可能就会想起对方是谁。另外，日常生活中还有一种所谓舌尖现象（Tip of the Tongue）的情况，指的是明明知道某件事，但一时就是回忆不出来。例如，有时我们明明知道某人的姓名或某个字，可是就是想不起来，事后却能忆起；明明知道试题的答案，但考试的时候就是想不起来，事后正确的答案便一下子就显现出来。这些情况都说明，所谓的遗忘可能只是暂时性的，所记忆的信息仍然保存在那里，只是一时提取不出来而已。一旦有了正确的线索，经过搜寻，所要的信息就能被提取出来。

（5）同化说。这种理论认为，遗忘是知识的组织和认知结构的简化过程。这是奥苏伯尔根据他的有意义言语学习理论对遗忘提出的一种独特解释。他认为，当人们学到了更高级的概念与规律之后，高级的观念可以代替低级的观念，使低级观念遗忘，从而简化认识并减轻记忆。在真正的有意义学习中，前后相继的学习不是相互干扰而是相互促进的，因为有意义的学习总是以原有的学习为基础，后面的学习则是对前面的学习的加深和补充。

三、再认和回忆及其规律

信息成功编码并储存在长时记忆中，并不是记忆过程的结束，再认和回忆才是最为关键的。再认和回忆是一个信息提取过程，是一个应用存储信息对实践产生作用的过程。

（一）再 认

再认是过去经历的事物重新出现时，能够被识别和确认的心理过程。

在再认过程中，不同的人对不同材料的再认速度是不一样的，这与影响再认的因素有关。

（1）原有经验的巩固程度。过去的经验如果很清晰、准确地被保持，当再次出现时，一般就能迅速、准确地予以确认。如果过去的经验已经发生了泛化现象，就容易发生再认错误。

（2）原有事物与重新出现时的相似程度。相似程度越高，再认越迅速、准确；相似性越差，再认越困难、缓慢，出现再认错误的可能性就越大。

（3）个性特征。个性特征不同，人的心理活动速度和行为反应的快慢也不同。心理学家曾通过实验证实，独立性强的人和依附性强的人的再认有明显的差异。当再认出现困难时，人们常常要寻找再认的线索，通过线索达到对事物的再认。线索是再认的支点，如对久别重逢的朋友的再认一般要以身体的某些特征作为再认的线索。

（二）回 忆

回忆是指在一定诱因的作用下，过去经历的事物在头脑中的再现过程。如在回答教师的提问时，学生要把头脑中所保持的与该问题有关的知识提取出来，这种提取过程就是回忆。

回忆可以分为两大类：根据有无目的性可以把回忆分为有意回忆和无意回忆。有意回忆是在预定目的的作用下对过去经验的回忆，如对考试内容的回忆。无意回忆是没有预定目的、自然而然发生的回忆，如触景生情等。根据有无中介因素参与回忆过程可把回忆分为直接回忆和间接回忆。直接回忆是由当前事物直接唤起的对旧经验的回忆。间接回忆是借助中介因素进行的回忆。从难度上看，间接回忆比直接回忆难度要大。

追忆是间接回忆的特殊形式，是通过积极的思维活动和较大的意志努力进行的回忆。学生在解难题时对有关知识的回忆往往就是追忆。

回忆过程特别是追忆，常常以联想为基础。联想是事物之间的联系或关系的反映，是头脑中暂时神经联系的复活。联想在整个记忆过程中有重要的作用。联想的主要规律有：

（1）接近律。它是指在时间或空间上接近的事物形成的联想，如春—夏—秋—冬的联想为时间上的接近，东—南—西—北为空间上的接近。

（2）相似律。它是以事物之间某些相似或共同特征为基础形成的联想。如鸟—飞机、鱼—潜艇等联想。

（3）对比律。它是指在事物之间相反相成的关系上形成的联想，如真理—谬误、难—易等联想。

（4）因果律。它是指因事物之间因果关系形成的联想，如骄兵必败、勤能补拙等联想。

第三节 记忆规律在教学中的运用

记忆的每一环节都有其规律，掌握这些规律并应用于教学中，可提高教学效果。

一、运用记忆规律提高课堂教学效果

记忆规律可直接运用于教学过程中。只要教师注意并能灵活运用记忆规律，就可提高课堂记忆效果，使学生获得巩固的知识。

根据记忆规律，课堂教学应注意以下几点。

（一）合理安排教学

1. 注意合理安排课程

教师应尽可能避免性质相近的课程经常靠在一起。例如，不要把文科类课程或理科类课程都集中在一起上，最好做到文科类与理科类课程交叉安排，其间若再插入音、体、美、劳等课程则更好，因为这样能减少由于材料相似性引起的前后摄抑制对记忆的影响。

2. 保证课间休息

教师不应延长课堂教学，占用学生的休息时间。因为课间休息几分钟，有利于学生巩固上一节课中记忆活动所留下的“痕迹”，提高保持效果。同时，也有助于减少前后课上记忆材料的间隔时间过短引起的前后摄抑制对记忆活动的影响。

3. 适当调节教学进度

教师应控制每堂课的信息投入量，注意克服教学中比较普遍的“信息量越大越好”的错误倾向。这不仅有利于学生课上的消化、吸收，也有助于因识记材料数量的适当控制而提高识记的效率。

（二）创设良好的教学心理背景

1. 让学生处于良好的情绪状态

情绪对记忆活动有明显的影响。尤其是识记和回忆两个环节，最易受到过分紧张、焦虑等负性情绪干扰。因此，教师要善于调节课堂情绪气氛，尽可能消除不利于记忆活动的负面情绪干扰。

2. 使学生具有明确的识记目的

有意识记是教学活动中最主要的识记种类。教师应根据不同的教学内容，提出明确的记忆任务：哪些需要完整背诵，哪些需要部分记忆，哪些需要记忆大意，这样有助于提高学生记忆的针对性。

3. 提高学生对记忆意义的认识

如果记忆的意义仅在于检查和考试这样的近期目标，则不利于所学知识的巩固。只要提高对与长远目标相联系的识记意义的认识，即使投入同样的精力也会大大延长保持时间，改善记忆效果。因此，教师在向学生提出明确的识记任务时，应向学生提出该识记内容的意义和重要性，使之成为学生长久的识记任务，而非短暂的识记任务。

二、运用记忆规律组织学生复习

“熟能生巧”“温故知新”。要掌握某种知识或技能，一定数量的重复练习是必要的。学生要获得巩固的知识，不能没有复习或练习。可是，复习或练习必须要讲究方式和方法，要适度，要充分利用记忆规律进行有效的学习和练习。在组织复习与练习时应注意以下几点。

1. 复习要及时

及时复习可以有效地防止识记后急速发生的遗忘。所谓及时复习，就是在初期大量遗忘开始之前就进行复习。由于遗忘的发展一般是先快后慢，通常是在识记后两三天遗忘最多，所以复习要及时。乌申斯基曾指出，我们应当“巩固建筑物”，而不要等待“修补已经崩溃了的建筑物”。预防遗忘，只要粗略地复习，就可收效；而要恢复已经遗忘的东西，就要花更大的力气。可见，及时复习可收到事半功倍之效。

2. 复习要适量

及时复习的内容的数量也应注意。不能不考虑学生的年龄特点，过多地布置家庭作业或进行大量的课堂练习。盲目地增多复习量，致使课业负担过重，会影响学生的健康。有的教师甚至因学生写错字或做错题，罚学生重复抄写几十遍，这种做法都是错误的。知识的巩固不能只靠单纯地复习和练习。教师教学中更应注意使学生在学习新课中复习旧课，有更多的机会去应用知识，使学生在短期内获得较多的知识。让学生在掌握知识的基础上，把握、了解事物间的联系，更深地理解知识、巩固知识。

3. 复习计划要科学

每次复习的内容应适当，不要过于紧张和疲倦。对复习材料的数量、时间要合理安排。实验证明，在识记数量多的材料时，分布复习比集中复习效果好。例如，苏联沙尔达科夫做了一个实验：五年级甲班和乙班成绩大体相同，学习“自然”时，一学期内甲班在讲完大纲后集中复习 5 节课，乙班则进行 4 次单元复习，也用 5 节课。在其他条件相同的情况下，两班学习评分结果见表 4-4。

表 4-4　集中复习和分布复习的效果对比

复习方式	成　绩			
	劣	及格	良	优
集中复习（五甲）	6.4%	47.4%	36.6%	9.6%
分布复习（五乙）	—	31.6%	36.8%	31.6%

在组织复习时，对分量较少、难度小的材料可集中复习，分量重、难度大的内容可分散复习。心理学研究还指出，间隔时间不太长的分散复习可以收到最好的效果。但是，间隔的时间太短也是不利的。间隔时间的长短应根据材料的性质、数量、识记已经达到的水平等因素而定。例如，刚开始识记时，间隔时间要短些，以后可以稍长些。

4. 适当的学习程度

一般认为，对材料的识记没有一次达到无误背诵的标准，称为低度学习；如果达到恰能成诵之后还继续学习一段时间，称为过度学习。实验表明，低度学习的材料容易遗忘，而过度学习的材料比恰能背诵的材料记忆效果要好一些。当然，过度学习有一定限度，花费在过度学习的时间太多，会造成精力以及时间上的浪费。在我国心理学工作者的一个实验中，被试对不同的无意义音节进行不同程度的学习，以恰能成诵所需要读的次数为 100%，4 小时后检查回忆百分率。实验结果表明：学习程度在 150%时，记忆效果最好；但超过 150%，效果并不会随之显著增长。因此，进行适当的过度学习对记忆的保持是有效的。

5. 复习要做到经常性和多样化

复习要注意经常性，做到“学而时习之”，以平时分散复习为主，再配合阶段总复习，切忌“三天打鱼，两天晒网”。

复习还必须多样化。心理学家伍德罗进行过如下比较研究，他把一班学生分为三组来学习诗歌、散文、报告文学、事件的日期、土耳其语—英语词汇以及和音等 6 种材料。第一组为机械练习组，学习后在 4 周内分 8 次练习 3 小时。第二组为变化练习组，学习后也同样练习 3 小时，但指示他们注意其中的含义，利用联想或分组的方法，运用主动的自我测验等有效的记忆方法。也就是说，给予一种指导性的复习。第三组为控制组，即无练习组，学习后没有练习。最后对各组进行测验，结果发现，机械练习组和无练习的控制组的成绩相差不多，而接受指导的、复习方式变化的训练组在每一种材料的测验上，其成绩都大大超过其他两组。

可见，进行多样化的复习不仅使学生感到新颖，有利于调动学生的兴趣和积极性，也利于思维的练习和智力的提高。为了促使学生牢固掌握知识，有时候可进行全面的复习、按部就班的复习，这种复习可普遍地恢复过去形成的联系，也有利于发现那些识记不牢固的部分。而更重要的是灵活采用多样化的复习方式，教师可采用提问、做练习、调查、讨论、实验操作或课外小组科技活动等形式，使学生对有关知识进行复习、巩固。在学习与日常生活中，人们通常使用的复习方法有理解法、背诵法、循环记忆法、练习和实验操作法等，还有编写复习提纲、绘制图表，以及制作索引书目、卡片、剪报等，使脑内储存与外部储存结合起来，提高记忆内容的系统性。

练习与思考

一、单项选择题

1. 让小刚先后学习两组难易相当、性质相似的材料，随后的检查发现他对前面一组材料的回忆效果不如后面一组好。这是由于受到（ ）。

A. 倒摄抑制 B. 前摄抑制 C. 分化抑制 D. 延缓抑制

2. 闭卷考试时，学生在头脑中呈现问题答案的心理活动属于（ ）。

A. 识记 B. 保持 C. 再认 D. 回忆

二、判断辨析题

过度学习有助于学习材料的保持，能提高记忆效果。

三、简答题

1. 简述影响识记的因素。
2. 简述主要的识记方法。
3. 简述遗忘原因的几种学说。
4. 简述有效地组织复习的途径和方法。
5. 简述运用记忆规律提高课堂教学效果的方法。

四、材料分析题

一个实验要求被试识记无意义音节和传记文章，各用 9 分钟，其中一部分时间用于试图回忆。诵读和回忆的时间分配不同，记忆的成绩就有显著的差异。结果如表 4-5 所示。

表 4-5 阅读时试图回忆的效果

时间分配	16 个无意义音节		5 段传记文	
	回忆百分数（%）		回忆百分数（%）	
	即时	4 小时后	即时	4 小时后
全部时间诵读	35	15	35	16
1/5 用于试图回忆	50	26	37	19
2/5 用于试图回忆	54	28	41	25
4/5 用于试图回忆	74	48	42	26

1. 材料中反映了哪一记忆规律？
2. 结合实际，试述在教学中如何应用这些记忆规律。

第五章 思 维

【学习要求】

1. 理解思维的概念与种类。
2. 了解思维的基本心理过程，掌握问题解决的方法。
3. 了解培养创造性思维的方法。

第一节 思维概述

思维是许多学科研究的对象，在心理学、神经科学、哲学、语言学等众多领域都占有重要的地位。众多学者从不同的领域对思维进行了剖析。在心理学领域，心理学家是从智力、个体以及发展与教育关系的角度来研究思维的。

一、思维的概念

思维是智力的核心成分。思维是借助语言、表象或动作实现的，对客观事物概括的、简洁的认识，是认识的高级形式。思维能解释事物的本质特征和内部联系，并主要表现在概念形成和问题解决的活动中。思维不同于感觉、知觉，感知觉是人脑对客观刺激的初级加工，而思维是人脑对客观刺激的深层次加工。思维能帮助人们形成概念、解决问题，能够揭示事物的本质特征和内在联系，是比感知觉、记忆更高级的心理过程。

思维具有以下三个特性，其中概括性和间接性是其基本特征。

（一）概括性

思维的概括性，包含两层意思。第一，能找出一类事物所特有的共性并把它们归结在一起，从而认识该类事物的性质及其与他类事物的关系。比如，借助思维，人可以把形状、大小各不相同而能结出枣子的树木归一类，称之为“枣树”；把枣树、杨树、银杏、桉树等依据其有根、木质茎、叶等共性归在一起，称之为“树”；还可以把树、草、地衣、青苔等归成一类，称之为“植物”，概括出它是由具有细胞壁的细胞构成的，一般有叶绿素、以无机物为养料的生物。这种不同层次的概括，不仅扩大了人们对事物的认识范围，而且加深了人们对事物本质的了解。第二，能从部分事物相互联系的事实中找到普遍的或必然的联系，并将其推广到同类的现象中去。比如，借助思维，人们可以认识植物与动物、动植物与人类的生态平衡关系，认识温度升降与金属胀缩的关系，等等。这种概括，加深了人们对客观事物的内在联系与规律性的认识，有助于人们对客观环境的适应、控制与改造。

（二）间接性

思维的间接性，是指思维总是以一定事物为媒介来反映那些不能直接作用于感官的事物。思维的间接性主要体现在三个方面：首先，思维可通过事物认识事物。如人们不能直接感知猿人的生活情景，但是考古学家通过化石可以再现古老的过去，复现出猿人的形象和当时的生活情景。其次，思维可通过事物的外部特征认识其内部变化及内在联系。如医生根据体温、血液、脉搏的变化与病人自诉等，就能诊断直接观察不到的病人内部器官的状态。最后，思维可通过语言和词反映有关事实，预测事物发展变化的进程等。正是由于思维的间接性，人们才可能超越时空的限制，认识那些没有感知或不可能直接感知的事物的属性，揭露事物的本质、规律，从而了解过去，认识现在，预见未来。

（三）思维是对经验的改组

思维是一种探索和发现新事物的心理过程，常常指向事物的新特征和新关系，这就需要人们对头脑中已有的知识经验不断进行更新和改组。思维活动常常是由一定的问题情景引起的，并试图解决这些问题。所以，思维不是简单地再现经验，而是对已有的知识经验进行改组、建构的过程。例如，人们在设计新的电脑程序时，要根据设计要求、材料特点等重组已有的知识，提出可行方案，并不是简单地把有关原理和经验呈现出来就能完成的。

二、思维的种类

（一）根据思维的抽象性划分

1. 动作思维

这是人类在早期发展时所具备的一种思维形式。它所面临的思维任务是直观的，解决问题的方式依靠实际的动作。幼儿的思维模式通常是在活动中通过触摸、摆弄物品来进行的。例如，幼儿在学习加减法时常常会伸出手指数数，当手指不够用时思维也就停滞了。成人也有动作思维，如当电器出现故障需要修理时，通常是一边拆卸一边思考直至找出问题所在。但是成人的动作思维区别于幼儿，成人的动作思维是建立在经验的基础上的，这与还未完全掌握语言的幼儿的动作思维相比有本质的区别。

2. 形象思维

这是指用直观的形象和表象来解决问题的思维。例如，当我们在路途中看见一匹狼时，记忆中的与狼形象类似的视觉形象就会被激活。形象思维是文学艺术创作过程中运用最多的思维方式，艺术家们常借助形象反映生活，运用典型化和想象的方法塑造艺术形象，表达他们的思想感情。因此，形象思维也叫艺术思维。

3. 逻辑思维

这是指运用概念和理论知识来解决问题的思维，是通过对认识的思维及其结构以及起作用的规律的分析产生和发展起来的。只有经过逻辑思维，人们对事物的认识才能把握具体对象的本质规定，进而认识客观世界。它是人的认识的高级阶段，即理性认识阶段。例如，警察破案推理时需要运用逻辑思维。

（二）根据思维过程划分

根据思维过程是以日常经验还是以理论为指导，可以把思维分为经验思维和理论思维。

1. 经验思维

这是指人们凭借以往的经验作为判断问题的依据的思维活动，是最基础的思维模式。例如，人们根据经验判断哪些蘑菇是可以食用的、哪些蘑菇是有毒的。如果经验不足、思维片面，就会得出错误的结论。

2. 理论思维

这是指人们在认识过程中借助概念、判断、推理等思维形式能动地反映客观现实的理性认识过程，是通过对认识的思维及其结构以及起作用的规律的分析产生和发展起来的。只有经过理论思维，人们才能把握具体对象的本质规定，进而认识客观世界。它是人的认识的高级阶段，即理性认识阶段。

（三）根据思维结论划分

根据思维结论是否有明确的思考步骤和思维过程中意识的清晰程度，可以把思维分为直觉思维和分析思维。

1. 直觉思维

这是指不经过严密的分析，依据内在感知快速地对问题作出假设和判断的思维。例如，数学家阿普顿刚到爱迪生的研究所工作时，爱迪生想考验他的思维能力，便给了他一个灯泡，让他计算灯泡的容积。一个小时过去了，爱迪生回来发现阿普顿仍然忙着测量和计算。爱迪生说：“要是我，就往灯泡里灌水，将水倒入量杯，就知道灯泡的容积了。”毫无疑问，身为数学家的阿普顿，他的计算才能及逻辑思维能力是令人钦佩的。然而，这个故事表明，他所缺少的恰恰是像爱迪生那样的直觉思维能力。

2. 分析思维

其也叫逻辑思维，是指经过仔细研究、逐步分析，最后得出明确结论的思维方式。例如，警察通过线索、取证、对证等找出犯罪对象的思维；学生推理论证几何题的思维。

（四）根据思维技巧划分

1. 辐合思维

其又叫求同思维，是指将所有相关信息搜集起来，缩小搜索范围，直至找到一个正确解决方法的思维活动。与辐合思维相对应的是发散思维。

2. 发散思维

其又称辐射思维、扩散思维或求异思维，是指充分发挥想象力，突破固有的知识圈，从一点向四面八方想开去，并通过知识、观念的重新组合，寻找更新更多的设想、答案或方法，如“一题多解”“一事多写”“一物多用”等方式。不少心理学家认为，发散思维是创造性思维最主要的特点，是测定创造力的主要标志之一。

（五）根据智力品质划分

1. 常规思维

这是指人们运用已获得的知识经验，按惯常的方式解决问题的思维。例如，学生按例题的思路去解决练习题和作业题，学生利用学过的公式解决同一类型的问题等。

2. 创造性思维

这是指根据既定的目的，结合已知的信息，通过思维产生出独特的、新颖的、有价值的思维成果。例如，技术革新、科学的发明创造、教学改革等所用到的思维都是创造性思维。创造性思维是人类思维的高级形式，具有综合性、求新性、探索性等特点。

三、思维与语言

思维与语言的关系自始至终都是人类心智研究古老而又神秘的话题，从老子的“道中道，非常道，名可名，非常名”到爱因斯坦的名言“哪些思想不是以语言的形式来临的，我极少用语言来思考，一旦思想来临，我事后也许会想到要用语言去表达它”，都涉及思维与语言的关系问题。而事实上，思维与语言的关系并不仅仅表现在对生命与宇宙的终极真理的探索上，还更普遍地表现在人们日常生活的思维活动中。比如，在计算“5 乘以 18 等于多少”这道简单的算术题时，你会用普通话来计算还是家乡话来计算？或者，你有很高的英文水平，你会用英语来计算吗？一般而言，人们会用在小学课堂上所使用的语言来计算，即使长大后拥有很好的外语水平，他们也不太可能会用外文来进行计算。这说明正常人的数学思维依赖于言语习惯。再如以下推理：“甲比乙高，乙比丙高，甲和丙谁高？”其实答案很简单，但是问题的关键是在你完成推理的时候是否依赖了空间的表征方式。大多数人会认为推理过程运用了空间表征，但也有学者认为推理的过程其实只是依靠抽象的语言逻辑规则来完成，无须用到空间表征。上述例子说明，即使在我们平常的思维活动中，也存在思维活动在某种程度上依赖于语言的问题。

从学者们从不同侧面对思维与语言的关系研究来看，其中贯穿的一个主要逻辑就是，如果某种特定的思维过程在本质上是“语言的”，那么，在进行这种思维活动时，大脑中负责语言信息处理的区块就会参与其中；如果某种思维的本质是“空间的”，则大脑中负责空间处理的区块就会参与其中。下面，以三种（运算、推理和顿悟）较为普遍的思维过程为例来说明思维与语言的关系。

（一）运算与语言

人类运算依赖语言，大赫（Dahaene）等人选用熟练掌握英语和俄语的被试作为实验对象，在实验之前先对被试做某种语言（比如英语）的训练，让被试进行精确计算（7+6 等于“13”还是“11”，让被试选择）和粗略计算（7+6 接近“15”还是“9”，让被试选择）的训练，然后分别用两种语言测试训练的迁移情况。结果发现，对于粗略计算，无论测试的语言与训练的语言是否相同，正迁移的情况都一样好；对于精确计算，如果测试的语言与训练的语言一致，则正迁移的成绩比较高，反之迁移的成绩比较低。

（二）推理与语言

心理学家 De Soto 等人在一项早期研究中发现，让人们判断“甲比乙矮，乙比丙矮”比判断“甲比乙高，乙又比丙高”困难，这是因为“高于”是一个未被明确地标记的词（Lexically Unmarked Term），“矮于”却是一个其意义被明确地标记的词（Lexically Marked Term）。换句话说，当人们思考“矮于”的时候，一定是相对于某一个标准而言，因而加工起来需要更长的时间，推理也更加困难。

（三）顿悟与语言

顿悟作为突如其来的灵感，长期以来被心理学家认为是思维不依赖于语言的一个典型例子。人类历史上一些伟大的发明和发现往往是非语言性的。心理学家达金（Darkin）要求被试在解决顿悟问题时用语言表述自己的想法，结果发现在突如其来的顿悟面前被试通常会停止语言过程。但弗兰克（Fleck）在研究中却对达金（Darkin）等人的观察结果质疑，他们认为，在解决卡尔·达克（Karl Duncker）的经典蜡烛实验时，口述报告并不会影响解决问题的过程。

实验对象会领到一根蜡烛、一盒图钉、一盒火柴。要解决的问题是：把点着的蜡烛固定到墙上，并且蜡不会滴到下面的桌子上。结果发现，很多被试在规定时间不能解决这个问题。他们想不到用装火柴的盒子作为蜡烛的支持物。如果这个盒子是空着的，那么正确解决问题的被试高达 82%。这个实验说明，功能固着是解决问题的一个障碍。要突破功能固着的影响，就要培养功能变通的能力。

第二节　问题解决的思维过程

问题解决是个体在日常生活中思维活动最普遍、最重要的形式。桑代克通过猫的迷笼实验得出的“试误说”和苛勒通过大猩猩的研究得出的“顿悟说”都是19世纪末开始的用实验方法研究问题解决的经典案例。但由于他们只是试图描述个体在问题解决过程中所发生的事情，而没有探索问题解决过程中个体潜在的认知结构的本质特征，再加上缺乏可验证的假设和理论，因此问题解决的研究一直被传统实验心理学拒之门外。

直到20世纪60年代，受到认知心理学的影响，人们把问题解决的过程和计算机问题解决的过程进行类比，并用计算机模拟了人类问题解决的行为。70年代以来，在生命全程发展观的影响下，个体的认知适应性发展被看作贯穿于终身发展的过程。

一、问题与问题解决

（一）什么是问题解决

问题解决是由一定情景引起的，按照一定目标，应用认知活动、认知技能等，经过一系列思维操作，使问题得以解决的过程。

20世纪70年代，纽维尔和西蒙通过对问题解决的计算机模拟，提出“问题解决者模型”。这一模型对问题解决做出了详细的阐述：是指问题解决者对所要解决的一切可能状态的认识，包括对问题的初始状态和目标状态的认识，以及如何从初始状态转化为目标状态的认识等。

发现问题和明确地提出问题依赖于以下三个条件。

（1）依赖于主体的活动积极性。一般而言，主体活动量越大，接触面越广，越能发现问题和提出问题。发掘平常人所不注意的问题的人总是那些从事研究、经常向未知世界探索的研究者。

（2）依赖于主体的求知欲。求知欲在发现问题和明确地提出问题中起着重要作用，它是人追求某种现象或弄清某个问题的内部原因。求知欲强的人能在别人不发现问题的地方，在已有公认解释的事实中提出问题，他们不满足于对事实的通常解释。他们对待一切总是打破砂锅问到底，非把问题弄个水落石出不可。

（3）依赖于主体的知识水平。发现问题和明确地提出问题也和人的知识经验相联系。一个人知识不足，对于事物都感到新奇，都要问个究竟，这会促使他提出许多问题。幼儿期（4～5岁）也被称为“发问期”，处在这个时期的儿童特别好问。他们有时候向大人提出“天上有人吗？”“月亮为什么跟人跑？”“水开后为什么会冒烟？”等一系列的问题，但儿童的问题都为成人的经验所解决。知识缺乏不容易提出复杂的问题，不会抓住问题的主要矛盾，也就不能提出深刻的问题。所以，钻得愈深，了解得愈多，提出的问题就愈多、愈重要、愈深刻。屈原是很有才华的人，他在“天问”中一口气提出了172个问题，包括天文、地理等各个方面，令人深思。善于解决问题的人总是具有慎思审问的能力。善于发现问题和明确地提出问题，是解决问题的第一步。

（二）问题解决的过程

心理学家把问题解决分为几个阶段：① 识别和理解问题；② 产生关于问题解答的多种假设并从中选择；③ 测试和评价解答。如解答有误或解决方案无法执行，则需要返回问题理解阶段，从而构成问题解决阶段循环。

1. 识别和理解问题

要使问题得到解决，首先要理解问题。问题解决者必须理解由初始状态、目标状态、引起状态改变的因素和问题的中间状态所构成的问题空间。这种了解问题提供的信息和拓展问题的内部空间就称为问题的表征。如果一个问题得到了正确的表征，则可以说这个问题已经解决了一半。

2. 产生解答

在对问题表征的基础上，问题解决者产生一个或多个可选择的解答假设，即方案。一般而言，人们在问题解决中所用的策略有两种：算法和启发法。算法策略即按照解决问题的所有可能性，逐一尝试解决问题的方式。例如，求 1 到 100 的和，从 1 开始累加到 100。算法策略的优点是能够确保问题得到解决，但是费时费力。启发法即人们根据一定的经验在问题空间内进行较少的搜索以达到问题解决的一种方法。例如，求 1 到 100 的和，也可以用 $100\times(1+100)/2$。用启发法解决问题时比较省时省力。启发法有许多不同的方式，如手段目的分析法、逆向搜索法、爬山法等。

3. 执行策略和评价解答

执行所采用的问题策略，并在执行过程中和执行产生结果后，对当前的策略执行情况作出评估，确定该策略是否可行，问题是否得到解决。

以上是问题解决的三个阶段。然而，问题解决者在问题解决前和问题解决的各个阶段会受到多种因素的影响，如果问题解决者不能很好地应对这些因素，则不利于问题的解决。

二、影响问题解决的因素

1. 迁移的作用

迁移是已经学过的东西在新情境中的应用，也就是已有的经验对解决新问题的影响。

迁移一般可以分为两种类型：一种是正迁移，表现为一种知识、技能的掌握促进另一种知识、技能的掌握；另一种是负迁移，表现为一种知识、技能的掌握，干扰了另一种知识、技能的掌握。学了光折原理，能够较准确地射中水下的目标，掌握平面几何有助于掌握立体几何等，懂英语的人很容易掌握法语，这些都是正迁移。熟悉了一种方言的语音，对普通话语音的掌握就会有妨碍，或者在先后相差不远的时间学习俄语和英语两种外国语，在语音的某些方面容易发生互相干扰，这些都是负迁移。

一般来说，知识概括化的水平越高，迁移的范围和可能性越大；知识概括化的水平越低，则迁移越难，即不容易举一反三、触类旁通。有的学生虽有有关的知识经验，但不会分析新课题，就是因为不能迁移。

2. 原型启发

前面已经说过，新形象的形成、新假设的提出，是顺利解决问题的关键。而启发对于新假设的提出、顺利解决问题有很大的作用。启发是从其他事物能够看出解决问题的途径，它可以使人的认识发生飞跃。对解决问题起到启发作用的事物，叫作原型。

任何事物或现象都可以作为原型，如自然现象、日常用品、机器、示意图、文字描述、口头提问等。但某一事物能否发挥启发作用，不单取决于事物本身的特点，而且还要看解决问题者当时思维活动的状态如何。问题解决者的思维活动处在一种积极状态而又不过于紧张以致抑制其他思路的时候，常更有利于原型发挥启发作用。在一般紧张工作之后适当休息或转换活动，使思路开阔，对问题假设的提出往往是有利的。

原型启发在创造性地解决问题中起着很大的作用。原型启发的事例在创造发明的历史中屡见不鲜。瓦特见壶盖被水蒸气顶起，发明了蒸汽机；鲁班通过发现丝茅草割破手，发明了锯子；上海铁路局中心医院的医生郑一仁决心为盲人重见光明贡献力量而试验人工角膜，在100多次失败后，在一次乘坐公共汽车时受到驾驶盘的启发，创造出有三根平分的半径线，像米粒大小的小驾驶盘的人工角膜。原型之所以具有启发作用，主要是因为原型与所要解决的问题有某些共同点或相似点，通过联想，找到解决问题的新方法。但有时，原型也限制人的思想的广阔性。一般来说，原型越接近要解决的矛盾，它的限制越会成比例地增加。

3. 解决问题的策略

在解答阶段，解决策略的选择会影响问题的解决。算法和启发法这两种策略各有千秋，选择得当将会促进问题的解决；反之，问题解决将会受阻。就启发法而言，它又有许多方法，而且不同的方法又有其独特的特点。例如，手段—目标分析法是将目标状态分解成若干个字母表，通过完成一个个字母表最终达到目标。为了达到最终目标，它允许问题解决者增加子目标，迂回绕道地达到目标。而爬山法纯粹是一种“前推”策略，它只允许消减问题的当前状态和目标状态的不同，不允许适当增加二者的差异和迂回绕道地解决问题。因此，没有任何一种方法是万能的，许多时候解决问题需要将多种策略和方法有效地组合起来。

4. 功能固着

人们把某种功能赋予某种物体的倾向称为功能固着（Functional Fixation）。如笔是用来写字的，盒子是用来装东西的，等等。一旦产生这样的思维，在解决新问题时就存在这些物品变得难以利用的现象。例如锤子，一般被当作敲击之物，有时很难发现它还可以用来做挡书板、门闩甚至秤砣。Duneker 的“纸盒问题”实验证实了功能固着的确是人们在解决问题中的障碍。这个实验表明，直接解决某一问题的工具缺乏时，功能固着会阻碍问题解决者对现有工具潜在功能的发现，从而延缓问题解决的进程。

5. 动机强度

人们对活动的态度、社会责任感、认识兴趣等，都可以成为发现问题的动机，从而影响到问题解决的效果。一般来说，动机强度与解决问题的效率呈“倒U型关系”。如一个争强好胜的学生面对一次考试，具有较强的考试动机，就会积极准备，提取相关信息，依赖自己的特点，激活思维状态，使之达到最佳水平，并优化思维策略，从而顺利地解决问题；反之，一个自卑的学生，如无考试动机，他就沮丧、消极，不能有效提取相关信息，更不懂得优化思维策略，无法解决问题。解决问题的动机也不宜过强，否则，个体易处于过度紧张和兴奋状态，从而使个体注意力分散、知觉范围变小。这样，既不能使问题的相关信息在中枢加工器中得到较好的表征，也不能有效选择长时记忆中与该问题解决有关的信息。

6. 情　绪

焦虑、紧张、烦躁等消极情绪与问题解决的关系类似于动机强度与问题解决之间的关系。适度的焦虑情绪唤醒能够集中问题解决者的注意力，促进他对问题信息的直觉和表征，唤起长时记忆中的相关信息，从而激起问题解决者在问题的表征和原有认知之间的信息加工和模式识别，发现问题解决的方法策略，否则就会阻碍问题的解决。

7. 自我效能

问题解决者过去解决问题的成败印象和体验对当前的问题解决会产生影响，主要是影响问题解决者的信心和自我效能感。自我效能感的概念是由班杜拉提出来的，是指“人们对自身能否利用所拥有的技能去完成某项工作行为的自信程度”。而信心的强弱和自我效能感的高低又直接影响个体在问题解决中的自我评价，从而影响个体的动机水平，即问题解决成功率高者，认为自己有把握自行解决问题。

第三节　创造性思维及其培养

一、创造性思维概述

（一）创造性思维的含义

创造性思维是相对于一般性思维而言的，是指在创造活动中应用新的方法或程序，创造新的思维产品的思维活动。创造活动是创造性思维产生的基础。同时，创造性思维所产生的新思想和新观念，对创造性活动的进行起着指导作用。

根据心理学家的研究，创造性思维是集中思维和发散思维集合的产物。集中思维又叫辐合思维、求同思维、封闭思维或硬思维，是探求事物共性或在众多的方案中选择一个最佳方案的思维形式。发散思维又叫求异思维、扩散思维、开放思维或软思维，是从多方向、多角度、多层次展开的一种指向多种可能答案的思维。没有发散思维，思维活动不可能有所创造；仅有发散思维，也不可能选择到最合理的设计方案。所以，在一项创造活动中，人们必须从发散思维到集中思维，又从集中思维到发散思维，经过多次循环往复才能形成新思想。

（二）创造性思维的特点

一般认为，创造性思维具有想象丰富、观察敏锐、灵感活跃、表述新颖、求异性和潜在性的特点。

1. 想象丰富

想象是创造性思维的重要特征。对想象在发明创造中的作用，爱因斯坦曾有深刻的论述。他说："想象力比知识更为重要，因为知识是有限的，而想象包括世界上的一切。"想象是人类探索自然、认识自然的重要思维形式，可以说，没有想象就不会有创造。

2. 观察敏锐

创造性思维需要敏锐的洞察力去观察和接触客观事实，并不断地将事实与已知知识联系起来思考，科学地把握事物之间的相对性、重复性及特异性并加以比较，为后来的发明创造提供真实可靠的依据。因此，要特别留心意外现象，通过对意外现象的分析，进一步探索创造活动的新线索，促使创造活动早日成功。

3. 灵感活跃

灵感是一种突发性的心理现象，是其他心理因素协调活动中涌现出的最佳心理状态。处于灵感状态中的创造性思维，表现为人们注意力的高度集中、想象活跃、思维特别敏锐和情绪异常激昂。灵感是创造性思维的重要一环，也是发明创造成功的关键一环。

4. 表述新颖

新颖的表述是由创造性思维的本质决定的。新颖的表述反过来又可以更好地反映创造性思维的内容，从而加强新观点、新设想、新方案、新规则的说服力和感染力。

5. 求异性

人类在认识事物的过程中，特别关注客观事物间的不同性和特殊性，特别关注现象与本质、形式与内容之间的不一致性。这种心理状态常表现为对常见的现象和已有权威结论的怀疑和批判，而不是盲从和轻信。创造性思维的求异性一般通过发散思维、转换思维、逆向思维表现出来。

6. 潜在性

潜在性是一种不自觉的、没有进入意识领域内的思维特性，与一般思维的不同之处往往被人忽略。其实，潜在性思维往往在解决许多复杂问题中起着极为重要的作用。实践证明，只有在相对松弛的环境中，创造性思维才容易贯通。因此，娱乐与消遣常常是灵感的源泉。

（三）创造性思维的品质

1. 思维的广阔性

思维的广阔性是指思维的全面性。人们在认识问题和处理问题时候，不要把视线只盯住一点、一线、一面，而要扩展思维的空间范围，进行全方位的观察和思考。

2. 思维的深刻性

思维的深刻性表现在善于深入钻研问题，能从纷繁复杂的现象中抓住事物的本质和核心，揭示事物变化与发展的根本原因。

3. 思维的独创性

这是指独立思考、解决问题的程度。善于独创的人，不迷信、不盲从，不满足现成的方法和答案，善于找到自己的答案，并表现出果断、坚定、自信的特征。思维的独创性以思维的批判性为前提的，没有优秀的批判思维，就不会有很高的独创性。

4. 思维的灵活性

思维的灵活性是指善于随机应变，依据事物发展变化的具体情况及时提出各种不同的思维、假设方案；同时，还能及时地纠正自己的思维，调整自己的认识偏差。

5. 思维的敏捷性

思维的敏捷性是指能够迅速地对外界刺激物作出反应，表现在善于抓住时机，加快对信息的吸收、筛选和运用。

6. 思维的预见性

思维的预见性是指不论做什么事情都要着眼于未来，考虑到目标和战略。办事时，不仅要追求眼前利益，更要为子孙后代造福，着眼未来与立足现实是辩证统一的。

二、创造性思维培养的原则

1. 整体性原则

人的心理是一个复杂的系统，重视心理系统的整体效应，是培养创造性思维的重要原则。只有从整体出发，运用系统思维的方法，才能真正把握创造性思维的发展规律。

2. 结构性原则

知识结构和认知的协调发展是培养创造性思维的重要途径。学生的认知结构一旦形成，便具有很大的能动性，影响学生对新知识的接受和理解能力，制约知识的加工和运用，也制约学生创造性地学习以及创造性思维能力的培养。

3. 自主性原则

自主性就是使学生成为创造性学习和活动的主人。在创造性活动中培养学生的自我组织管理能力和自我调控能力，是培养创造性思维不可缺少的指导原则。要发展学生的创造性思维，就是要使学生的手、嘴、脑获得真正的解放。

4. 探索性原则

创造是走前人没有走过的路，解决前人没有解决的新问题。不敢探索、不会探索的人是很难开拓新局面的。要使学生成为勇于探索的人，就要鼓励学生自己质疑问题，自拟探索计划，通过自己的独立思考解决问题，发展创造性思维能力。

5. 活动性原则

人的心理是人在与环境的交互作用中发生、发展起来的。学生要会用多种感官进行观察，要确立创造的目标，选择思维的材料和方法；提出假设，作出决策，制订创造的计划，还要考虑如何与他人合作等来发展创造性思维能力。

6. 多样性原则

多样性是指让学生的创造个性自由地发展。爱因斯坦指出："由没有个人独创性和个人志愿的统一规格的人所组成的社会，将是一个没有发展可能的不幸社会。"个性多样性的本质在于个性的独创性，社会的发展和个性独创性是相互作用的。

三、创造性思维的培养

1. 培养观察力

一个人只有善于观察，才能善于创造。培养创造性思维，应当从培养观察力入手，这是由于人们认识世界的主要途径是观察。在培养观察力时要注意：① 观察前要使个体明确观察的目的、任务，使其注意力集中在观察对象上；② 培养观察的技能和方法，尽量让多种感官参与活动；③ 培养观察的兴趣，养成良好的观察习惯，培养观察的主动性和自觉性。

2. 丰富专业知识

任何发明创造都是人们在学习和掌握前人积累知识经验的基础上产生的突破。贝弗里奇说："在其他条件相同的情况下，我们的知识宝藏越丰富，产生重要设想的可能就越大。此外，如果具有有关学科或边缘学科的广博知识，那么独创的见解就更可以产生。"可见，知识是培养创造性思维的基础。要培养创造性思维，对知识有具体的要求：一是知识的数量丰富；二是知识的质量提高；三是知识新颖；四是具有健全的知识层次；五是合理的知识结构。

3. 增强好奇心

好奇心是对新异事物进行探究的一种心理倾向，是推动人们主动积极地观察世界、开展创造性思维的内部动因。好奇心是探索活动的前导和创造性思维发展的起点，要珍惜和满足好奇心，使好奇心逐步由不切合实际到切合实际，由对事物外部的好奇发展到对事物内部的好奇，不断提高好奇心的水平，这对培养创造性思维是非常有益的。

4. 激发灵感

灵感是创造性思维活动中出现的一种复杂的心理现象，是在注意力高度集中、意识极度敏锐的情况下，长期思考的问题突然迎刃而解而迸发的思想火花。创造性思维的产生是长期艰苦思索的结果，往往需要经历一个曲折的过程。其中，既有长期的知识准备和积累，又有短时间的攻关和突破；既有经久的沉思，又有一时的灵感。

5. 锻炼意志

创造性思维是艰巨的、精细的心理活动，要求注意力高度集中，投入大量的时间和精力，付出紧张的劳动。同时，探索新领域失败的次数是未知的、无数的。因此，没有百折不挠的坚强意志是做不到的。创造性思维具有持久性，要取得成果，必须经过持久的意志努力。在创造性思维的过程中，必然会遇到很多困难，要使创造性思维进行下去，就需要意志的力量。

四、创造性思维的训练

创造性思维测试，主要是从思维的流畅性、灵活性、独特性来评定。因此，加强创造性思维训练，应从这五方面进行。

（一）扩散思维训练

扩散思维是创造性思维的主要成分。通过一些有效的方法，对学生进行灵活新颖的扩散训练，有利于开发创造性思维。

扩散思维训练主要采取以下方法。

1. 材料扩散

以某个物品为扩散点，设想它的各种用途。如回形针的用途：在一起作发夹用，代替领带的别针，拉开一端可以用来穿扎、画图、写字，等等。

2. 功能扩散

以某种事物的功能为扩散点，设想出获得该功能的各种可能性。如怎样达到照明的目的：点油灯、开电灯、点蜡烛、用镜子反射太阳光、划火柴、开打火机、打手电筒、点火把等。

3. 结构扩散

以某种事物的结构为扩散点，设想出利用该结构的各种可能性。如尽可能多地说出圆结构的东西名称并画出刚出山的太阳、乌龟、酒杯、眼镜、圆形的门、伞、草帽，等等。

4. 形态扩散

以事物的形态为扩散点，设想出利用某种形态的各种可能性。如利用红颜色可做什么、办什么事：红灯笼、禁止通行的交通信号、红旗、红墨水、红星、红印泥、口红，等等。

5. 方法扩散

以人们解决问题或制造物品的某种方法为扩散点，设想出利用该种方法的各种可能性。如用“吹”的方法可以解决的问题：吹气球、吹灭烛火、吹肥皂泡、吹笛子、把热茶吹凉等。

6. 组合扩散

从某事物出发，以此为扩散点，尽可能多地设想与另一事物联结具有新价值的各种可能性。如钥匙圈可跟哪些东西组合在一起：与小刀组合、与指甲剪组合、与纪念章组合等。

7. 因果扩散

以某事物发展的结果或起因，设想出这一结果的原因或这一原因可能产生的结果。如推测“玻璃杯碎了”的原因：手没抓住掉落到地上碎了；冬天冲开水爆碎了，被动物撞倒砸碎了，等等。

8. 语词扩散

说出一个词，让自己连接或造不同的句子，组成更多的词或句子，如“学生”“生活”“力量”“表扬”“扬帆”“帆船”；用“大楼”一词造句，如“这座美丽的城市大楼林立”“我家住在百货大楼旁边”，等等。

（二）摆脱习惯性思维训练

习惯性思维有时可能阻碍我们的思路，想不到那个本来应该想到的问题，或者思路进入岔道，找不到正确的答案。摆脱习惯性思维的训练，被人称为“创造性思维的准备活动”。其真正意义是促使人们探索事物存在、运动、联系的各种可能性，从而摆脱思维的单一性，以免陷入某种固定不变的思维框架，使思维具有流畅、变通、灵活、独创等特性。

1. 排除观念定式训练

排除观念定式训练的目的在于，训练思考者对任何事都能考虑的各种可能性。如：爸爸的衬衣纽扣掉进了已经倒入咖啡的杯子里，他从咖啡里拾起纽扣，不但手不湿，连纽扣都是干的，他是怎样取出纽扣的？答案很简单，已经倒入的咖啡是固体粉末。在人们的观念里，总是以为咖啡就是一种液体饮料，而很少会想到会是“固体粉末”，进而导致解决问题的障碍。

2. 排除“功能固定”训练

排除“功能固定”训练的目的是防止思维刻板、僵化，打破思维定式，停止盲目地“尝试错误”，从崭新角度思索问题的新意义。例如，在小韩的房间天花板上，悬挂两根长绳，两绳间距离五米，旁边的桌面上有些小纸条和一把剪刀。聪明的小韩却能站在两绳间不动，伸开双臂，两手各拉住绳子。你知道用的是什么办法吗？小韩是先用一根绳子把剪刀缚住，另一只手抓住过来的剪刀。剪刀，人们很少能想到用来当重锤，即人们只想到剪刀的“剪”的功能，很少能想到其他功用，使该问题无法解决。排除“功能固定”还可以通过列举事物用途加以训练。

（三）缺点列举训练

缺点列举是一个极为重要的创造技法。对某事物存在的某个或某些缺点产生不满，往往是创造发明的先导。只要把列举出来的点、想法加以克服，就会有所发明、有所创造。例如，尽可能多列举出玻璃杯的缺点：易碎、较滑、盛了开水时手摸上很烫、有小缺口会划破手、带在身边活动不方便，等等。

（四）愿望列举训练

人们对美好愿望的追求，往往成为创造发明的强大动力。例如，人们希望烧饭能自动控制，结果就发明了“电饭锅”。愿望列举就是对某个事物的要求——把“如果是这样就好了”之类的想法列举出来。它不同于缺点列举，因为缺点列举离不开物体的原型，提出积极的希望比仅仅克服缺点可能会产生更好的创意。例如，怎样的电视机才理想，写出你的愿望：如看起来像立体的、具有每个人都可以分开看的装置、想看的频道节目会自动出现、能看到全世界的节目，等等。

（五）想象训练

训练想象力是培养和发挥创造性思维一种极好的方法。它能帮助人们从固定化的看法、想法中解放出来；使人们在思考、解决问题的过程中，学会大胆想象，敢于“异想天开”，创新进取。

第四节　皮亚杰的认知发展论

让·皮亚杰（Jean Piaget），瑞士心理学家，发生认识论创始人。他是一位生物学家，之后成为发生认知论的哲学家，也是一位以儿童心理学研究著名的发展心理学家。他认为个体认知的发展具有阶段性的特点。儿童从出生到成人的认知发展不是一个数量不断增加的简单累积过程，而是伴随同化性的认知结构的不断再构，使认知发展形成几个按不变顺序相继出现的阶段。每个阶段都有其独特的认知结构，标志着该阶段的年龄特征，以区别于其他阶段。各阶段出现的先后顺序是固定不变的，不能逾越，也不能颠倒，所有个体都遵循这一发展顺序，阶段具有普遍性。但受主体、环境、教育等因素的影响，各阶段的出现可以提前或推迟。

一、认知发展论的主要观点

皮亚杰认为智力的本质是适应，“智慧就是适应”“是一种最高级形式的适应”。他用四个基本概念阐述他的适应理论和建构学说，即图式、同化、顺应和平衡。

（一）图 式

图式即认知结构。“结构”不是指物质结构，是指心理组织，是动态的机能组织。图式具有对客体信息进行整理、归类、改造和创造的功能，以使主体有效地适应环境。认知结构的建构是通过同化和顺应两种方式进行的。

（二）同 化

同化是主体将环境中的信息纳入并整合到已有的认知结构的过程。同化过程是主体过滤、改造外界刺激的过程。通过同化，可以加强并丰富原有的认知结构。同化可以使图式得到量的变化。

（三）顺 应

顺应是当主体的图式不能适应客体的要求时，就要改变原有图式，或创造新的图式，以适应环境需要的过程。顺应可以使图式得到质的改变。同化表明主体改造客体的过程，顺应表明主体得到改造的过程。通过同化和顺应建构新知识，不断形成和发展新的认知结构。皮亚杰强调主体在认知发展建构过程中的主动性，即认知发展过程是主体自我选择、自我调节的主动建构过程，而平衡是主动建构的动力。

（四）平 衡

平衡是主体发展的心理动力，是主体的主动发展趋向。皮亚杰认为，儿童一生下来就是环境的主动探索者，他们通过对客体的操作，积极地建构新知识，通过同化和顺应的相互作用达到符合环境要求的动态平衡状态。皮亚杰认为主体与环境的平衡是适应的实质。

二、儿童认知发展阶段理论

（一）感知运动阶段（0～2 岁）

这个阶段的儿童的主要认知结构是感知运动图式，儿童借助这种图式可以协调感知输入和动作反应，从而依靠动作去适应环境。通过这一阶段，儿童从一个仅仅具有反射行为的个体逐渐发展成为对其日常生活环境有初步了解的问题解决者。

从出生到 2 岁这一时期，儿童的认知能力也逐渐发展。一个很大的进展是儿童渐渐获得了客体永恒性，即当一客体从儿童视野中消失时，儿童知道该客体并非不存在了。儿童在 9 ~ 12 月获得客体永恒性，而在此之前，儿童认为不在眼前的事物就是不存在的，并且不再去寻找，客体永恒性是后来认识活动的基础。

（二）前运算阶段（2 ~ 7 岁）

在这个阶段，儿童的各种感知活动图式开始内化为表象或形象模式，特别是语言的出现和发展，使儿童日益频繁地用表象符号来代替外界事物，不再像感知运动阶段的儿童那样依靠实际动作对当前感知到的事物进行思维，但他们的语词或其他符号还不能代表抽象的概念，思维仍受具体直觉表象的束缚，难以从直觉中解放出来。处于这一阶段的个体尚未获得认知运算能力，他们进行的是半逻辑思维。

儿童将感知动作内化为表象，建立了符号功能，可凭借心理符号（主要是表象）进行思维，从而使思维有了质的飞跃。这一阶段的个体具有泛灵论倾向，无法区分有生命的事物与无生命的事物，认为外界的一切事物都是有生命的，无生命的事物同样也具有情绪、动机等生命特征，如儿童说“你踩在小草身上，它会疼得哭”。自我中心主义也是前运算阶段个体的认知特征。自我中心主义是指个体只以自己的观点看待世界，难以认识他人的观点，认为所有的人都有相同的感受，经常假定其他人都在分享自己的情感、反应和看法。皮亚杰的“三座大山实验”证明了个体的自我中心倾向。前运算阶段儿童的思维具有不可逆性和刻板性，在注意事物的某一方面时往往忽略其他方面，只注意事物变化的一个方面而不能同时注意事物变化的两个纬度。由于思维的不可逆性和刻板性等，这一阶段的个体尚未获得物体守恒的概念。守恒是指物体不论形态怎么变化，即使在排列和外观上发生了变化，其物质的量也保持相同。皮亚杰曾做过一个液体守恒的实验。在实验中，向儿童呈现两只相同的玻璃杯，杯中装有等量的液体，在儿童确知两只杯中的液体是等量的之后，实验者把其中一杯液体倒入旁边一只较高、较细的杯子中，液面升高，然后问儿童新杯子中的水比原来杯子中的水多一些还是少一些，还是一样多。结果发现，大多数 3 ~ 4 岁的幼儿会回答“多一些”，因为他们只注意到了杯子的高度；5 ~ 6 岁的儿童处于守恒的转折阶段，他们似乎已经意识到必须同时考虑杯子的高度和粗细，但在比较时却出现困难；8 岁以后的儿童能够意识到一个维度的变化总是伴随着另一个维度的改变，水的总量不变。所以，皮亚杰认为，处于前运算阶段的儿童在思维上没有达到守恒。

（三）具体运算阶段（7 ~ 12 岁）

在本阶段，儿童的认知结构由前运算阶段的表象图式演化为运算图式。具体运算思维的特点：具有守恒性、脱离自我中心性和可逆性。皮亚杰认为，该时期的心理操作着眼于抽象概念，属于运算性（逻辑性）的，但思维活动需要具体内容的支持。

（四）形式运算阶段（12岁及以后）

这一阶段儿童的思维更具有灵活性、系统性和抽象性，超越了对具体的可感知事物的依赖，使形式从内容中解脱出来，进入形式运算阶段（又称命题运算阶段）。形式运算具有以下几个特征。

（1）命题之间的关系。本阶段个体的思维是以命题形式进行的。他们不仅能考虑命题与经验之间的真实性关系，而且能看到命题与现实之间的关系，并能推论两个或多个命题之间的逻辑关系。

（2）假设—演绎推理。本阶段的个体不仅能够运用经验—归纳的方式进行逻辑推理，而且能够运用假设—演绎推理的方式来解决问题。假设—演绎推理是先找出各种可能解决问题的方法，再系统地评价和判定正确答案的推理方式。他们能在考察问题细节的基础上，假设某种理论或解释是正确的，再从假设中演绎出从逻辑上讲应该或不应该出现某些经验现象。最后检验他的理论，看这些预见的现象是否确实出现。

（3）抽象逻辑思维。本阶段的个体能理解符号的意义、隐喻和直喻，能作一定的概括，其思维发展水平已接近成人的水平。

（4）可逆与补偿。本阶段的个体不仅具备逆向性的可逆思维，而且具备补偿性的可逆思维。例如，对于“在天平的一边加一点东西，天平就失去平衡，怎样使天平重新平衡”的问题，他们不仅能考虑把所加的重量拿走（逆向性），而且能够考虑移动天平加重的盘子使它靠近支点，即使力臂缩短（补偿性）。

（5）思维的活跃性。本阶段的个体不再刻板地恪守规则，反而常常由于规则与事实不符而违反规则。对这一年龄段的学生，教师和家长不宜采用过多的命令和强制性的教育，而应鼓励和指导他们自己做决定，同时对他们考虑的不同方面提出建议和改进的方法。

练习与思考

一、单项选择题

“一题多解”教学方式主要用来训练学生的（　　）思维。

A. 直觉　　B. 发散　　C. 动作　　D. 集中

二、判断辨析题

根据思维技巧分类，可分为经验思维和理论思维。

三、简答题

1. 什么是思维？思维和感知觉有什么联系与区别？
2. 思维的特性是什么？
3. 思维的种类有哪些？

4. 什么是问题解决？
5. 影响问题解决的因素有哪些？
6. 问题解决的策略有哪些？
7. 简述创造性思维的特点。
8. 如何培养创造力思维？
9. 简述皮亚杰的认知发展理论。

四、材料分析题

灯泡与开关

题目：在房间中有3个灯泡，房间外有3个开关，分别控制3个灯泡。你最初在房间外，可以任意打开或关闭开关。（假设你打开一个开关，你会发现房间中灯泡亮了，但在屋外无法知道亮的是哪一个。）当你完成操作进入房间后（不再出去了），便可以知道灯泡与开关的对应关系了。

这是如何做到的呢？请给出解决此问题的思路和具体步骤。

第六章　情绪和情感

【学习要求】

1. 掌握情绪的概念，理解情绪与情感的关系，在此基础上认识情绪的功能。
2. 掌握情绪与情绪状态的分类与维度。
3. 掌握从不同的表情来源识别个体的情绪。
4. 了解中学生情绪发展的一般特点，掌握基本的情绪调节手段。
5. 能够合理运用情绪这种个体高级心理功能促进学生身心健康发展。

第一节　情绪概述

你如果试着感受，就会发现情绪装点着你的生活。无论是成功带来的欢欣鼓舞、失败带来的悲痛欲绝、未知带来的孤独恐惧，还是背叛带来的满腔怒火，不同的情绪会让你的生活时而阳光灿烂，时而阴霾密布，时而生动活泼，时而晦涩呆板，而正是这些造就了每个个体纷繁复杂的内心世界。情绪的多样性决定了它是一个复杂的心理现象，有其独特的心理过程。情绪不仅能够表达人的内心，而且个体情绪的变化是伴随着个体心理活动过程产生的。从心理学的角度来看，情绪是人脑的高级功能，是人类适应的一种心理手段。在教育教学的过程中，教师可以利用情绪组织、调节教学工作，有效激发学生的学习兴趣，以积极的情绪体验促进学生的学习动机，培养学生的健全人格，维护学生的心理健康。

一、情绪的性质与功能

情绪和情感是人对客观事物的态度体验及相应的行为反应，是以个体的愿望和需要为中介的一种心理活动。当客观事物或情境符合主体的需要和愿望时，就能引起积极的、肯定的情绪和情感；当客观事物或情境不符合主体的需要和愿望时，就会产生消极、否定的情绪和情感。

小故事

美国成功学学者拿破仑·希尔对于心态的意义说过这样一段话："人与人之间只有很小的差异，但是这种很小的差异却造成了巨大的差异！很小的差异就是所具备的心态是积极的还是消极的，巨大的差异就是成功和失败。" 是的，一个人面对失败所持的心态往往决定他一生的命运。

积极的心态有助于人们克服困难，使人看到希望，保持旺盛的斗志。消极的心态使人沮丧、失望，对生活和人生充满了抱怨，自我封闭，限制和抹杀自己的潜能。积极的心态创造人生，消极的心态消耗人生。积极的心态是成功的出发点，是生命的阳光和雨露，让人的心灵成为一只翱翔的雄鹰。消极的心态是失败的源泉，是生命的慢性杀手，使人受制于自我设置的某种阴影。选择积极的心态，就选择了成功的希望；选择消极的心态，就注定要走入失败的沼泽。你如果想成功，想把美梦变成现实，就必须摒弃这种抹杀你的潜能、摧毁你的希望的消极心态。

（一）情绪的性质

情绪作为人类的高级心理功能，其复杂性使得心理学界对其定义仍处于莫衷一是的状态。一般认为，情绪是以个体的愿望和需要为中介的一种心理活动。当客观事物或情境符合主体的需要和愿望时，就能引起积极的、肯定的情绪和情感。例如，口渴的人得到了一杯甘甜的泉水，他会感到无比的满足；找到志同道合的伴侣会感到幸福快乐；一次意义非凡的旅行会使人感到酣畅淋漓。当客观事物或情境不符合主体的需要和愿望时，就会产生消极、否定的情绪和情感，如亲友的离世会使人痛苦万分，不公平的对待会使人感到气愤不已，工作的重大失误会让人悔恨苦恼。但是，主体和客体之间的关系是十分复杂的，无论在程度上还是在性质上都有许多差别。有的事物对人有益，有的事物对人有害；有的益大于害，有的害大于益；有的此时有益，彼时有害，有的恰恰相反。所以，事物的不同和变化导致主、客关系发生变化，造成人的体验和反应存在区别。这就是人产生不同性质和不同程度的情绪的客观原因。人在反映各种客观关系时，对于这些关系往往有一个由浅入深的理解和认识过程，或者说有理解和认识水平上的差异。同一个人对同一类客观关系的理解可以随时间的推移而发生改变，为此，情绪和情感也就往往发生性质或程度上的变化。另外，同一种关系可以被不同的人作出不同的理解，因此在不同的人那里可以引起不同性质和程度的体验。这就是情绪、情感千差万别的主观原因。

情绪是一种混合的心理现象。情绪是由生理唤起、认知解释、主观感觉和行为表达这四部分组成的过程。生理唤起是指情绪产生的生理反应，不同情绪的生理反应模式是不一样的，如满意时心跳节律正常，恐惧或愤怒时心跳加速、血压升高、呼吸频率增加甚至出现间歇或停顿；认知解释就是对事件和感觉的解释；主观感觉是个体对不同情绪的自我感受；情绪的外部表现通常称为表情，包括面部表情、姿态表情和语调表情。

我们用恐惧这种情绪来说明情绪的四个组成部分，因为人们对恐惧的研究最为详细。假如有一条狗狂叫不止，你被这气势汹汹的狗给吓坏了。恐惧反应的生理组成部分会发出警报，这一警报同时通过植物性神经系统和内分泌系统向全身扩散。结果你的内脏各系统就会做出相应的反应，你胃部的血液会被排空（所以在害怕或紧张时我们会觉得腹部有抽紧的感觉），我们面部的血管会收缩（所以害怕时人会脸色苍白）。情绪的第二个组成部分是对事件和感觉的解释，在解释的过程中，你会有意识或无意识地认识到情况很危险，并会因此而感到害怕。实际上，你对危险情况想得越多，你就会变得越害怕，随后这些想法会把你的主观感觉和生理唤起提升到新的高度。

情绪的“感觉”组成部分有两个来源：一是脑对身体唤起状态的感觉；另一个则是有关过去相似情况下身体状态的记忆。所以，当你碰到一条乱叫的狗时，你的大脑也许会回忆以前碰到恶狗时的感受。

最后，情绪还能产生行为。当碰到恶狗以后，你可能会做出“或战或逃”的反应，会做出恐惧的面部表情，还会哭，会大喊大叫。愤怒的反应往往会引发不由自主的动作，如挥舞拳头。由于在这些情况下情绪会引发和引导我们的行为，所以情绪可以作为动机发挥作用。

（二）情绪的功能

1. 信号功能

情绪的信号功能表现在个体将自己的愿望、要求、观点、态度通过情感表达的方式传递给他人以产生影响。它是非言语沟通的重要组成部分，在人际沟通中具有信号意义。如点头微笑、轻抚肩膀表示赞许，摇头皱眉、摆手表示否定，面色严峻表示不满或者问题严重等。

在人际交往中，人们除借助言语进行交流之外，还通过情绪的流露来传递自己的思想和意图。比如听朋友叙述不幸遭遇时，会一同落泪或表现出悲伤的情绪，传达自己的同情和理解的情绪情感，情绪的这种功能是通过表情来实现的。表情具有信号传递作用，属于一种非言语性交际。人们可以凭借一定的表情来传递情绪信息和思想愿望。在社会交往的许多场合，人们之间的思想、愿望、态度、观点，仅靠言语无法充分表达，有时甚至不能言传，只能意会，这时表情就起到了信息交流的作用。比如学生上课不注意听讲，教师的一个眼神或者一个手势就会起到提示、警醒的作用。在表情当中，面部表情和体态表情更能突破一些距离和场合的限制，发挥独特的沟通作用，如马路两侧的熟人打招呼说话听不到时就可以通过招手和微笑来示意。

心理学家在对英语国家人们的交往状况进行研究后发现，在日常生活中，55%的信息是靠非言语表情传递的，38%的信息是靠言语表情传递的，只有 7%的信息是靠言语传递的。表情是比言语产生更早的心理现象，婴儿在不会说话时，主要是靠表情来与他人交流的。表情比语言更具生动性、表现力、神秘性和敏感性。特别是在言语信息暧昧不清时，表情往往具有补充作用，人们可以通过表情准确而微妙地表达自己的思想感情，也可以通过表情去辨认对方的态度和内心世界，就是靠观察人的微表情、微动作来看一个人的心理状态，从而推理事件的发展过程，进而抓住犯罪嫌疑人的。所以，表情作为情感交流的一种方式，被视为人际关系的纽带。在许多影视作品中，人们用情绪的表露代替了语言的表达，它具有“此时无声胜有声”的效果，更具感染力。

2. 组织功能

情绪作为脑内的一个检测系统，对其他心理活动具有组织的作用。这种作用表现为积极情绪的协调作用和消极情绪的破坏、瓦解作用。其组织作用还表现在人的行为上，当人处在积极、乐观的情绪状态时，容易注意事物的美好方面，其行为比较开放，愿意接纳外界的事物。当人处于消极情绪状态时，容易失望、悲观，放弃自己的愿望，甚至产生攻击性行为。

许多研究证明，通过各种不同的信息加工方式，情绪对认知会有驱动和组织的作用。对认知也会产生多方面的效应。它在加工的速度和准确程度方面，在类别和等级层次上，都可以改变认知的功能，或在信息加工中引起阻断或干扰的质量变化。也就是说，情绪不仅影响认知的量，而且影响认知的结构。

（1）情绪作为一种脑中持续存在的状态，从整体上影响信息加工的发动、干扰和结束。即情绪的组织性功能随时对人的认知加工和行为反应发挥作用。有研究表明，一定强度水平的感情状态，或说心境，具有提高认知加工的效果；超高强水平的感情激活则会干扰甚至阻断认知加工进程，过低度激活则不足以维持认知加工所要求的激活量。情绪的正性或负性特征会影响信息的选择性加工。一般来说，正性情绪能提高人的智能操作质量。情绪在某种意义上监测对知觉信息的选择。在婴幼儿的智力操作中，如图形识别、问题解决、寻找或组合作业等项研究中，表明正性情绪比负性情绪有更好的操作效果（Isen，1987）。孟昭兰的研究表明，愉快比痛苦显示更优的操作效果，兴趣比恐惧显示更优的操作效果。同一情绪不同强度对操作效果的影响也有不同。

（2）情绪还影响注意、记忆和决策等认知过程。对焦虑患者的研究表明，焦虑情绪使脑对注意的加工变得狭窄。当人处于焦虑或恐惧中时，他们注意力集中在所害怕的事情上，而不会注意周围存在的其他事情上。由此我们就理解了为什么儿童犯错以后，父母对儿童施加威胁性要求或压力时，儿童很难选择正确的策略去改正错误行为，因为他们的注意力全部集中在事件的负性后果上——对惩罚的恐惧。

在记忆的遗忘规律中，情绪是一个重要的变量。在刑事案件对证人的作证记忆的研究中，结果显示，涉及情绪的记忆会增加回忆的准确度。情绪被震惊者在事件后（对警察）作证的回忆量为93.36%，5个月后为88.24%；而情绪未被震惊者的两次作证回忆量均为75%。

同样，情绪对决策也有重要作用。以前，人们较多倾向于对负性情绪干扰、破坏作用的探讨。近20年来，人们把注意转向正性情绪与认知的关系，更着重于中等强度的情绪状态（如心境）对思维的组织作用。

大量的实验说明，正性情绪可以促进思维的灵活性，有助于应对麻烦事件和减少对抗事件的发生。中等强度的正性情绪状态对思维和决策的影响不仅是充分的，而且有利于提高思维和决策的质量。

3. 动机功能

情绪具有激励作用，激励作用又称为情绪的调节功能，是指情绪对人的活动起发动、促进和调控的作用。适度的情绪兴奋，可以使身心处于活动的最佳状态，进而推动人们有效地成任务。

情绪能够以一种与生理性动机或社会性动机相同的方式激发和引导行为。有时我们会努力去做某件事，是因为这件事能够给我们带来愉快与喜悦。从情绪的动力性特征看，情绪分为积极增力的情绪和消极减力的情绪。快乐、热爱、自信等积极增力的情绪会提高人们的活动能力，而恐惧、痛苦、自卑等消极减力的情绪则会降低人们活动的积极性。有些情绪同时兼具增力和减力两种动力性质，如悲痛可以使人消沉，也可以使人化悲痛为力量。

个体的情绪表现还常被视为动机的重要指标。由于情绪可能与动机引发的行为同时出现，情绪的表达能够直接反映个体内在动机的强度与方向，因此情绪也被视为动机潜力分析的指标，即对动机的认识可以通过对情绪的辨别与分析来实现。动机潜力是在具有挑战性的环境下所表现出的行为变化能力。当个体面对一个危险的情境时，动机潜力会发生作用，促使个体做出应激行为。对动机潜力的分析可以由对情绪的分析获得。当面对应激场面时，个体的情绪会发生生理的、体验的以及行为的三方面变化，这些变化会告诉我们个体在应激场合动机潜力的方向和强度。当面临危险时，有的人头脑清晰，沉着冷静地离开；而有些人则惊慌失措，浑身发抖，不能有效地逃离现场。这些情绪指标可以反映出人们动机潜能的个体差异。

4. 健康功能

人对社会的适应是通过调节情绪来进行的，情绪调控的好坏会直接影响到身心健康。作为心理因素的一个重要方面，情绪同身体健康的关系早已受到人们的关注。

情绪对健康的影响作用是众所周知的。积极的情绪有助于身心健康，消极的情绪会引起人的各种疾病。我国古代医书《内经》中就有“怒伤肝，喜伤心，思伤脾，忧伤肺，恐伤肾”的记载。有许多心因性疾病与人的情绪失调有关，如溃疡、偏头痛、高血压、哮喘等。有些人患癌症也与长期心情压抑有关。一项长达 30 年的关于情绪与健康关系的追踪研究发现，年轻时性情压抑、焦虑和愤怒的人患结核病、心脏病和癌症的比例是性情沉稳的人的 4 倍。

美国心脏病学会将易患上心脏病的人群定义为 A 型性格人群，认为这类人群的特征是生活压力过大，自我要求过高，性情暴躁，易发脾气。一些临床医学研究也证明，长期受不良情绪困扰，会导致各种身心疾病。因此，对不良情绪进行控制、引导，代之以积极乐观的情绪，不但能提高生活质量，还能有效地防治身体疾病。所以，积极而正常的情绪体验是保持心理平衡与身体健康的条件。曾经有人说过：“一个小丑进城，胜过一打医生。”①这句话非常形象地说明了情绪对人身体健康的影响。

美国加州大学心理学家艾克曼（Paul Ekman）曾做过实验，要受试者装出惊讶、厌恶、忧伤、愤怒、恐惧和快乐等表情，结果发现他们的身心跟着起了变化。当受试者装出害怕时，他们的心跳加速，皮肤温度降低了；表现出其他五种情绪时，也有不同的变化。总之，我们怎么装，心情就怎么改变。

好心情是好身体的基石，是好生活的秘诀。人心情不好时，会不自觉地把坏心情抱得更紧，关门不跟人说话，嘟着嘴生闷气，锁着眉头胡思乱想，结果心情更坏、更难过。所以人要学习放下坏心情。我们想拥有好心情，就得从原有的坏心情中解脱出来，从烦恼的死胡同中走出来。另外，还要注意我们的仪容，如挺直身子，抬起头来，衣着端庄。

知识之窗

学习是现代生活不可或缺的认知过程。它帮助人们适应现代高速发展的信息社会。同时，面对现代高速发展的社会，人的情绪变化也是很快的。近年来，不断有人对相关方面进行研究。

根据情绪一致性的理论，刺激材料的内容与学习者的情绪状态一致的时候，学习和回忆会呈现更好的效果。因此，可以得到实验的预期：当情绪状态与词汇的效价一致（同为积极消极或者中性）时，学习或记忆的效果应该好于情绪状态与词汇的效价不一致时的情况。

① 英国化学家法拉第（Michael Faraday）患了神经衰弱症，发病时不能工作，不能休息，痛苦不堪。他虽遍访名医，但治疗效果不佳，病情越来越重。当他一筹莫展之时，一位朋友对他说：“一个小丑进城，胜过一打医生。”于是，他一有时间就去马戏团看小丑表演。自此，法拉第的病情奇迹般地一天天好转。过了不久，他发现病完全好了。

（三）情绪与情感的关系

情绪和情感是对客观事物与个人需要之间关系的体验过程，是人对客观事物是否符合自身需要而产生的态度体验。情绪和情感同认识活动一样，仍然是人脑对客观现实的反映，只不过反映的内容和方式有所不同。认识活动反映的是客观事物本身，包括事物的过去、现在和将来，以及它们的外部特征和内在联系。情绪和情感反映的是一种主客体的关系，是作为主体的人的需要和客观事物之间的关系。

1. 最基本的情绪：喜、怒、哀、惧

（1）心境：人比较平静而持久的情绪状态，具有弥漫性。

（2）激情：一种强烈的、爆发性的、为时短促的情绪状态。

（3）意识狭窄：在激情状态下出现的现象，表现为认识活动范围缩小，理智分析能受到抑制，自我控制能力减弱，进而使人失去控制，甚至做出一些鲁莽的行为或动作。

（4）应激：人对某种意外的环境刺激所作出的适应性反应。

2. 情感的分类

（1）道德感：根据一定的道德标准在评价人的思想、意图和行为时所产生的主观体验。

（2）理智感：在智力活动中，在认识和评价事物时所产生的情感体验。

（3）美感：根据一定的审美标准评价事物时所产生的情感体验。

3. 情绪和情感定义上的区别（见表 6-1）

表 6-1　情绪与情感的区别

区　别	情　绪	情　感
稳定性不同	具有鲜明的情境性和短暂性，往往随着情境的改变和需要的满足很快减弱或消失	有较大的稳定性、深刻性和持久性
强度不同	经常带有冲动性和比较明显的外部表现，如面部表情、身体动作、呼吸节律变化	以内心体验的形式稳定地存在于人的人格当中
赖以产生的需要不同	多与人的生理需要有关	多与人的社会需要有关

（1）情绪主要是指感情过程，具有情境性、激动性和暂时性的特点；情感是具有稳定的、深刻的社会意义的感情，具有较大的稳定性、深刻性和持久性。

（2）情绪出现较早，多与人的生理性需要相联系；情感出现较晚，多与人的社会性需要相联系。

（3）情绪具有冲动性和明显的外部表现，情感则比较内隐。

情绪和情感既是在种族进化中发生的，是人类社会历史发展的产物。因此，在使用情绪、情感这类术语去标示在漫长的历史演化过程中发生的、处于不同水平上的这一心理现象时，把同生物需要相联系而产生的感情反应称为情绪，把受社会规范制约的称为情感；在标示感情反应的形式方面采用情绪，标示感情内容时采用情感。

第二节　情绪、情感的种类

一、情绪的种类

（一）基本情绪与复合情绪

1. 基本情绪

从生物进化的角度来看，人类的情绪可以被分为基本情绪和复合情绪。基本情绪是人与动物共有的，在发生上有共同的原型或模式。基本情绪是先天的、不学而能的。每一种基本情绪都具有独立的神经生理机制、内部体验和外部表现，并有不同的适应功能。复合情绪则是由基本情绪的不同组合派生而成的。也就是说，复合情绪是由两种以上的基本情绪组合形成的情绪复合体。

2. 复合情绪

普拉切克根据自己的研究提出了恐惧、惊讶、悲伤、厌恶、愤怒、期待、快乐和信任 8 种基本情绪，每一种基本情绪都可以根据强度上的变化进行细分。例如，强度高的快乐是欣喜若狂，强度很低的快乐可能只是一种平静的心情。一种基本情绪可与相邻情绪混合产生某种复合情绪，也可能与相距更远的情绪混合产生某种复合情绪。例如，恐惧与期待的结合便会产生焦虑。

知识之窗

传统科学认为，人类的情绪可划分为 6 种经典类型：高兴、惊讶、恐惧、厌恶、生气和伤心，但英国格拉斯哥大学的科学家们对此并不赞同。实验中，他们向志愿者展示了由计算机生成的面部动画，并要求志愿者根据 6 种情绪类型，对不同的面部表情进行描述。结果显示，对这些志愿者来说，“生气”与“厌恶”的初期表现其实非常相近，类似状况还发生在“恐惧”与“惊讶”中。比如，当人们产生“生气”或“厌恶”的情绪时，都会皱起鼻子；而“恐惧”或“惊讶”时，都会挑高眉毛。当然，随着时间的推移，上述两组面部表情间的区别将会逐渐显现，但在情绪发生之初，面部信号非常相似。研究者指出，这说明生气与厌恶、惊讶与恐惧间的差异，更多的是基于人类的社会性而非生物性。据此，研究者判断，人类只有 4 种基本情绪，即高兴、伤心、恐惧/惊讶、生气/厌恶，它们是当今人类所有复杂情绪的基石（见图 6-1）。

图 6-1　你能识别出她的情绪吗？

（二）积极情绪和消极情绪

根据情绪的属性划分，情绪可以被分为积极情绪和消极情绪。积极情绪是与接近行为相伴随产生的情绪，而消极情绪是与回避行为相伴随产生的情绪。

1. 积极情绪

积极情绪即正性情绪或具有正效价的情绪。许多研究者对积极情绪给出过具体的描述或定义，如罗素（Russell）曾提出："积极情绪就是当事情进展顺利时，你想微笑时产生的那种好的感受。"弗雷德里克森（Fredrickson）认为："积极情绪是对个人有意义的事情的独特即时反应，是一种暂时的愉悦。"孟昭兰（1989）认为："积极情绪是与某种需要的满足相联系，通常伴随愉悦的主观体验，并能提高人的积极性和活动能力。"情绪的认知理论则认为积极情绪就是在目标实现过程中取得进步或得到他人积极评价时所产生的感受。从分立情绪理论的观点来看，积极情绪包括快乐、满意、兴趣、自豪、感激和爱等。快乐是指当情境被评价为安全的和熟悉的，或者事件被理解为个人目标取得进步和实现时而产生的情绪感受；满意是指被他人的接受和关爱所引起的感受，如果情境被评价为安全的、高度确定的和需要低付出的，就会引起满意感；兴趣是指当个体技能知觉与环境挑战知觉匹配时产生的愉悦与趋近感，当情境被评价为安全的、新颖的和改变的、神秘的时就会引起兴趣；自豪是当目标成功实现或被他人评价为成功时产生的积极的体验。因此，概括地说，积极情绪即正性情绪，是指个体由于体内外刺激、事件满足个体需要而产生的伴有愉悦感受的情绪。

有研究认为，情绪是有机体在进化过程中由于适应环境而被赋予或设置的，尤其是消极情绪（负性情绪），是在应对具有生存威胁的环境中逐渐进化而来的。在进化的阶梯上，消极情绪与特定行动趋势密切联系，如愤怒生成攻击欲求、恐惧产生逃离欲求、厌恶引发驱逐欲求等。这种特定行动的趋势对于应对危险和生存挑战是必须的和关键的。但对于积极情绪，一般研究认为并不伴随特定行动趋势，只伴有一般性激活，如高兴、愉快伴随无目的激活；兴趣与注意定向相联系，兴趣引起个体一种希望研究、探索或卷入的感受以及通过整合新的信息到自我中和获得对于客体、他人新的经验，而满意与放松的状态相联系。尽管积极情绪不伴随特定的行动趋势，不产生具体的行动，但积极情绪会产生一般的行动激活，即接近或趋近倾向，积极情绪能够促进活动的连续性。在积极情绪状态下，个体会保持趋近和探索新颖事物，保持与环境主动的联结。但 Fredrickson 指出，积极情绪并不只具有一般的活动激活倾向，还与特定的行动倾向相联系，如快乐产生游戏、冲破限制、创新的愿望；兴趣产生探索、掌握新的信息和经验，并在这个过程中促进自我发展的愿望；满意产生保持现有的生活环境和把这些环境和自我以及社会的新观点融为一体的愿望；自豪产生想与他人分享成功和求得在将来取得更大成就的愿望；爱产生想再次与所爱的人一起游戏、探索的愿望。

2. 消极情绪

消极情绪是指生活事件对人的心理造成的负面影响，如痛苦、悲伤、愤怒、恐惧等。适度的消极情绪有时是有益的，如在适度的焦虑情绪下，大脑和神经系统的张力增加，思考能力亢进，反应速度加快，因而能够提高工作效率和学习效果；相反，过于强烈和持久的消极情绪则对人的健康和社会适应有害。它能抑制大脑皮层的高级心智活动，如推理、辨别，使人的认识范围缩小，不能正确评价自己行动的意义及后果，自制力降低；引发正常行为的瓦解，并使学习和工作效率下降。

古语云：喜伤心、怒伤肝。每种情绪都会给身体带来一定的影响。那么，消极情绪有哪些具体的影响呢？消极情绪导致心理失衡，会引起神经活动的机能失调，经常反复地出现这种失调就会得神经机能病，并由此而引发其他疾病，包括心血管疾病。有科学家明确指出，心肌梗塞、高血压症、脑血栓，主要是人的神经系统中一系列合并症的表现和恶果。但是，如果消极情绪是短暂的，有时还会起到积极作用，因为人经受这种情绪时，会努力克服困难，争取愿望的实现，朝着既定目标前进。

（三）情绪状态及其分类

我国古代把人的情绪分为喜、怒、哀、乐、爱、恶、惧 7 种基本形式。现代心理学把这些情绪分为快乐、愤怒、悲哀、恐惧 4 种基本形式。根据这些情绪发生的强弱程度和持续时间的长短，又可以将人的情绪分为心境、激情、热情、应激等几种情绪状态。

1. 心　境

心境是一种微弱、弥散和持久的情绪，也即平时说的心情。心境的好坏，常常是由某个具体而直接的原因造成的，它所带来的愉快或不愉快会保持较长的时段，并且把这种情绪带入工作、学习和生活中，影响人的感知、思维和记忆。愉快的心境让人精神抖擞，感知敏锐，思维活跃，待人宽容；而不愉快的心境让人萎靡不振，感知和思维麻木，多怀疑看到的、听到的全都是不如意、不顺心的事物。

心境的特点是：第一，缓和而微弱；第二，持续时间较长；第三，是一种非定向的弥散性的情绪体验。

2. 激　情

激情是一种猛烈、迅疾和短暂的情绪，类似于平时说的激动。激情是由某个事件或原因引起的当场发作的情绪，表现猛烈，但持续的时间不长，并且牵涉的面不广。激情通过激烈的言语爆发出来，是一种心理能量的宣泄。从一个较长的时段来看，对人的身心健康的平衡有益，但过激的情绪也会使当时的失衡产生可能的危险。特别是当激情表现为惊恐、狂怒而又爆发不出来的时候，就会全身发抖、手脚冰凉、小便失禁、浑身瘫软。

激情的特点是：第一，有激动性和冲动性，力度强烈；第二，发作短促，冲动一过就会迅速弱化或消失；第三，发作通常由专门对象引起，指向性较为明显。总之，激情具有强烈爆发性、短暂性和指向性三个显著特点。

3. 热　情

热情是一种强而有力、稳定、持久和深刻的情绪状态。它没有心境的弥散那么广泛，但比心境更强有力和更深刻；没有激情那么猛烈，但比激情更持久和稳定。热情本身没有对立的两极，它的对立面是冷淡、冷漠，但热情具有程度上的区分、指向上的区别。以饱满的热情投身于学习、工作、生活和事业的人，生活充实而有意义，更容易获得成就和受人敬慕。

4. 应　激

应激是机体在各种内外环境因素与社会、心理因素刺激时所出现的全身性非特异性适应反应，又称为应激反应。这些刺激因素称为应激原。应激是在出乎意料的紧迫与危险情况下引起的高速而高度紧张的情绪状态，应激的最直接表现即精神紧张。应激或应激反应是指机体在受到各种强烈因素（应激原）刺激时所出现的非特异性全身反应。

二、情感的分类

1. 道德感

道德感是用一定的道德标准去评价自己或他人的思想和言行时产生的情感体验。不同的时代有不同的道德标准，我们国家崇尚爱国主义、集体主义、见义勇为和互帮互助等。在青年期，随着世界观的初步形成和人生理想的确立，人的情感也更为独立和稳定，对人的行为会产生一种持久而强大的推动力。当人的行为符合自己的理想和价值追求时，人就会自尊、自重，有一种自豪感；而当人的所作所为同自己坚持的理想和价值标准相违背时，人就会感到痛苦、懊悔，甚至丧失自尊心。显然，这种情感体验具有明显的自觉性，能对自己的行为产生调控和监督作用。

2. 理智感

理智感是在智力活动中，认识和评价事物时所产生的情感体验。例如，人们在探索未知事物时表现出的兴趣、好奇心和求知欲，在科学研究中面临新问题时的惊讶、怀疑、困惑和对真理的确信，问题得以解决并有新的发现时的喜悦感和幸福感，这些都是人们在探索活动和求知过程中产生的理智感。人们越积极地参与智力活动，就越能体验到更强烈的理智感。

理智感是人们从事学习活动和探索活动的动力。当一个人认识到知识的价值和意义，体会到获得知识的乐趣，以及追求真理过程中的幸福感时，他就会不计名利得失，以一种忘我的奉献精神投入到学习和工作中。居里夫妇在提炼镭的艰辛历程中，以及发现镭的那一刻，所体验到的理智感可能不是一般人所能有的。

3. 美 感

美感是用一定的审美标准来评价事物时所产生的情感体验。在客观世界中，凡是符合我们的审美标准的事物都能引起美的体验。一方面，美感可以由客观景物引起，如桂林山水的秀丽、内蒙古草原的苍茫、故宫的绚丽辉煌、长城的蜿蜒壮美，可以使人体验到大自然的美和人的创造之美；另一方面，人的容貌举止和道德修养也常能引发美感，甚至一个人身上善良、纯朴的性格，率直、坚强的品性，比身材和外貌更能体现人性之美。人在感受美的时候通常会产生一种愉快的体验，而且表现出对美的客体的强烈的倾向性。所以，美感体验有时也能成为人的行为的推动力。在生活中，由于人的价值追求和审美情趣的多样化，对美的见解也多有不同，如有的人喜欢花好月圆的美，有的人却以丑木、怪石为美；有的人喜欢绚丽和精致的美，有的人却喜欢悲壮和苍凉之美。

美感受社会生活条件的限制。不同民族、不同阶层的人们对美的评价标准不尽相同，对美的体验也自然不同。随着社会的进步和观念的开放，人们接触到越来越多的异域风俗和文化。我们应该教育学生在坚持本民族文化传统中正确的审美观念的同时，去鉴别和吸收其他文化中积极、健康的审美情趣。

第三节 情绪理论

一、情绪生物学理论

（一）詹姆斯—兰格理论

这种理论认为，情绪不受人的意志支配，故称自主神经，也称植物神经。比如，心跳就是自主的，胃分泌胃酸也是自主的，这些活动并不受意识控制，人不能禁止胃酸分泌或禁止心脏跳动。

美国心理学家詹姆斯和丹麦生理学家兰格分别提出内容相同的情绪理论。他们强调情绪的产生是植物性神经活动的产物，后人称它为情绪的外周理论，即情绪刺激引起身体的生理反应，而生理反应进一步导致情绪体验的产生。詹姆斯提出情绪是对身体变化的知觉，在他看来，是先有机体的生理变化，后有情绪。所以悲伤由哭泣引起，恐惧由战栗引起。兰格认为情绪是内脏活动的结果，特别强调情绪与血管变化的关系。詹姆斯—兰格理论看到了情绪与机体变化的直接关系，强调植物性神经系统在情绪产生中的作用。但是，他们片面强调植物性神经系统的作用，忽视了中枢神经系统的调节、控制作用，因而引起了很多的争议。

（二）坎农—巴德学说

他们认为情绪的中枢不在外周神经系统，而在中枢神经系统的丘脑，并且强调大脑对丘脑抑制的解除，使植物性神经活跃起来，加强身体生理的反应，因而产生情绪。外界刺激引起感觉器官的神经冲动，传至丘脑，再由丘脑同时向大脑和植物性神经系统发出神经冲动，从而在大脑产生情绪的主观体验，而由植物性神经系统产生个体的生理变化。该理论认为，激发情绪的刺激由丘脑进行加工，同时把信息输送到大脑和机体的其他部位，到达大脑皮层的信息产生情绪体验，而到达内脏和骨骼肌肉的信息激活生理反应。因此，身体变化与情绪体验同时发生。

二、情绪的认知理论

知识之窗

【脑切除实验】1892年，高尔兹发现切除大脑皮层的狗变得十分凶猛。1925年，卡农等人对切除大脑皮层的猫进行了经典研究并确定了“假怒”动物标本的手术方法。1934年，巴德把“假怒”一词引入生理心理学中。他指出切除猫的大脑皮层之后猫对各种不愉快的刺激如轻触、气流等，均表现出极度夸大的攻击行为表现：弓腰、竖毛、咆哮、嘶叫和张牙舞爪等。这些行为缺乏指向性，很难说动物伴有怒的内心体验，故称此行为为“假怒”。其脑机制是：只要破坏边缘皮层、大脑皮层与下丘脑的神经联系，使大脑皮层对下丘脑的抑制解除，下丘脑机能亢进就会出现“假怒”。对于这些实验事实，生理心理学界广为接受的观点是，下丘脑在情绪的表现中具有重要作用。

【巴甫洛夫的动力定型理论】该理论认为，人们在大脑皮层中按照刺激物的顺序形成了比较稳固的暂时神经联系系统，这种系统叫作动力定型，是人学习、习惯和需要的生理基础。

（一）阿诺德“评定—兴奋”说

此理论由美国心理学家阿诺德提出。该理论认为，刺激情景并不直接决定情绪的性质，从刺激出现到情绪产生，要经过对刺激的估量和评价。情绪产生的基本过程是刺激情景—评估—情绪。同一刺激情景，对它的评估不同就会产生不同的情绪反应。情绪的产生是大脑皮层和皮下组织协同活动的结果，大脑皮层的兴奋是产生情绪行为最重要的条件。

（二）沙赫特的两因素情绪理论

此理论由美国心理学家沙赫特和辛格提出。该理论认为，情绪的产生有两个不可缺少的因素：一个是个体必须体验到高度的生理唤醒；另一个是个体必须对生理状态的变化进行认知性的唤醒。情绪状态是认知过程、生理状态、环境因素在大脑皮层中整合的结果。可以将上述理论转化为一个工作系统，称为情绪唤醒模型。

（三）拉扎勒斯的认知—评价理论

该理论认为，情绪是人与环境相互作用的产物。在情绪活动中，人不仅反映环境中的刺激事件对自己的影响，还要调节自己对于刺激的反应。也就是说，情绪是个体对环境知觉到有害或有益的反应。因此，人们需要不断地评价刺激事件与自身的关系。具体有三个层次的评价：初评价、次评价、再评价。

三、动机—分化理论

（一）伊扎德情绪理论

该理论萌生于20世纪60年代，至今已成为很有影响的情绪理论之一。汤姆金斯（Tomkins）和伊扎德（Izard）都认为情绪具有重要的动机性和适应性功能。汤姆金斯认为，情绪就是动机，他否定了把动机归结为内驱力的看法，着重指出内驱力信号需要一种放大的媒介才能激发有机体去行动，起这种放大作用的正是情绪过程。而且，情绪是比内驱力更加灵活和强有力的驱动因素，它本身可以离开内驱力信号而起到动机作用。

伊扎德的动机论则容纳了更复杂的内涵。他提出，情绪是一种基本的动机系统，他从整个人格系统出发建立了情绪—动机体系。伊扎德提出人格具有6个子系统：内稳态、内驱力、情绪、知觉、认知、动作。人格子系统组合成4种类型的动机结构：内驱力、情绪、情绪-认知相互作用、情绪-认知结构。在这庞大的动机系统中，情绪是核心，无论是与内驱力相联系的情绪，还是同知觉、认知相联系的情绪，抑或是蕴含在人格结构中的情绪特质，都起重要的动机作用。伊扎德进一步指出，情绪的主观成分——体验，正是发挥动机作用的心理机构，各种情绪体验是驱策有机体采取行动的动机力量。

伊扎德的情绪理论还包含更完整的内容。他从进化的观点出发，提出大脑新皮质体积的增长和功能的分化同面部骨骼肌肉系统的分化以及情绪的分化是平行的、同步的。多种情绪的分化是进化过程的产物，因此才具有灵活多样的适应功能，从而导致情绪在有机体的适应和生存上起核心的作用。每种具体的情绪都有其发生的渊源，都有特定的意识品性和适应功能。

汤姆金斯和伊扎德继承和发展了达尔文关于表情的学说。从情绪的分化观出发，他们十分强调面部表情的重要性。他们指出，人类基本情绪的面部表情是先天程序化的模式，而且先天的面部表情参与到情绪发生的整个机制之中，面部运动的感觉反馈激活情绪体验。伊扎德详细阐述了这一过程，描述了外界刺激事件引起感觉皮层和边缘系统的兴奋，激活在下丘脑或杏仁核内贮存的先天情绪模式，从而在面孔上显露为一种具体情绪的表情。这一表情活动向脑内的感觉反馈引起皮层的整合活动，从而产生情绪体验。这就是表情的“面部反馈”功能。

在对情绪性质的阐述上，动机—分化理论既说明了情绪产生的根源，又说明了情绪的功能，为情绪在心理现象中确立了相对独立的地位。尤其在对人类婴儿情绪发生和功能的阐释上，具有创新性和极大的说服力。但是，动机—分化理论对情绪与认知的联系缺乏具体的论证，这是其理论的不足之处。

（二）西米诺夫的情绪认知—信息理论

西米诺夫（Siminov P. V.）的理论认为，如果一个有机体因缺乏信息而不能适当地组织自己，那么神经机制就会使消极情绪开始行动。西米诺夫主张，情绪（E）等于必要信息（In）与可得信息（Ia）之差与需要（N）的乘积，即 $E=N(In-Ia)$

西米诺夫认为，情绪本身具有一种强烈的生理激活的力量，如果这个机制变活跃了，那么，一些习惯性反应必定遭到破坏。当有机体需要的信息等于可得的信息时，有机体的需要得到预期满足，情绪便是沉寂的。如果信息过剩，超出了有机体预期的需要，便会产生积极的情绪；反之，则会产生消极情绪。积极的情绪和消极的情绪都可以促进行为。

西米诺夫的情绪理论虽然比较简单、明了，但为情绪研究开辟了一个新的视野、新的方向。遗憾的是，西米诺夫没有对信息、需要的性质和它们的内在联系进行深入的动力学分析。

（三）扬和普里布拉姆的情绪不协调理论

情绪不协调理论形成于 20 世纪 40 ~ 60 年代，代表人物是美国心理学家扬（Young P.T.）和普里布拉姆（Pribram K.）。他们把情绪定义为“感情性的激烈扰乱”，认为情绪是一种神经中枢在感情上的“紊乱”反应，即一种对平衡状态的破坏；强调情绪起源于对环境事件的知觉、记忆和经验。当人们在过去经验中建立起来的内部认知模式同当前输入的信息超越稳定的基线不一致时，情绪就会产生。这就是情绪不协调理论的含义。

普里布拉姆还提出了一个“监视器”的概念，认为情绪是监视脑活动的一种机制，起着监视心理加工的作用；情绪过程就是当原来进行的加工程序受到阻断时产生的替代性执行程序，对这个阻断过程的意识觉知，就是情绪的体验或感受。

第四节　中学生的情绪特点与情绪调节

一、中学生的情绪特点

中学阶段的青少年，学习的内容和要求更加复杂和深刻，身心发展日趋成熟，社会接触面以及社会交往也日益丰富和频繁。因此，各种主客观因素的交互作用，在为青少年的身心健康发展创造了各种条件的同时，也对广大教师的教育工作提出了挑战。

中学阶段的青少年，心理状况发展迅速，尤其是其情绪的发展，表现出极强的不稳定性和两极性。成功时，他们往往唯我独尊，信心十足；失败时，则会立即陷入苦恼的低谷。这些情绪的两极性，主要有以下几种表现方式。

（一）强烈性与温和性

青少年的情绪表达，有时候是十分强烈和直接的，但有时又显得那样温和细腻，这种温和性往往是他们在对自己的情绪进行文饰之后，以一种较为缓和的方式表达出来的。

（二）可变性与固执性

青少年因为其情绪体验往往不够深刻、不够稳定，常常会出现从一种情绪向另一种情绪迅速转移和替代的现象，最常见的是以一种积极的情绪替代消极的情绪，或者相反，这就是青少年情绪的可变性。而情绪的固执性则是指由于青少年思维的灵活性尚未成熟，在对客观事物的认知和理解上，往往存在偏执，从而带来情绪上的固执性。

（三）内向性与表现性

内向性是指青少年在其情绪的表现上存在隐蔽性。随着青少年心智的日渐成熟，他们往往会对于自己真实的情绪进行隐藏，尤其是一些消极的情绪，会隐藏得更加严密。由于从众或虚荣等心理特质的制约，他们在表达自己真实的情绪时，尤其是积极的情绪时，往往又会以一种夸大的方式来进行，从而使得这种情绪极具表演性质。

（四）不稳定性与两极性

青少年情绪激荡，容易动感情，也容易激怒。这种冲动性与他们的生理发育，特别是神经活动的兴奋过程强、抑制过程弱有一定的关系。他们喜欢感情用事，遇事好激动，对自己认为不良的现象深恶痛绝，对罹难者多加恻隐之心。他们对外部刺激反应迅速、敏感，高兴时欢呼雀跃，甚至唯我独尊；失败时则极端苦闷，悲观失望，有时为一点小事，或动怒怄气，与人争吵，或转向反面，变得泄气、绝望。在强烈的感情冲击下，青少年可能会遇事武断，行为固执，不听劝告，我行我素。正因为青少年的情绪起伏不定、动荡多变、情景性强、感染性大、来得急而强烈、去得快而迅速，他们既可以表现出惊人的豪壮行为，也能因为狂热愤怒和不冷静而盲目做出一些追悔莫及的事，酿成不可挽回的后果。

随着时代的发展和科技的进步，人们经历了许多重大的变化。社会变迁所触发的所有改变对个体的生理发育和心理发展都具有巨大的影响。物质生活的日渐丰盛促进了个体的发育，而社会文化的转变则为个体发展赋予了特定的时代意义。人们关于社会变迁对个体发展的影响这个问题的关注往往来自于对一些问题的重视，如独生子女的成长、留守及流动儿童的教育以及各种负性学业情绪的问题。

二、情绪调节与青少年心理健康

（一）情绪调节

情绪调节是个体管理和改变自己或他人情绪的过程。在这个过程中，通过一定的策略和机制，使情绪在生理活动、主观体验、表情行为等方面发生一定的变化。情绪调节对个体的身心健康有极大的影响。情绪调节也可以发展成为一种能力，被称为情绪智力。

1. 对青少年身体健康的影响

人的情绪状态与人的健康有密切的关系。俗话说："笑一笑，十年少；愁一愁，白了头。"这形象地说明了情绪与健康的关系。研究表明，良好的情绪有益于人的健康。笑能促进血液循环、消除疲劳，能驱散心中的积郁，去除对健康有害的精神紧张，使人心情畅快、生机萌发。笑被称为"绝妙的健身操"，当人哈哈大笑时，人浑身的肌肉得到了锻炼，大笑一场如同进行了一次周身体育运动。医学心理学认为，在学校教育中，批评过多，学习任务过重，适合青少年年龄特点的课外活动太少，都会引起青少年强烈的焦虑和恐惧，致使他们出现某种躯体症状，如呕吐、腹痛或头痛等；而愉快、平稳的情绪则能增强青少年学生对疾病的抵抗能力。

2. 对青少年认知发展的影响

心理学的调查显示：一个人经常保持乐观、愉快、轻松的心情，能使记忆力增强，启迪和活跃个人思维，激发想象力，充分发挥心理潜能，使自身的学习、工作收到事半功倍的效果，从而使自身身心获得健康发展。以"乐观与识记"的实验为例，研究者将学生的心理分为 8 个等级：从最高级的"很乐观、很愉快"到最低级的"很低落、很沮丧"，通过这 8 个等级的学生对原始材料的记忆，得出结果：那些情绪最低落的学生，几乎忘掉了知识的 25%；而心情最好的学生，只忘掉了其中的 5%。这说明情绪乐观的学生显然比低落的学生记住了更多的知识。

3. 对青少年个性的影响

人的全部活动和行为方式都要受到情绪状态的影响。当情绪对人的活动的影响，或人对情绪的控制具有某种稳定的、经常表现的特点时，这些特点就构成了性格的情绪特征。良好的情绪状态会对性格的形成起到积极的作用；反之，对性格的影响是不利的。青少年学生正处在情绪变化最激烈的时期，不良的情绪会影响他们的行为方式与良好性格的形成。为此，青少年应该注意培养自己良好的情绪体验，建立良好的情绪系统。

4. 对青少年人际关系的影响

社会交往是青少年的基本需要。我国著名医学心理学家丁瓒教授曾指出："人类的心理适应，主要就是人际关系的适应。在人际交往中，人不但依靠语言传递信息，情绪的外部表现也是很重要的通道。"通过积极的表情，如真诚的微笑、欣赏性的点头等，可以让人们建立起和谐而友好的人际关系。乐观、快乐等情绪能使人积极地面对生活。当青少年心情愉快时，上课就能专心听讲、积极思考，课后也愿意与人谈笑；当心情烦恼时，则心不在焉、郁郁寡欢，降低学习和生活效率。美国心理学家詹姆斯指出，控制情绪可以改变生活。情绪渗透在我们时时处处的生活之中，影响我们行为的效果。

三、青少年情绪调节的类型

对于情绪的调节，可以从不同的角度进行分类。

（一）根据过程的来源分类

根据情绪调节过程的来源可分为内部调节和外部调节。

内部调节是指青少年通过个体的生理、心理和行为等调节自己情绪的一种方式。由于认知与情绪体验存在密切的关系，因此通过某种情绪体验引起认知，或通过某种认知激活情绪体验，就可以对情绪进行调节。如考试让青少年产生情绪负担，但只要让他们确信考试只不过是一种检测方式，是促进学习的手段，而且一次考不好并不意味着自己就不行，就可以帮助青少年克服焦虑的情绪。

外部调节是指青少年通过各种外部环境，如人际的、社会的、文化的以及自然因素影响情绪的一种方式。外部环境对个体情绪的调节有支持和破坏两种可能性。有的环境因素有利于情绪调节，而有的环境因素不利于情绪的调节。如在课堂教学中，教师如果能满足和支持学生的动机行为，将使学生产生良好的情绪，反之会引起不良的情绪。因此，环境刺激特征与个体内部状况的关系，是影响外部调节的重要因素。

（二）根据情绪的不同特点分类

根据情绪的不同特点可分为修正调节、维持调节和增强调节。

修正调节主要是针对负性情绪所引起的情绪而进行的调整和修正，如降低狂怒的强度使之恢复平静。维持调节主要是指人们主动地维持对自己有益的正情绪，如兴趣、快乐等。增强调节是指对情绪进行积极的干预，在临床上常被采用，如对抑郁或冷漠进行增强调节，使其调整到积极的情绪状态。

（三）根据情绪调节的指向分类

根据情绪调节可分为原因调节和反应调节。

原因调节是针对引起情绪的原因进行调整，包括对情境的选择、修改，注意调整以及认知策略的改变等，通过改变自己的注意来改变情绪，对诱发情绪的情境进行重新认知和评价等。反应调节发生在情绪激活或诱发之后，是指通过增强或减少、延长或缩短反应等策略对情绪进行调节。

四、青少年情绪调节的方法

掌握调适与消除不良情绪的方式，可以尽量减少或避免其对青少年身心发展带来的消极影响，使之保持愉快的心境，促进其情绪的成熟、稳定，从而使之形成良好的情绪和情感。

（一）生理调节法

从情绪理论我们知道，情绪的改变总是要伴随生理状态的变化。反过来，我们主动地改变生理状态，必然也可以间接地改善情绪。

心理生理学的研究表明，当个体处于紧张焦虑状态时，总是伴有不同程度的肌肉紧张。所以人们假设，可以通过放松肌肉的方法，间接地缓解紧张和焦虑，而临床实践也证明这种方法的确有这种效果。放松训练就是通过循序交替收缩或放松自己的骨骼肌肉，细心体验个人肌肉的松弛程度，最终达到缓解个体紧张和焦虑状态的一种自我情绪治疗技术。放松训练之前需要做好准备工作，如寻找一个安静的场所、一个舒适的姿势（站、坐、卧），让个人全身处于放松的状态，之后就可以进入正式的肌肉放松训练程序。先让自己体验全身紧张的感觉，然后从头到脚或从脚到头依次放松，这样就很容易使人感到轻松舒适、内心宁静。

（二）认知调节法

青少年的情绪和情感是通过认知的折射产生的。认知是产生情绪和情感的基础，正确的认知产生积极的情绪和情感，错误的认知则产生消极的情绪和情感。如果青少年能把错误的认知改变为正确的认知，他们的消极情绪和情感就会被积极的情绪和情感代替。

1. 不过分注意别人对自己的评价

每一个人都会在意别人对自己的评价，正是在别人的评价中，人才逐渐形成了自我意识，也正是通过他人的评价，个体才实现了自己存在的价值。所以，青少年注意他人对自己的评价，有助于心理的发展，有利于良好人际关系的建立。但是这种需求走向极端时，就会使人丧失独立的人格，陷入为别人而活着的心理误区。陷入这种误区的青少年，其每次行动都要看别人的脸色，乞求别人的微笑，每一个建议都要求令所有人的满意，所以他们往往生活得很累，精神上的痛苦也就在所难免了。因此，青少年不要过分注意别人对自己的评价。

2. 调整理想自我与现实自我的差距

理想的我是自己追求的一种境界，现实的我是自己发展的实际水平。一旦青少年在学习、生活中一再受挫，就应重新检查一下，理想的我和现实的我之间的差距是否太大，个人发展目标是否定得太高。目标太低，不能带来真正的愉快和满足；目标过高，超过自我能力所及的范围，只能受挫并带来痛苦。青少年在目标的确立上应以“跳一跳就能摘到果子”为原则。

3. 消除不合理信念

艾里斯认为，一个人的消极情绪源自不合理的信念。不合理的信念有两大特征：其一是绝对化的要求。青少年对某些事物怀有其必定发生或不会发生的信念，常与“必须”“应该”“都要”“无论如何”等字眼联系在一起。怀有这种信念的青少年极易陷入情绪的困扰，因为客观事物的发生发展都有其自身的规律和条件，不会以哪一个人的意志为转移。其二是过分概括化，青少年以一种以偏概全的不合理方式来思考事物，表现为对自己和他人的不合理评价。如有些青少年遭遇失败时，马上认为自己一无是处，这就容易导致他们过分地自责和抑郁；因为别人的一个过错而否定其整个人的价值，其结果必然是自己气恼，对方也会觉得难以与其相处。因此，当青少年陷入情绪困扰时，应该反省一下自己在处理问题时是否受到不合理信念的支配。

（三）行为调节法

行为调节法是在分析产生不良情绪行为的情境条件的基础上，通过改变其刺激物或强化物来达到情绪的调节，其理论基础是行为的操作条件反射理论和观察学习理论。这类方法具有简便、易于操作等特点，其具体方法如下。

1. 正强化

正强化是利用各种形式的奖励或表扬改变青少年行为的一种方法。通过正强化，可以增加或减少特定情绪行为出现的次数或频率，提高或降低特定行为发生的可能性。比如，对于那些情绪控制差的青少年，只要他有情绪控制的表现，哪怕是很微不足道的表现，就应给予热烈的表扬或奖励，而对他的情绪冲动行为给予忽视，绝对不加以注意，这就能很好地调节其情绪行为。

2. 角色扮演

角色扮演是指扮作与当事人情绪问题有关的人物，将其可能出现的行为表现出来的一种行为调节方法。由于角色扮演存在许多直接学习的机会，因而该练习是指导或帮助青少年改变情绪行为的有效手段。如针对一位处于青春期的女中学生，她希望以成人化的方式与母亲交流时，就可采用此方法。可以先鼓励这位女中学生尝试几种不同的交谈方式，同时指导者根据她的情况介绍其母亲。这样可以帮助她在一种较为安全、很少焦虑的情境中尝试不同的做法。通过实际体验，她就能够比较准确地预知母亲的各种反应。

3. 想象放松

想象放松是指导当事人在放松的状态下回忆和想象那些有助于身心放松的事情或情节的一种方法。指导者可以通过丰富多彩的语言和恰如其分的语气鼓励青少年进行平静、安宁的想象。可以让他们想象并描述一些事物及其生动情节，比如：“告诉我你现在（当时）有什么感受？”“事情是怎样发生的？当时的感受如何？”等。

（四）宣泄调节法

青少年出现了消极的情绪后，如果过分地压抑自己，就会使这种情绪的困扰日趋严重，不利于身心健康。如果适度地宣泄，则可以把消极的情绪释放出来，从而使紧张的情绪得到缓解，这样会提高学习效率。

1. 哭的宣泄法

哭是一种纯真的情绪宣泄，是释放体内累积的能量、排除体内毒素、调节机体平衡的一种方式。当青少年面临严重的情绪问题时，如受委屈、考试失败、情感挫折等，不妨在一个合适的场合大哭一场，这样可以很快地从情绪困扰中平静下来、解脱出来。

2. 体育运动宣泄法

剧烈的体育运动也是一种宣泄消极情绪的方式。新的活动既能让青少年获得自尊、自信，又能在转移他们对于消极情绪的持续注意。青少年遇到负性的生活事件，出现压抑、烦躁情绪时，如果做些剧烈的体育运动，就能起到宣泄焦虑的作用。

3. 倾诉宣泄法

青少年的倾诉有两种形式：一种是以谈心的形式向矛盾的对方开诚布公地谈出自己的看法，通过交换意见，解开疙瘩，消除误会，缓解不良情绪；另一种是以写日记的形式来倾诉内心的不快，寻找自己产生消极情绪的原因和解决方法，以达到心理平衡。另外，还可以通过向知心朋友或信任的老师、家长倾诉心声。

当然，青少年宣泄情绪也有一个“度”的问题，要做到适时、适度，注意时间、场合和方式方法。不能把合理的情绪宣泄理解为疯狂时的情绪发泄。如果以暴力或其他不恰当的方式发泄情绪，其后果往往很严重，不仅不利于问题的解决，反而会引发新的问题。

（五）环境调节法

环境对青少年的情绪有一定的影响。他们在一种情境中可能产生积极的情绪，在另一种情境中则可能产生消极的情绪。因此，改变青少年所处的环境也可以调节他们的消极情绪。

1. 暂时逃避或隔离

不愉快和心理应激如果主要来自于环境，而环境又一时难以改变，暂时的逃避和隔离不失为一种“隔靴搔痒”的方法。例如，在紧张而又充满竞争的环境中辛苦工作的人，不妨暂时放下工作，到大自然中放松几天。又如，青少年与同伴发生争执，也可以暂时冷却一段时间再回过头来看这件事，可能会发现自己当时为一点小事而争得面红耳赤根本没有必要。

2. 主动改变环境

许多负性情绪都源于当事人难以适应环境而又无力改变环境，所以通过主动改变环境来调节情绪，并不是短时间内可以成功的，也不是人人都能做到的，但是这种策略一旦成功，其解决问题的效果就是根本性的。例如，因为别人对自己的偏见而使自己长期压抑，就应该分析偏见的来源并采取有效的行动，经过不懈努力最终改变别人的偏见。又如，自己无一技之长而到处求职碰壁，那么就应该勇于吃、勤奋努力，根据社会的需要特点，多学习几门技术，以此来改变自己而达到让别人接受和认可的目的。

练习与思考

一、简答题

1. 什么是情绪？它具有哪些功能？
2. 简述青少年情绪的主要特点。
3. 简述学生情绪调节中教师的作用。
4. 什么是情绪调节？简述 1～2 种情绪调节的原理与策略。
5. 简述表情的功能或作用。
6. 简述情绪分类的依据。
7. 简述情感的定义，说说情绪与情感的差异。
8. 试述阿诺德的评定—兴奋说和拉扎勒斯的认知—评价理论。
9. 简述情绪外周理论对情绪心理学研究和发展的意义。

二、阅读材料，并回答问题。

晓晓的心情日记：周一，和好朋友闹了一点矛盾，心情低落；周二，学校开运动会，班级团体成绩位列第一名，欣喜若狂；周三，数学成绩提高了，喜悦；周四，不幸的一天，被困在电梯里；周五，路上塞车，气愤；周六，休息了，开心……周日，晓晓在日记上写道："每个人都有不开心的时候，要学会管理自己的情绪，提高 EQ。"

1. 请问晓晓在这一周里，经历了几种情绪状态？
2. 简述每种情绪状态的主要特点？
3. EQ 是衡量情绪智力水平高低的指标，请简述戈尔曼情绪智力五因素理论。

第七章　动机与学习

【学习要求】

1. 掌握需要、动机和学习动机的概念。
2. 了解学习动机的功能。
3. 理解动机理论。
4. 掌握激发与培养中学生学习动机的方法。

一个人的行为有其外在表现，这是因为其有内在的推动力促使他/她做出相应的行为。学习行为也是如此，有其内在推动力。动机就是促使个体去从事某项活动的内在推动力。我国长期以来忽视了学习动机的问题，以为“好好学习”是天经地义的事情，不值得深究。近一二十年来教育领域遇到了许多问题，教育界开始日益关注学生学习动机的问题，因为只有理解学习动机，才能更好地理解学习这一行为，并由此出发完善学习行为。

本章从介绍需要和动机的基本概念和理论入手，以中学生学习动机的激发和培养为焦点，来介绍如何培养和激发学习动机。

第一节　动　机

一、动机的概念

动机在需要的基础上产生。动机是激发和维持个体进行活动，并导致该活动朝向某一目标的心理倾向或动力。

学习动机指的是学习活动的推动力，又称“学习的动力”，是激发个体进行学习活动、维持已引起的学习活动，并致使个体的学习活动朝向一定的学习目标的内部启动机制，是推动学生进行学习活动的内在原因，是激励、指引学生学习的强大动力。

斯迪帕特（Stipet，1998）认为，教师应经常通过观察来有意识地注意识别学生可能存在的动机问题。以下是他提出的教师应该经常观察的现象：

学生是否注意教师？

课堂上是否主动回答问题？

能否迅速开始某项活动？

注意力能否维持到任务最后完成？
能否坚持自己解决问题，不轻易放弃看上去较难的问题？
能否自觉地学习？
当确实需要他人帮助时，他提出这种要求了吗？
能否按时交作业？
能否顺利完成任务？
允许选择时，即使有失败的可能，他能否选择具有挑战性的任务？
能否接受学习新东西时难免产生错误之类的观点？
当从事不同的学习任务但需要相似的学习能力时，他是否有相似的表现？
他的考试成绩与平时成绩是否一致？
他是否参与课外的一些学习活动？
学习时是否显得快乐、自豪、热情和投入？
能否跟得上教师的教学与辅导？
即使成绩很好，他是否仍很努力地去改善？
能否主动地选择具有挑战性的学习活动？
在没有奖励或评定时，他能否努力地去学习？

通过回答上述问题，教师对学生的动机状况会有一个较全面的了解。当然，教师既要观察所有的学生，同时也要观察同一学生在不同学习活动中的表现，以便全面了解学生的学习动机。

二、需要的概念

需要是有机体内部的一种不平衡状态，表现在有机体对内部环境或外部生活条件的一种稳定的要求，是有机体活动的源泉。

有机体内部的一种不平衡状态会推动机体产生需要，如机体缺水就需要喝水，面临威胁就需要自保，感到孤独就需要交往，等等。一旦机体内部的这种不平衡状态消除了，需要就得到满足。在不满足的时候，需要会推动有机体进行活动，是有机体的积极性源泉，也是人进行活动的基本动力。人的各种活动，如衣食住行、学习劳动、创造发明，都是在需要推动下进行的。人的需要与动物的需要不同，它经常以愿望、动机、抱负、兴趣、信念、价值观等形式表现出来。

三、需要的分类

（一）生理性需要

生理性需要是指保存和维持有机体生命和延续种族的一些需要，是人与动物共有的需要。这些需要主要由机体内部某些生理的不平衡状态所引起，如对饮食、运动、睡眠、觉醒、排泄、避痛、求偶、抚育后代等的需要。这些需要也叫生物性需要或原发性需要。生理需要不能得到满足时将严重地影响个体的身心健康。

生理学研究发现，引起饥饿的刺激来自胃肠的感受冲动（如空胃运动）和血糖水平的降低。进食调节的中枢在下丘脑的外侧核和腹内侧核，如果给动物的下丘脑外侧核以微弱电流刺激，即使它刚刚吃饱，仍会继续进食；如果下丘脑外侧核被完全破坏，动物则变得无食欲、拒绝进食，直至饿死。因此，下丘脑的外侧核被称为摄食中枢，而下丘脑的腹内侧核被称为饱中枢。当然，进食需要的产生并不是完全由下丘脑和体内的血糖浓度、胃充实与否以及体温等因素控制，食物的色香味形、进食的习惯时间、对食物的偏好，以及社会文化因素也会产生影响。

调节饮水行为的中枢也在下丘脑，控制着两种感受器：一是渗透压感受器，它们对细胞脱水后形状发生变化的物理信息所引发的神经冲动传至大脑皮层，激发饮水需要，同时它们也刺激脑垂体释放抗利尿激素，使得肾脏从尿液中重新吸收水分进入血管；二是测量容量感受器，血液容量的减少会引起它们兴奋，从而产生饮水的需要。个人的饮食习惯、情绪和社会风俗都会影响个人的饮水行为。

（二）社会性需要

社会性需要是人类特有的需要，反映了人类社会的要求，对维系人类社会生活、推动社会进步有重要的作用，如劳动的需要、交往的需要、成就的需要等。社会性需要是起源于社会生活的、人所特有的高级需要，是维持社会发展所需求的事物的反映。它体现了人的活动对文化成果的依赖性。社会性需要是后天学习获得的，由社会的发展条件所决定。社会性需要以生理性需要为前提，是生理性需要的质变和升华。人没有纯粹的生理性需要，离开社会性需要，生理性需要就变成动物的本能需要。

沙赫特（Schachter，1959）的一项研究证明了人们的交往需要。实验过程如下：他请人到一间没有窗户但有空调的房间去住，每小时付给 15 美元的酬金。房内除了一张桌子、一把椅子、一张床、一盏灯，别无他物。三餐由人送至门底下的小洞口，住在里面的人伸手就可拿到食物。这项实验有 5 个志愿者，其中 1 名被试待了 25 分钟就要求出来，有 3 个被试待了 2 天，1 个被试待了 8 天，其感受是再待 1 分钟就会发疯。该项研究说明，脱离人群的人是无法生存的，同时人们对孤独、隔离的容忍力存在相当大的个体差异。

四、学习动机的功能与分类

（一）学习动机的功能

学习受多方面因素的影响，主要影响因素是学习动机。学习动机产生于某一问题情境，而问题情境是由学习情境和学习者的有关特征相互作用的过程转化而成的。其中的学习情境，主要包括任务性质（难易程度、材料的有趣性等）、评价者及其评价方式、潜在的奖励或惩罚等。学习者的有关特征主要包括学习者的一般认知能力，有关自己能力的看法与评价，对有可能影响最终学习结果的一些因素的看法，习惯性的归因方式，个人的价值观与兴趣，估计任务难度的方式、方法、情感状态等。而所谓问题情境，则是相对于一定的个体而言的，是能够引起学习者的认知不平衡或认知冲突的一种情境。由于问题情境的存在，个体的学习需要与相应的学习期待共同产生，进而使学习动机由潜在状态转为活动状态。通过选择并实施一定的活动方式，产生某种学习结果，而这些结果又反过来影响学习者的认知、情感、需要和期待，对将来的学习产生间接的作用。

不同的学生具有不同的学习动机，具体而言，学习动机具有启动、指向学习活动的功能，以及维持、调节学习行为的功能。

1. 启动功能

学习动机能够促使个体产生学习行为。具有某种学习动机的个体经常自己设定某种学习目标，并使自己的行为朝向这些目标、影响个体作出某种选择，如学习绘画、舞蹈或厨艺。

2. 指向功能

学习动机能够使个体的学习活动指向一定的学习内容。学习行为被启动后，学习动机又决定了个体在某一学习活动中所投入的努力和热情的多少。

3. 维持功能

学习动机能维持个体学习行为。学生更愿意做他们感兴趣的、想做的事情，并能够坚持不懈，克服某些困难以完成任务。

4. 调节功能

学习动机能调节个体学习行为的强度、时间和方向。

学习动机和学习的关系是辩证的，二者相互关联、相互影响。心理学家耶克斯和多德森的研究表明，各种活动都存在一个最佳的动机水平。动机过低或过高，都会使学习或工作效率下降。研究还发现，动机的最佳水平随任务性质的不同而不同。在比较容易的任务中，学习或工作效率随动机的提高而上升；随着任务难度的增加，动机最佳水平有逐渐下降的趋势。这就是著名的耶克斯—多德森定律（The Yerks-Dodson Law）。

（二）学习动机的分类

1. 根据学习动机的内容指向划分

根据学习动机的内容指向，可分为直接学习动机和间接学习动机。

直接学习动机直接指向学习活动本身，如学生感到学习是快乐的，它是实现自己目标的途径等；间接学习动机则是与社会意义相联系的动机，如学生为获得奖励、荣誉而学习，或被家长、教师强制要求学习。无论是直接学习动机还是间接学习动机，对个体的学习都具有非常重要的动力作用。教学中要注意激发学生不同的学习动机。

2. 根据学习动机的来源划分

根据学习动机的来源，可划分为内部动机和外部动机。

学习的内部动机来源于学生自身的兴趣、爱好等，较为持久，且能使个体主动积极学习。学习的外部动机则由外界诱因引发，较短暂，个体常常被动学习。有些在外部动机影响下取得优异成绩的学生，他们总是想着如何满足别人对自己的期望，而不是把所学的知识与将来的学习活动和远大的理想联系起来。一旦失去了别人期望的鼓励，其学习成绩就会下降。对于短期目标而言，外部动机可能会强于内部动机；对于长期目标而言，内部动机要强于外部动机。

3. 根据动机的远近和起作用的久暂划分

（1）间接的、长远的学习动机。这类动机与学生对学习的社会意义的认识相联系，是社会要求在学生学习上的反映，是学生本人的理想、世界观等在学习上的体现。例如，许多学生将学习动机与建设富强、民主、文明、和谐、美丽的祖国相联系。这类动机一旦形成，就具有稳定性和持久性，不易为情境中的偶然因素所改变，能在较长时间内起作用。

（2）直接的、短近的学习动机。这是与学习活动本身的特点及其切近的意义相联系的动机。例如，某些学习活动内容丰富多彩、生动有趣，能给学生的兴趣、爱好以很大的满足；能使学生的知识水平有显著的提高，从而获得优良的学习成绩和教师的赞扬等，这些因素都可能成为推动学生学习的内在动力。这类动机较为具体，且有实际效能，但作用较短暂且不稳定，容易随情境的变化而改变。

这两种动机往往可以同时存在于同一个学生身上。两种动机相互联系，互为补充。两者有机的结合才能成为推动学生努力学习的远大动力。

4. 奥苏贝尔划分的三种主要动机

奥苏贝尔（David Pawl Ausubel，1918—2008）是美国认知教育心理学家，他认为促使个体追求成功与成就的三种主要动机是：认知的内驱力、自我提高的内驱力和附属的内驱力。

（1）认知的内驱力推动个体理解事物、掌握知识、系统地阐述并解决问题，源于个体内在的好奇心与求知欲。

（2）自我提高的内驱力推动个体提高自己的地位、成就、威望等。它可以使学生把学习行为指向在当前学习中可能取得的成就，以及在此基础上将学习行为指向未来职业方面的成就。它不直接指向知识和学习任务本身，而是把学业成就看作赢得地位和自尊的根源。认为成就的大小将决定所赢得地位的高低，同时又决定着自尊需要的满足与否。所以，它是一种间接的学习需要，属于外部动机。在学习过程中，认知内驱力即内部动机固然重要，但自我提高内驱力即外部动机也是必不可少的，这是因为学生不可能始终坚持以掌握知识为学习目标。

（3）附属内驱力推动个体获得重要他人（如家长、教师等）的赞许而做出各种努力。它既不直接指向学习任务本身，也不把学业成就看作赢得地位的手段，而是为了从长者那里获得赞许和接纳。这说明学生对长者在感情上具有依赖性。

这三种动机可以相互补充，共同促进个体的学习行为。

五、学习动机的理论

（一）精神分析的动机理论

弗洛伊德（Sigmund Freud，1856—1939）认为，人有两大类本能：一种是生的本能，企图将越来越多的生命物质结合起来，表现为繁殖与自保的现象；也可表现为爱双亲、子女或更广泛的爱。另一种是死的本能，企图使有生命的物质退回到无机物的状态，表现为仇恨、暴力和自杀等。弗洛伊德把人的心理世界比作冰山，露出在水面的小部分为意识领域，水下的大部分为无意识领域。无意识领域内是大量冲动、被压抑的愿望和情感。人的每一种动机都是无意识的生的本能和死的本能的混合。因此，要了解人类行为背后潜藏的动机，必须深入无意识领域。于是，弗洛伊德采用自由联想、释梦等方法来揭示无意识的动机过程。

弗洛伊德把人格看作由本我、自我和超我三部分组成。本我是心理中最原始的部分，即冲动、欲望等，是人格的动力之源。自我占据着人格的中心部分，进行知觉、学习、记忆、推理等。超我在人格中最后形成，反映着社会的各项准则，一般称为道德、良心和理想等。本我根据快乐原则行事，目的是满足本能冲动。自我是由本我的一部分分离出来的，从本我汲取能量，并协调外界、超我和本我的各自要求，承受着这三方面的压力。在正常情况下，本我、自我和超我作为一个活动的整体，即人类的行为是本我、自我、超我三个组织相互作用的产物。人们有意识地压抑自己的本能冲动（特别是性冲动），但无意识的本能冲动不能被消除，也不能被完全控制，因此常以梦、口误、笔误以及许多神经症状显现出来，或以升华或其他文饰方式表现出来。

缺乏学习动机的学生往往不愿看书，不愿动脑筋，贪玩，学习上懒惰、散漫，并经常为自己的懒惰行为找借口；容易分心，注意力差；具有厌倦情绪，对学习常感厌倦，对学习生活感到无聊，很少享受到学习成功带来的快乐；缺乏学习方法，不愿积极寻求一些适合自己的学习方法；依赖性强，学习上极少有独立性和创造性。从精神分析的视角来看，这些学生们的问题并非显现的“学习问题”或缺乏“学习动机”，其深层原因在于缺乏对自己生命意义的理解，以及有着内在的心理冲突、内心矛盾。中学阶段，学生的主要任务是学习，但同时这一年龄阶段的学生，正处于自我发展的一个新阶段，其认知能力和自我意识都有更了大的发展。“我是谁”“我从哪里来”“我将去向何方”“我将成为一个什么样的人”等问题一直在他们心中占据重要的位置，并经常造成焦虑和混乱。教师应当对此有清晰的认识，不能仅仅止步于“学习问题”，而应当引导学生找寻自己生命的意义，通过学习获得一种实现其生命意义的可能性，这样才能帮助学生树立有意义的学习观。

（二）强化动机理论

学习动机的强化理论是由行为主义心理学家斯金纳等人提出来的，他们不仅用强化来解释学习的发生，而且用它来解释动机的产生。他们用 S-R 公式来解释人的行为，认为动机是由外部刺激引起的一种反应倾向，并特别重视强化对行为反应发生的积极影响。

斯金纳等人通过大量实验研究指出，学习的本质是刺激和反应之间建立联结的过程。强化是学习的必要条件，可以使人在学习过程中增强某种反应发生的概率。凡是能增强反应概率的刺激和事件都叫作强化物；相反，在反应之后给予一个导致反应概率下降的刺激，被称为惩罚。强化又可以分为积极强化和消极强化，积极强化通过呈现刺激或事件来增加反应概率，消极强化通过消除不愉快的刺激或事件来增加反应概率。

按照这种理论，任何学习行为都是为了获得某种强化物。因此，在学习活动中，采取各种外部手段如奖赏、赞扬、评分、竞赛等，可以激发学生的学习动机。强化一般起着激发学习动机的作用，惩罚一般起着削弱学习动机的作用。如果能够合理运用强化，减少惩罚，将有助于提高学生的学习动机水平，改善他们的学习行为和结果。

（三）马斯洛的需要层次理论

亚伯拉罕·马斯洛（Abraham Harold Maslow，1908—1970）是美国的社会心理学家，人本主义心理学的创始人之一，于 1954 年提出了颇具影响力的需要层次理论。马斯洛将需要从低至高依次排列如下。

1. 生理需要

其指维持个体生存及延续种族发展的需要，如对于食物、水、氧气、性、排泄和休息等的需要。这些需要在所有需要中占绝对优势。

2. 安全需要

即个体追求稳定、安全、受保护，避免恐惧和焦虑等。在许多农村学校，家庭经济困难的多数学生的需要，只能停留在生理需要和安全需要的层次上。辍学打工被认为是他们生存的必经之路。

3. 归属和爱的需要

个体渴望被他人或群体接纳、关注、支持等，是对亲情、友情、爱情的需要。不论贫富，个体都渴望被他人所关注与支持。如果家长缺少对学生的真正关爱，“社会不良关爱”就成为学生的归宿，如网络游戏、黑社会性质团伙等。

4. 尊重的需要

可分为两类：一是自尊，希望有实力、有成就、有信心，以及要求独立和自由；二是受到他人的尊重，渴望有名誉或威信，获得他人赏识、重视等。这些需要受挫会使人产生自卑感、软弱感、无能感。教师的素质对于学生自尊心的培养至关重要，一位优秀的教师应当能够激发学生的自尊心，引领学生追求自己的理想。相反，如果教师鄙视、不信任学生，甚至粗暴体罚学生，就会对他们的自尊心的养成造成不良后果。

5. 认知需要

这是指人希望认识周围世界、理解事物之间的关系、解决问题的需要。研究发现，类似人类好奇心的东西在高级动物身上也能观察到，如猴子会把东西撕碎，把指头捅进窟窿，在各种情景中进行探索，尝试理解周围的世界。人类更是如此，并在此基础上产生了大量的文明成果。

6. 审美需要

这是指人对秩序、对称、完整结构以及对自身行为的完满性进行追求的需要。原始人在劳作之余，载歌载舞，模仿狩猎、采集等活动，现代人休息时的各种消遣活动，都体现出人对于审美的需要。

7. 自我实现的需要

这是最高层次的需要，个体渴望自己的潜能得以充分实现。不是每个人都能够达到自我实现，仅有1%的人能够达成。主要原因是：第一，自我实现的需要容易被压抑、控制、更改和消失；第二，许多人不敢正视他们对于自我实现的需要；第三，文化环境强加于人的规范会阻碍一个人自我实现；第四，自我实现属于成长性需要，其发展和持续成长依赖于自己的潜力。

其中，生理需要、安全需要、归属和爱的需要、尊重的需要属于缺失性需要，缺失性需要得到基本的满足之后才能够发展更高层次的成长性需要；认知需要、审美需要、自我实现的需要属于成长性需要。

因此，教师需要注意学生的缺失性需要是否得到基本的满足，也就是说，不能仅仅关注学习，也要关注学生的生活和情感需要。

（四）成就动机理论

成就动机这一概念源于默瑞的有关研究，麦克兰德和阿特金森等人将其发展为成就动机理论。成就动机是一种努力克服障碍、施展才能、力求又快又好地解决某一问题的愿望或趋势。

成就动机在人的成就需要基础上产生，是激励个体从事自己认为重要的或有价值的工作，并力求获得成功的一种内在驱动力。这种动机是人类所独有的，是后天获得的具有社会意义的动机。在人类的学习活动中，成就动机是一种主要的学习动机。

阿特金森提出了期望—价值理论。个体的成就动机强度由成就需要、期望水平和诱因价值三者共同决定，其中，成就需要是个体追求成就的倾向，期望是个体在某一任务上获得成功的可能性，诱因是个体成功完成某一任务后所带来的价值和满足感。

一般而言，任务难度越大、成功的可能性越少，成功所带来的满足感也就越强。然而，人们在追求成就时存在两种倾向：一种是力求成功，一种是避免失败。根据这两类动机在个体的动机系统中所占的强度，可以将个体分为力求成功者和避免失败者。

力求成功者追求获取成就，他们最有可能选择成功概率50%的任务，因为这种任务能给他们提供最大的挑战，有助于他们通过努力来获得心理上的满足。当他们面对完全不可能成功或稳操胜券的任务时，动机水平反而会下降。相反，避免失败者则倾向于选择非常容易或非常困难的任务，他们会回避成功概率大约是50%的任务，以防止产生心理烦恼。

在实际教学过程中应注意针对具体情况，给二者安排不同难度的任务。

（五）成败归因理论

海德（Fritz Heider）最早提出归因理论。他认为，行为的原因可以被归为外部环境，或归为个人内部。他人的影响、奖励、运气、工作难易程度等都是外部环境原因。人格、动机、情绪、态度、能力、努力等都是个人内部原因。

罗特（Julian Bernard Rotter）发展了归因理论，提出控制点的概念，并依据控制点把个体分为内控型和外控型。内控型的人认为自己可以控制周围的环境，无论成功还是失败，都是由于自己的能力或努力等内部因素造成的，倾向于承担责任；外控型的人则认为自己无法控制周围的环境，无论成败都归因于他人的影响或运气等外在因素，倾向于不承担责任。

在此基础上，维纳提出了系统的六因素和三维度的归因理论（见表 7-1）。

表 7-1　维纳成就动机的归因模式

维度 / 归因因素	稳定性		内外源		可控性	
	稳定	不稳定	内在	外在	可控	不可控
能力	+		+			+
努力		+	+		+	
任务难度	+			+		+
运气		+		+		+
身心状况		+	+			+
其他		+		+		+

一般而言，如果将成功归因于稳定因素，则有助于保持较高的成功期望；而归因于不稳定因素，则很少能增强成功期望。如果把失败归因于稳定因素，则使得个体持续保持较低的成功期望。成败归因理论有助于了解学生的学习动机，有助于改善他们的学习行为和学习效果。

（六）自我效能感理论

自我效能感是指人们对自己是否能够成功地进行某一成就行为的主观判断。班杜拉（Albert Bandura）最早提出这一概念，扩展了传统行为主义的强化观。他把强化分为三种：一是直接强化，即通过外部因素对学习行为予以强化，如奖励和惩罚；二是替代性强化，即通过一定的榜样来强化相应的学习行为或学习行为倾向；三是自我强化，即学习者根据一定的评价标准进行自我评价和自我监督，并强化相应的学习行为。班杜拉认为，即使没有强化，学习也能发生，强化的作用在于激发和维持学生的学习行为。因此，行为的出现不是由于强化，而是由于个体认识到行为与强化之间的依赖关系后形成的对下一可能出现的强化的期待。

传统的期待概念指的只是对行为结果的期待，而班杜拉认为除了结果期待外，还有一种效能期待。效能期待是指个体对自己是否具有实施某种成就行为的能力的判断。当个体确信自己有能力进行某一活动时，他就会产生高度的自我效能感，并会去实施那一活动。班杜拉认为，人们获得了一定的知识和技能，确立了合理的学习目标之后，自我效能感就成为学习行为的决定因素。

影响自我效能感的因素主要有以下几种。

（1）学习成功与失败的经验。一般而言，成功的学习经验会提高学生的自我效能感；相反，失败的学习经验则会降低学生的自我效能感。个体对学习成败经验的归因也会影响其对自我效能的评价。

（2）替代性经验。这是指个体通过观察榜样的行为及其后果而获得的间接经验。当学生看见榜样（与自己相似的人）成功时，就会增强自我效能感；相反，则会降低自我效能感。个体与榜样的相似性越大，榜样成败的经验就越具有说服力。

（3）言语说服。试图通过说服性的语言或暗示，引导个体产生自我效能感。一般而言，如果缺乏具体经验的支撑，其形成的自我效能感就不牢固。

（4）情绪唤起。班杜拉认为，紧张状态下的个体很容易产生无效能感，因此通过调整学生的情绪状态，减轻紧张和负面的情绪倾向，可以改变自我效能感。

第二节 中学生学习动机的激发与培养

一、教师激发学生学习动机的方法

（一）引起心理上的不确定性，激发学生的求知欲

“不确定性”是动机的根源。当学生得到与自己原有认知结构不一致的、新颖的、奇特的信息时，就会产生认知冲突，引起心理上的不确定性，从而激起解决认知不确定性问题的动机。可见，制造认知不协调，是激发学习动机的重要策略。教师要鼓励学生“多疑多问”，可利用“不确定性—探索—问题解决—满足”的模式来进行教学，学习过程就是“疑—问—思—解”的过程。

例如，在学习消费者权益保护法时，可以提出一个消费者维权时所面临的困难，设计一个模拟场景。预先将全班同学分成若干小组，每一小组分别代表某一部门或被侵权的消费者，鼓励、指导学生探索这一困难情景，并在课上模拟维权过程中各部门、消费者在维权过程中所起到的作用，可能做出的行为表现等。这样，教师通过创设悬念，可以增加学习的兴趣和情感，提高参与度，增强学习效果。

（二）创设问题情境，实施启发式教学

启发式教学与传统的“填鸭式”教学相比，具有极大的优越性。而要想实施启发式教学，关键在于创设问题情境。问题情境，指的是一种难度适中的情境，具有一定难度，需要学生努力克服困难，但又是力所能及的学习情境。当问题的难度系数为 50% 时，学生的学习动机最强。也只有在中等难度的情况下，才能构成问题情境。

教师在创设难度适宜的问题情境时应注意两点：首先，要求教师熟悉教材，掌握教材的结构，了解新旧知识之间的内在联系；其次，要求教师充分了解学生已有的认知结构状态，使新的学习内容与学生已有水平构成一个适当的跨度。

（三）根据作业难度，恰当控制动机水平

根据前述耶克斯—多德森定律，中等程度的动机水平最有利于学习效果的提高。动机水平又与作业难度密切相关。因此教师在教学时，要考虑到学习任务的难度，恰当控制学生学习的动机水平。如在学习较容易的内容时，可以使学生紧张一些；在学习较困难的内容时，可以创造轻松自由的课堂气氛，并且心平气和地耐心引导，以免学生过度紧张和焦虑。

（四）充分利用反馈信息，给予恰当的评定和奖惩

反馈是指某一系统将信息输出后，将其作用的结果返回原系统，用以控制调节它所输出的信息，这一过程被称为反馈。如果教师只是简单地告知学习结果，指出其正确或错误，这只是一种消极反馈，还应该进一步分析其原因，找出矫正方法，这才是一种积极反馈。心理学研究表明，来自学习结果的种种反馈信息对学习效果有明显影响。因为学习者可以根据反馈信息调整学习活动、改进学习策略，也可以为取得更好的成绩或避免再犯错误而增强学习动机，从而保持学习的主动性和积极性。利用反馈信息时，要注意的是反馈必须清楚、具体、及时。

1. 评定的作用

评定是反馈的一种具体形式，是指教师在分数的基础上进行的等级评价和评语。

心理学研究发现，在有评定的竞争条件下，多数学生选择的任务都较简单，并且显得较为焦虑。有人认为，外界的等级评定会抑制学生参加竞争的欲望，也会抑制学生的内在动机。

虽然等级评定有其弊端，但完全废除它也是不实际的，因此，关键在于恰当地评定等级。通过评定等级可以显示出学生进步的多少，即评定的分数或等级并非表明个体的能力而是其进步快慢的指标。让学生理解等级评定的真实作用，教师在评定等级后再加上适当的评语，两者相结合，就会有较好的结果。

2. 奖惩的作用

（1）奖励和惩罚对学习的影响。在对学生进行评价时，奖励和惩罚对于学生动机的激发具有不同的作用。一般而言，表扬与奖励比批评与指责能更有效地激发学生的学习动机，因为前者能使学生获得成就感，增强自信心，而后者恰恰起到相反的作用。

（2）有效地进行表扬和奖励。虽然表扬和奖励对学习具有推进作用，但使用过多或者使用不当，也会产生消极作用。有许多研究表明，如果滥用外部奖励，不仅不能促进学习，而且可能破坏学生的内部动机。有效的表扬一般具备下列关键特征：① 表扬应针对学生的良性行为；② 教师应明确学生的何种行为值得表扬，应强调导致表扬的那种行为；③ 表扬应真诚，体现教师对学生成就的关心；④ 表扬应具有这样的意义，即如果学生投入适当的努力，则将来还有可能成功；⑤ 表扬应传递这样的信息，即学生努力并受到表扬，是因为他们喜欢这项

任务，并想要形成有关的能力；⑥ 表扬的方式要灵活多样，教师的一个微笑、一个点头或摇头、一种手势、一句简单的语言，都可以起到表扬的作用。

（五）合理设置课堂环境，妥善处理竞争和合作

学生的学习主要是在课堂上进行的，课堂的合作与竞争环境无疑是影响学习动机的一个重要的外部因素。研究表明，个体相互作用的方式主要有竞争型（相互对抗）、合作型（相互促进）和个体型（互相独立）三种形式。在竞争型中，个体重视取胜、成功有时更甚于公平、诚实，因此同伴之间的关系是对抗、消极的。在合作型中，个体会以一种既有利于自己成功也有利于同伴成功的方式活动，因此同伴之间的关系是促进、积极的。在个体型中，个体寻求对自己有益的结果，而并不在意其他个体是否取得成功，因此同伴之间的关系是相互独立、互不干涉的。大量研究表明，三种课堂结构激发的是学生三个不同方面的动机。

在竞争型课堂结构中，学生学习所获得的成绩本身并无意义，意义来自同别人的相互比较。竞争情境的最大特点是能力归因，学生认为获胜的机会与个人的能力直接相关。由此，学生可能会争取或逃避竞争情境。

在合作型课堂结构中，由于强调集体荣誉感等共同的成就目标，学生之间存在积极的相互依赖关系，学生学习更多地会出现帮助和合作现象。

在个体型课堂结构中，个体很少注重外部标准，强调自我发展和自身进步，即强调个体对学习本身的兴趣，而不注重他人的学习状况。在这种情况下，个体往往将成功归因于自己的努力，产生很强的自豪感；失败则会产生内疚感，但也不会认为自己无能，会继续努力。

大量的研究表明，合作型课堂结构能最大限度地调动学习的积极性，更有利于激励学生的学习动机和改善同伴关系。不过，要使合作学习有效，必须将小组奖励与个人责任相结合。

（六）适当进行归因训练

学生对学习结果的归因，会对以后的学习行为产生影响。从稳定性、内外源和可控性三个维度来看，不同的归因方式对学习行为的影响如下。

1. 稳定性维度

如果学生把成败归因于稳定性因素，那么这会增强他们对未来学习结果的成败预期；如果归因于不稳定因素，则较少影响其对未来的成败预期。

2. 内外源维度

如果学生把成败归因于内源因素，他们就更容易形成积极的或消极的自我效能感；如果学生把成败归因于外源因素，则较少影响其自我效能感。

3. 可控性维度

如果学生把成败归因于可控因素，他们就会有较高的自我效能感，或产生一种愧疚感；如果学生把成败归因于不可控因素，则会产生感激等积极情绪或仇视报复等消极情绪。

既然不同的归因方式会影响主体今后的行为，也就可以通过改变主体的归因方式来改变主体今后的行为。一般而言，引导学生将学习结果归因于主观努力方面是有利的。

（七）提高自我效能感

自我效能感对个体的认知、情绪、意志和行为都会产生重要影响。具有高自我效能感的学生，相对更为自信，倾向于选择具有挑战性的任务，且遇到困难时仍能坚持，较少害怕和焦虑；自我效能感低的学生，则害怕选择具有挑战性的任务，遇到困难时容易放弃，或采取拖延、回避的方式来处理困难任务。

教学中改变和提高学生自我效能感的措施主要如下。

（1）根据学生的能力与当前的自我效能感水平选择难易适中的任务，让学生不断地获得成功体验，进而提高自我效能感。后进生之所以后进，重要的原因之一就在于学习上或生活中有过多的失败，再加上教师对他们的误解，得不到教师的肯定和赞扬，他们的自尊心、自信心被严重挫伤，以至于缺乏成就动机。

（2）通过观察榜样的学习行为及其结果，获得替代性经验和强化来提高他们的自我效能感。尤其是当看到与自己水平接近的学生学习成功时，更有可能增强个体的自我效能感，激发其学习动机。

（3）引导学生正确归因。学生对成功与失败的不适当归因，会使学生产生无助感或投机心理，诱发消极的心理防御。因此，让学生正确对待失败与鼓励学生取得成功同样重要，两者相结合才能形成正确的自我效能评价。

二、教师培养学生学习动机的方法

（一）利用学习动机与学习效果的互动关系培养学习动机

学习动机作为引起学习活动的动力机制，是学习活动得以发动、维持、完成的重要条件，并由此影响学习效果。研究表明，学习动机可以影响学习效果，而学习效果也可以反作用于学习动机。如果学习效果好，主体在学习中所付出的努力与所取得的收获成正比例，主体的学习动机就会得到强化，从而巩固新的学习需要，使学习更有成效。这样，学习需要与学习效果相互促进，从而形成学习上的良性循环。反之，不良的学习效果，使学习的努力得不到相应的收获，从而削弱学习需要，降低学习积极性，导致更差的学习效果，最终形成学习上的恶性循环。要想使学习上的恶性循环转变成良性循环，必须做到以下几点。

（1）使学生相信通过自己的行为能够成功地完成有挑战性的任务，增强成就体验，使其获得学习上的成就感。

（2）改善学生的知识技能掌握情况，弥补其基础知识和基本技能方面的欠缺，这是获得真正成功感的先决条件。

（3）帮助学生设置具体的、合理的、近期的学习目标，且当学生认识到这些目标的重要性时，就能培养起学习动机。

学习效果虽然是客观的，对它的评定要遵循一定的客观标准，但是，学生对它的感觉却有主观性。因此，教师应掌握评价的艺术，使学生保持学习上的成功感。为此，在实际教学中要注意：学生的成败感与他们的自我标准有关，教师应注意个别差异，使每个学生都体验到成功；课题应由易到难，使学生不断获得成功感；在某一课题失败时，可先完成有关基础课题，使学生下次在原来失败的课题上有可能获得成功感。

（二）利用直接发生途径和间接转化途径培养学习动机

新的学习需要的形成可以通过以下两条途径来实现。

1. 直接发生途径

直接发生途径即因原有学习需要不断得到满足而直接产生新的更稳定、更分化的学习需要。利用直接发生途径，主要应考虑的就是如何使学生原有学习需要得到满足。由于认知内驱力是最稳定、最重要的学习动机，因此满足学生的认知需要有利于培养新的学习需要。为此，教师应耐心有效地解答学生提出的问题，精心组织信息量大、有吸引力的课堂教学，以满足学生的求知欲。同时，教师要积极引导学生运用所学知识去解决实际问题，使学生认识到知识的价值，以形成掌握更多知识、探究更深问题的愿望。

2. 间接转化途径

间接转化途径即新的学习需要由原来满足某种需要的手段或工具转化而来。利用这条途径，主要应通过各种活动，提供各种机会，满足学生其他方面的兴趣和爱好。例如，可以组建课外兴趣小组，许多学生最初参加小组可能不是出于对某一学科知识本身的兴趣，而是为了追求活动中的娱乐和与同伴的交往。但在活动的过程中，对原来的娱乐、游戏等要求得到适当满足以后，就可能转化成为新的学习需要。比如，参加自然小组的学生，可能不是出于对自然科学的兴趣，而是出于对外出郊游的向往，但是在活动的过程中，自然小组的学生就可能发展出对地理、化学、物理等方面知识的兴趣，从而实现间接转化。

练习与思考

一、单项选择题

心理学研究表明，动机强度与问题解决效果的关系可以绘成（　　）。

A. 波浪线　　B. 斜线　　C. U 型曲线　　D. 倒 U 型曲线

二、判断解析题

习得性无助感与人们对失败的归因无关。

三、简答题

1. 简述学习动机的功能。

2. 简述不同的动机理论。

四、材料分析题

1. 某中学生和朋友在一商场对20名随机抽取的中学生进行了访谈，询问他们的学习态度和学习动机。其中，3名学生不了解自己为什么学习，6名学生说是为了将来找到好工作，6名同学说是为了学习更多的知识，剩下的5名同学表示是为了父母的期望。

问题：结合上述材料，论述动机对学习效果的影响。

2. 小明的父母长期在外地务工，将小明留给老家的爷爷、奶奶抚养，小明与父母的沟通很少，和爷爷、奶奶的交流也并不多。学习之余，小明需要洗衣、做饭、干农活，最近他还迷上了网络游戏，学习成绩大幅下降。

问题：结合上述材料，试述如何培养小明的学习动机。

第八章　人格及其发展

【学习要求】

1. 了解和掌握人格的基本概念。
2. 了解人格的基本特征和人格结构。
3. 了解和掌握气质和性格的基本概念，并能比较其差异。
4. 了解和掌握人格发展的规律及其影响因素。
5. 掌握主要的人格发展理论。
6. 能够根据中学生人格发展状况进行相应的教育设计。

第一节　人格概述

一、人格的概念

我们通常在提到“人格”时，会不由自主地想到其法律的含义，将其视为权利的主体，如“不能侮辱人格”；也会想到其在道德上的含义，如“人格高尚或低下”，将其视为道德品质的表达，抑或人品。心理学中所说的人格（Personality）一词来源于拉丁文的“persona”，是指演员在舞台上演戏扮演角色时所戴的面具，有重要的社会功能。

如今不同的心理学者对人格有着不同的定义，大致可以分为：① 以普林斯、沃伦、吉尔福特等人为主的罗列式定义；② 以麦考迪、盖舍尔为代表的整合式定义；③ 以詹姆士、弗洛伊德为代表的层次性定义；④ 以肯朴夫、戈登、克雷奇为代表的适应性定义；⑤ 以苏恩、惠勒为代表的区别性定义；⑥ 以卡特尔等人为代表的操作性定义。其中比较有代表性的定义是 Allport 和 Pervin 的定义，前者认为“人格是个体内部心身系统的动力组织，决定人的行为和思想的独特性”，后者认为“人格是认知情感和行为的复杂系统组织，它赋予个人生活的倾向和模式（一致性），像身体一样，人格包含结构和过程，并且反映着天性和教养。另外，人格包括过去的影响及对现在和未来的建构，过去的影响中包含过去的记忆”。虽然大家对人格的定义尚未达成完全的统一，但所有定义均认为人格是指人类心理特征的整合、统一体，是一个相对稳定的结构组织，并在不同时间、地域影响着人的内隐和外显的心理特征和行为模式。

郭永玉等人对人格的界定是：“人格是个体在各种交互作用过程中形成的内在动力组织和相应行为模式的统一体”，并认为该定义包含五层含义。

第一，人格是指一个人外在的行为模式，即个人与环境（特别是社会环境）的互动方式。

第二，人格是指一个人内在的动力组织，包括稳定的动机，习惯性的情感体验方式和思维方式，稳定的态度、信念和价值观。

第三，人格就是一种蕴于中、形诸外的统一体，这种统一体往往由一些特质构成。

第四，动力组织与行为模式的统一意味着人格具有整体性、稳定性、复杂性和独特性等特点。

第五，人格既是各种交互作用的结果，也是各种交互作用的过程。

二、人格特质及其结构

人格特质是指在组成人格的因素中，能引发人们行为和主动引导人的行为，并使个人面对不同种类的刺激都能做出相同反应的心理结构。奥尔波特认为特质是人格的基础，是心理组织的基本建构单位，是每个人以其生理为基础形成的一些稳定的性格特征。他于 1937 年出版了《人格：一种心理学的解释》一书来系统阐述其人格特质理论。他将人格分为首要特质、中心特质和次要特质，首要特质（Cardinal Trait）是一个人最典型、最具概括性的特质。小说或戏剧的中心人物，往往被作者以夸张的笔法，特别突显其首要特质。如林黛玉的多愁善感。中心特质（Central Trait）是构成个体独特性的一个重要特质，在每个人身上有 5 ~ 10 个中心特质，如林黛玉的清高、聪明、孤僻、抑郁、敏感等，都属于中心特质。次要特质（Secondary Trait）是个体不太重要的特质，往往只有在特殊情境下才表现出来。如有些人虽然喜欢高谈阔论，但在陌生人面前则沉默寡言。奥尔波特是人格心理学的先驱，他的特质理论直接从个体本身行为的特点出发探讨人格问题，这就使心理学家有可能将研究对象的各种变量用于操作程序之中，解决心理学中长期以来对人格研究只作描述和讲解的困境，为后来人格理论的发展奠定了基础。

在奥尔波特之后，一些研究者在其基础上发展出了不同人格特质理论，其中较为著名的有卡特尔、艾森克等人的理论，在卡特尔之后还有如大五人格、大七人格等特质理论。

（一）卡特尔人格理论

1949 年，卡特尔用 Q 分类法提出了 16 种相互独立的根源特质，并编制了《卡特尔 16 种人格因素测验》（简称 16PF）。这 16 种人格特质是：乐群性、聪慧性、情绪稳定性、恃强性、兴奋性、有恒性、敢为性、敏感性、怀疑性、幻想性、世故性、忧虑性、激进性、独立性、自律性、紧张性。16 种人格因素是各自独立的，每一种因素与其他因素的相关度极小。这些因素的不同组合构成了一个人不同于其他人的独特个性。测验由 187 道题组成，每一人格因素由 10 ~ 13 个测题组成的量表来测量，共 16 个分量表。16 种因素的测题采取按序轮流排列，以便于计分，并保持受试者作答时的兴趣。每一测题有 3 个备选答案。

卡特尔用 Q 分类分析法对人格特质进行了分析，提出了基于人格特质的一个理论模型。模型分成四层，即个别特质和共同特质、表面特质和根源特质、体质特质和环境特质、动力特质、能力特质和气质特质。

（1）个别特质和共同特质：与奥尔波特的特质理论观点相同。

（2）表面特质和根源特质：表面特质是从外部行为直接可以观察到的特质。根源特质是制约表面特质的潜在基础，是人格的内在因素。

（3）体质特质和环境特质：从根源特质可以区分出这两种特质。体质特质由先天的生物因素决定，如 16PF 中的兴奋性、情绪稳定性等。环境特质由后天的环境因素决定，如 16PF 中的忧虑性，有恒性等。

（4）动力特质、能力特质和气质特质：动力特质具有动力特征，使个体朝向某一目标，包括生理驱力、态度和情操。能力特质表现在知觉和运动方面的差异，包括流体智力和晶体智力。气质特质是决定一个人情绪反应速度与强度的特质。

16PF 是美国伊利诺州立大学人格及能力测验研究所卡特尔教授经过几十年的系统观察和科学实验，以及用因素分析统计法慎重确定和编制而成的一种精确测验方法。这一测验方法能以约四十五分钟的时间测量出 16 种主要人格特征，凡具有相当于初三以上文化程度的人都可以使用。本测验方法在国际上颇有影响，具有较高的效度和信度，广泛应用于人格测评、人才选拔、心理咨询和职业咨询等工作领域。该测验方法已于 1979 年引入国内并由专业机构修订为中文版。16 种人格因素是各自独立的，相互之间的相关度极小，每一种因素的测量都能使被试某一方面的人格特征有清晰而独特的认识，更能对被试人格的 16 种不同因素的组合作出综合性的了解，从而全面评价其整个人格。16 种人格因素与 8 种次级因素的含义如表 8-1 所示：

表 8-1　16 种人格因素与 8 种次级因素

因　素	低分特征	高分特征
A—乐群性	缄默，孤独，冷漠	外向，热情，乐群
B—聪慧性	思想迟钝，学识浅薄，抽象思考能力弱	聪明，富有才识，善于抽象思考，学习能力强，思考敏捷正确
C—稳定性	情绪激动，易生烦恼，心神动摇不定，易受环境支配	情绪稳定而成熟，能面对现实
E—恃强性	谦逊，顺从，通融，恭顺	好强固执，独立积极
F—兴奋性	严肃，审慎，冷静，寡言	轻松兴奋，随遇而安
G—有恒性	苟且敷衍，缺乏奉公守法的精神	有恒负责，做事尽职
H—敢为性	畏怯退缩缺乏自信心	冒险敢为，少有顾忌
I—敏感性	理智的，着重现实，自食其力	敏感，感情用事
L—怀疑性	依赖随和，易与人相处	怀疑，刚愎，固执己见
M—幻想性	现实，合乎成规，力求妥善合理	幻想的，狂放不羁
N—世故性	坦白，直率，天真	精明能干，世故
O—忧虑性	安详，沉着，有自信心	忧虑抑郁，烦恼自扰
Q1—实验性	保守的，尊重传统观念与行为标准	自由的，批评激进，不拘泥于现实
Q2—独立性	依赖，随群附众	自立自强，当机立断
Q3—自律性	矛盾冲突，不顾大体	知己知彼，自律谨严
Q4—紧张性	心平气和，闲散宁静	紧张困扰，激动挣扎

卡特尔认为每个人身上都具备这 16 种特质，只是在不同人身上的表现有程度上的差异，16PF 也成为现今使用频率很高的一种国际通用人格测试。

（二）艾森克人格理论

艾森克继承前人的研究结果，将人格类型与人格特质有机结合起来，发展了人格多维理论。实验心理学之父冯德（W. Wundt）在 19 世纪就提出了人格维度的假设，认为人格可以用两个直角维度来描述：一个维度是从强情绪性过渡到弱情绪性，即从忧郁质和胆汁质过渡到黏液质和多血质。另一个维度是从可变性过渡到不变性，即从胆汁质和多血质过渡到忧郁质和黏液质。以因素分析方法和传统的实验心理学方法相结合长期研究人格问题，并把研究兴趣从特质转向维度，从而确立了自己的人格理论。艾森克反对把人格定义抽象化，他在其《人格的维度》（1947）一书中指出："人格是生命体实际表现出来的行为的模式的总和。"他通过对大量的人的特质资料采用因素分析方法分析，提出了独特的人格结构层次理论，并将人格结构分为类型、特质、习惯反应和特殊反应四个水平。最底层特殊反应水平，是个体对一次实验的反应或在日常生活中所表现出来的一些最基本的"个别反应"（如最简单的一举一动），属误差因素，其上为习惯反应水平，如重复实验或生活情境重新出现，一个人就会以相似的方式反应，属特殊因素。特质水平，是由一个人的习惯反应所构成的个人的人格特质，属群因素。最上层的类型水平，是基于人格特质的相互关系而显示的类型（例如，由社会性、冲动性、活动性、活泼性、兴奋性等人格特质构成的外倾类型，由持续性、僵硬性、主观性、羞耻性、易感性等人格特质构成的内倾类型），属一般因素。

艾森克后期对人格的研究从人格的特质转向人格维度，引用 Jung 的内倾和外倾概念，并认为内外倾性的维持是大脑皮质兴奋与抑制平衡的结果，外倾时抑制过程出现快、表现强烈、持续时间长，而兴奋过程则慢、弱和不持久；内倾时则相反。他认为一个人生活于多维空间中，个性必然与空间维度有关，将他通过精神病患者、神经病患者收集到的资料经因素分析后，找出倾向性（内外倾）、神经质（情绪稳定性）和精神质性因子，提出了人格的三个基本维度并根据其理论编制了艾森克人格问卷（EPQ）。

EPQ 是一种自陈量表，有成人（共 90 个项目）和少年（共 81 个项目）两种形式，各包括艾森克提出的四个人格维度：E 维度（外—内倾）、N 维度（神经质）、P 维度（精神质）和一个 L 维度（效度量表）。中国的艾森克测验由陈仲庚等于 1981 年修订，分成人（共 88 个项目）和儿童（共 88 个项目）两种形式。由于该问卷具有较高的信度和效度，用其所测得的结果可同时得到多种实验心理学研究的印证。艾森克人格测验（EPQ），是目前我国较常用的评估人格方法之一，在 EPQ 中各维度得分高低的不同表现如下。

（1）E 分高（外倾）：爱交朋友、善交际、易兴奋、易冲动、冒险、反应迅速、乐观、善言谈、行为鲁莽。

（2）E 分低（内倾）：孤僻安静、离群、保守、不善交际、瞻前顾后、墨守成规、踏实、严谨。

（3）N 分高（情绪不稳定）：焦虑、紧张、易怒、抑郁、睡眠差、对刺激反应强烈，过后难以平复、好抱偏见。

（4）N 分低（情绪稳定）：安静、少生气，情绪反应慢而弱，过后容易平复。

（5）P 分高（人格问题）：成人表现为不关心人、独身、常有麻烦、残忍、不人道、缺乏同情心、感觉迟钝、抱有敌意、攻击性。儿童则表现为对人仇视、攻击性、缺乏是非感、无社会化概念、恶作剧。P 分低则说明很少或没有人格问题，属正常人格。

第二节　气质和性格

一、气　质

现在大家所认为的“气质”，是一个人从内到外的一种内在的人格魅力的外部呈现。所指的人格魅力有很多，比如修养、品德等，所表现出来的有高雅、不拘小节等。在心理学中，气质早在公元前 5 世纪古希腊医生希波克拉底提出四种体液说时就有了雏形。几世纪以后，罗马生物学家和心理学家格林（Galen）用拉丁语“emperametnum”一词来表示这个概念。到现在，全世界很多学者都在对“气质”进行研究，并将气质分为很多不同的种类。

（一）巴斯和普洛明的气质模型

A.H.巴斯和普洛明把气质分为三个倾向：情绪性、活动性和交际性。EAS 就是这三个词的第一个字母组成的缩略词，这个模型就叫 EAS 模型。

（1）情绪性。情绪性是指一个人情绪反应的强度。一般来说，遇事容易生气或容易高兴，或大喊大叫的人，其情绪性水平高，反之情绪水平低。

（2）活动性。活动性是指一个人能量释放的一般水平。活动性强的人，总是需要大运动量的活动，否则会坐立不安；而活动性低的人，则喜欢安静。

（3）交际性。交际性是指一个人的人缘如何以及与人相处的方式。好交际的人会主动与人交往，对他人的邀请通常会有积极的反应，人缘较好；不好交际的人在一般人际交往中常常处于被动地位，对人际反应较为消极、不敏感，可能会没有人缘。

（二）托马斯和切斯的气质模型

托马斯和切斯在对儿童气质进行研究的过程中提出评估气质特征的 9 个维度，即活动水平、节律性、主动或退缩、适应性、反应阈限、反应强度、情绪质量、分心程度、注意广度和持久性，并据此划分三种气质类型：容易型、困难型和迟缓型。

1. 容易型

大多数婴儿属于这一类型，约占托马斯、切斯全体研究对象的 40%。这类婴儿的吃、喝、睡等生理机能有规律，节奏明显，容易适应新环境，也容易接受新事物和不熟悉的人，情绪一般积极愉快，爱玩，对成人的交往行为反应积极。由于他们生活规律、情绪愉快且对成人的抚养活动提供大量的积极反馈（强化），因而容易受到成人最大的关怀和喜爱。

2. 困难型

这一类婴儿人数较少，约占 10%。他们突出的特点是时常大声哭闹，烦躁易怒，爱发脾气，不易安抚。在饮食、睡眠等生理机能活动方面缺乏规律性，对新事物、新环境接受很慢。他们的情绪总是不好，在游戏中也不愉快。成人需要费很大的力气才能使他们接受抚爱，很难得到他们的正面反馈。由于这种孩子对父母来说是一个较大的麻烦，因而在养育过程中容易使亲子关系疏远，因此需要成人极大的耐心和宽容。

3. 迟缓型

约有 15% 的被试属于这一类型。他们的生活水平很低，行为反应强度很弱，情绪总是消极的，且不甚愉快，但也不像困难型婴儿那样总是大声哭闹，而是常常安静地退缩，情绪低落。他们逃避新事物、新刺激，对外界环境和事物的变化适应较慢。但在没有压力的情况下，他们也会对新刺激缓慢地发生兴趣，在新情境中能逐渐地活跃起来。这一类儿童随着年龄的增长，随成人抚爱和教育情况不同而发生分化。

以上三种类型只涵盖了约 65%的儿童，另有 35%的婴儿不能简单地划归到上述任何一种气质类型中去。他们往往具有上述两种或三种气质类型的混合特点，属于上述类型中的中间型或过渡（交叉）型。

（三）希波克拉底的四种体液说

希波克拉底在古希腊医生恩培多克勒（约公元前 495—435 年）“四根说”的基础上，提出了气质的体液说。他认为：人体含有四种不同的液体，即血液、黏液、黄胆汁和黑胆汁。它们分别产生于心脏（血液）、脑（黏液）、肝脏（黄胆汁）和胃（黑胆汁）。希波克拉底认为，四种体液形成了人体的性质，机体的状况取决于四种液体的正确配合。在体液的混合比例中，血液占优势的人属于多血质，黏液占优势的属于黏液质，黄胆汁占优势的人属于胆汁质，黑胆汁占优势的人属于抑郁质。希波克拉底认为，每一种体液也都是由寒、热、湿、干四种性能中的两种性能混合而成的。血液具有热—湿的性能，因此多血质的人温而润，好似春天一般；黏液具有寒—湿的性能，黏液质的人冷酷无情，好似冬天一般；黄胆汁具有热、干的性能，黄胆汁的人热而燥，如夏季一般；黑胆汁的人具有寒、干的性能，因此抑郁质的人如秋天一般。四种体液配合恰当时，身体便健康，否则就会出现疾病。希波克拉底的理论后来被罗马的医生盖伦所发展。气质有很多特征，按这些特征的不同组合，可把人的气质分为四种，即多血质、胆汁质、黏液质和抑郁质。这就是气质的体液说。该学说是一种朴素的唯物主义观点，虽缺乏科学依据，但也比较切合实际。大多数人都是中间型或混合型的，而且在不同的情境下会呈现出不同的类型。多血质心理特征属于敏捷而好动的类型。这种类型的人易于适应环境的变化，在新的环境里不感到约束，性格开朗、热情、喜闻乐见，善于交际。在群体中精神愉快，朝气蓬勃，常能机智地摆脱窘境。在工作学习上富有精力且效率高，表现出机敏的工作能力，愿意从事合乎实际的工作，能对工作心驰神往，迅速地把握新事物，在有充分自制能力和纪律性的情况下，会表现出巨大的积极性。兴趣广泛，但情感易变，如果工作不顺利，热情可能消失，不安于循规蹈矩的工作，有时轻诺寡信、见异思迁。适合从事与外界打交道、多变、富有刺激和挑战的工作，如管理、外交、驾驶员、律师、运动员、记者等，不太适合做过于细致、单调的工作。胆汁质心理特征属于兴奋而热烈的类型。这种类型的人在言语、面部表情和体态上都给人以热情直爽、善于交际的印象。有理想有抱负，反应迅速、行为果断，表里如一，不愿受人指挥而喜欢指挥别人。这种人一旦认准目标，就希望尽快实现，遇到困难也不折不挠，有魄力，敢负责，但往往比较粗心，自制力较差，容易感情用事，比较鲁莽、工作带有明显的周期性，能以极高的热情投身于事业，一旦筋疲力尽，情绪顿时就转为沮丧且心灰意冷。适合从事与人打交道、工作内容和环境不断发生变化并且热闹的工作，如导游、推销员、节目主持人、演讲者、外事接待人员、演员、市场调查员等。不适合长期安坐、持久耐心细致的工作。黏液质这种人格又称为安静性人格，这种人在生活中是一个坚持而稳健的辛勤工作者。这种类型的人行动缓慢而沉着，严格恪守既定的生活秩序和工作制度，不为所谓的动因而分心，一般不做无把握的事。黏液质的人态度持重，交际适度，不作空泛的谈论，情感上不易激动、不易发脾气，也不易流露情感，能自制，也不常显露自己的才能。其不足是有时做事情不够灵活，不善于转移自己的注意力。惰性使其因循守旧，表现为固定性有余，而灵活性不足。适合稳定的、按部就班、静态的工作，如会计、出纳员、保育员、播音员等。抑郁质的人沉静而羞涩，敏感，精神上难以承受或大或小的神经紧张。情绪体验的方式较少，但内心体验深刻，不易外露。喜欢独处，交往拘束，兴趣爱好少，性格孤僻，遇事三思而后行，怯弱、自卑、优柔寡断，外在行为非常迟缓刻板。适合安静细致的工作，如校对、打字、排版、化验员等。

（四）巴甫洛夫的四种典型高级神经活动类型

高级神经活动类型学说是巴甫洛夫创立的。他通过动物实验发现，不同动物形成条件反射是有差异的，不同动物的高级神经活动的兴奋与抑制过程有独特的、稳定的结合，从而构成不同的高级神经活动类型。划分高级神经活动类型，主要依据神经过程的基本特性。动物的高级神经基本活动有三种特性，即神经过程的强度、神经过程的平衡性、神经过程的灵活性。神经过程的强度，是指神经细胞和整个神经系统工作的性能，也就是受强烈刺激和持久工作的能力。在一定的限度内，神经细胞的兴奋能力符合刺激的强度；强刺激引起强兴奋，弱刺激引起弱兴奋。但是，当强的刺激作用于某些动物的神经系统时，并不是所有的动物都能以相应强度的兴奋对其产生反应，其中有的动物可以形成条件反射，已形成的条件反射也能继续保持，说明它的兴奋强；而兴奋弱的动物对于强烈的刺激就较难形成条件反射。同样，抑制过程较强的动物对于要求持续较久的抑制过程能忍受；而抑制过程较弱的动物在这种情况下就可能导致抑制过程的破坏。神经过程的平衡性，是指兴奋和抑制两种神经过程间的相对关系。神经过程平衡的动物，其兴奋与抑制过程的强度相近。神经过程不平衡的动物表现为或兴奋过程相对占优势，抑制过程较弱；或抑制过程相对占优势，兴奋过程较弱。神经过程的灵活性，是指兴奋过程与抑制过程的相互转化的速度。如果两种过程更迭得迅速，表明神经过程灵活；反之则灵活性低。实验证明，神经过程灵活的动物，可以顺利地改变已形成的条件反射；神经过程灵活性低的动物，其形成的条件反射不易改变。根据神经过程的这些特性，巴甫洛夫确定了四种高级神经活动类型。

（1）强、不平衡型。其特点是兴奋、抑制过程都强，但兴奋过程略强于抑制过程，是易兴奋、奔放不羁的类型，又称兴奋型或不可遏制型。

（2）强、平衡、灵活型。其特点是兴奋与抑制过程都比较强，并且容易转化，反应敏捷，表现活泼，能适应变化的外界环境，又称活泼型。

（3）强、平衡、不灵活型。其特点是兴奋与抑制过程都较强，但两者转化较困难。它是一种安静、沉着、反应较为迟缓的类型，也称安静型。

（4）弱型。其特点是兴奋与抑制过程都弱。过强的刺激容易引起疲劳，甚至引起神经衰弱、神经官能症，并以胆小畏缩、反应速度缓慢为特征，又称抑制型。

巴甫洛夫把他确定的高级神经活动类型同气质类型相对照，发现它们之间完全符合。巴甫洛夫还认为，这四种不同的神经活动类型是人与动物共同具有的一般特性，这种一般特性构成了人的气质的生理基础。由此可见，气质是神经活动类型在人的活动、行为中的表现。

巴甫洛夫关于神经系统基本特征和基本类型学说，是他晚年对动物实验研究的结果。他的研究不断地被后来的研究证实。在巴甫洛夫关于动物神经类型研究的基础上，苏联的一批心理学工作者用条件反射测定法进一步研究人的高级神经活动类型特点及其与气质的关系，取得了可喜的成果。研究证明，神经活动的类型并不总是与气质类型吻合。影响到气质的不仅有神经系统的特征，而且还有整个人的身体组织。人的气质不仅与大脑皮层的活动有关，而且与皮层下组织的活动有关。

（五）德国精神病学家克雷奇默的体型说

体型说由德国精神病学家克雷奇默（E.Kretschmer）提出。他根据对精神病患者的临床观察，认为可以按体型划分人的气质类型。根据体型特点，他把人分成三种类型，即肥满型、瘦长型、筋骨型。例如，肥满型产生躁狂气质，其行动倾向为善交际、表情活泼、热情、平易近人等；瘦长型产生分裂气质，其行动倾向为不善交际、孤僻、神经质、多思虑等；筋骨型产生黏着气质，其行动倾向为迷恋、认真、理解缓慢、行为较冲动等。他认为三种体型与不同精神病的发病率有关。美国心理学家谢尔登（W.H.Sheldon）认为，形成体型的基本成分——胚叶与人的气质关系密切。他根据人外层、中层和内层胚叶的发育程度将气质分成三种类型。① 内胚叶型：丰满、肥胖。特点是图舒服，好美食，好睡觉，会找轻松的事干，好交际，行为随和。② 中胚叶型：肌肉发达，结实，体型呈长方形。特点是武断，过分自信，体格健壮，主动积极，咄咄逼人。③ 外胚叶型：高大细致，体质虚弱。特点是善于自制，对艺术有特殊爱好，并倾向于智力活动；敏感，反应迅速，工作热心负责；睡眠差，易疲劳。体型说虽然揭示了体型与气质的某些一致性，但并未说明体型与气质间关系的机制、体型对气质是直接影响还是间接影响、二者之间是连带关系还是因果关系。简单地说，瘦长型类似于抑郁质，矮胖型类似于多血质，强壮型类似于胆汁质，但不完全相同。克雷奇默认为，体型与病人所患的精神病类型密切相关。矮胖型的人较多地出现躁狂抑郁症，瘦长型人较多地出现精神分裂症，强壮型的人较多地出现癫痫症。精神病患者和正常人之间只有量的差别，没有质的不同。不同体形的正常人在气质上也带有精神病患者的某些特征。例如，瘦长型的人在气质上具有精神分裂症的特征，矮胖型的人在气质上具有躁郁症的特征，运动型的人在气质上具有癫痫的特征。据此，他将人的气质分为分裂气质、躁郁气质和黏着气质三种。克雷奇默还研究了许多名人的资料。他发现，神学家、哲学家和法学家大都具有瘦长型的体格(占 59%)，具有精神分裂的特征；医师和自然科学大都具有矮胖型的体格(占 58%)，具有躁郁症的特征。当时克雷奇默的这个分类法几乎被普遍地接受，特别是为精神病科医生所接受。但是，苏联生理学家巴甫洛夫对此抱否定态度，他指出：“他想把地球上生存的全体人类都打进他自己的两种临床病型，……为什么要把几种占多数的、归根到底陷入了精神病院的病型认为是基本的类型呢？要知道绝大多数人是与精神病毫无关系的。”

（六）生理学家柏尔曼的激素说

激素说是生理学家柏尔曼（Berman）提出的。他认为，人的气质特点与内分泌腺的活动有密切关系。此理论根据人体内哪种内分泌腺的活动占优势，把人分成甲状腺型、脑下垂体型、肾上腺分泌活动型等。例如，甲状腺型的人表现为：体格健壮，感知灵敏，意志坚强，任性主观，自信心过强；脑下垂体型的人表现为：性情温柔，细致忍耐，自制力强。现代生理学研究证明，从神经—体液调节来看，内分泌腺活动对气质的影响是不可忽视的。但激素说过分强调了激素的重要性，忽视了神经系统特别是高级神经系统活动特性对气质的重要影响，存在片面倾向。

（七）日本学者古川竹二等人的血型说

血型说是日本学者古川竹二等人的观点。他们认为气质是由不同血型决定的，血型有 A 型、B 型、AB 型、O 型，与之相对应气质也可分为 A 型、B 型、AB 型与 O 型四种。A 型气质的特点是温和、老实稳妥、多疑、顺从、依赖他人、感情易冲动。B 型气质的特点是感觉灵敏、镇静、不怕羞、喜社交、好管闲事。AB 型气质特点是上述两者的混合。O 型气质特点是意志坚强、好胜、霸道、喜欢指挥别人、有胆识、不愿吃亏。

（八）美国心理学家巴斯的活动特性说

美国心理学家巴斯（A.H.Buss，1975）用活动性、情绪性、社交性、冲动性作为指标，将人的气质划分为活动性、情绪性、社交性、冲动性四种类型。活动型的人倾向于喜欢迎接新的任务，爱活动，不知疲倦。在婴儿期表现为手脚乱动，儿童期表现为在教室里坐不住，成年期显示出强烈的事业心。情绪性的人觉醒程度和反应强度大，婴儿期表现为经常哭闹，儿童期易激动、难于相处，成年期表现为喜怒无常。社交型的人渴望与他人建立密切的关系，婴儿期表现为离不开父母亲人，孤单时哭闹得很凶；儿童期容易接受教育；成年后与周围的人非常融洽。冲动型的人缺乏抑制能力，在婴儿期就表现为急躁；儿童期经常坐立不安，注意力易分散；成年后表现为讨厌等待等。巴斯这一理论的缺陷在于没有揭示出活动特性的生理基础。

社会承认度较高的是希波克拉底的四种体液说和巴甫洛夫的四种典型高级神经活动类型。这两种分类较为相似。

二、性　格

“性情品格，是在对人、对事的态度和行为方式上所表现出来的特点。”这是社会中人们对“性格”的理解。而在心理学中，“性格”（Character）的定义是：一个人在对现实的稳定的态度和习惯了的行为方式中表现出来的人格特征。它表现一个人的品德，受人的世界观、人生观、价值观的影响。这些具有道德评价含义的人格差异，我们称为性格差异。性格是在后天社会环境中逐渐形成的，是人最核心的人格差异。性格有好坏之分，能最直接地反映出一个人的道德风貌。

理解性格概念要重视四点：① 每个人、待人接物、处理问题，总有一定的态度，并通过一定的行为方式表现出来，如果经常一贯地表现出某些特点，就构成了性格特征，因此，性格具有稳定性。② 由于客观环境的复杂性和变化性，性格可以在一定条件下得到改变，所以它又具有可塑性。③ 性格特征的表现不是孤立的、零乱的，而是具有组织性和系统性的，因此，性格是各种特征的有机整合。④ 由于性格集中地表现在对待现实的态度和与之相适应的行动中，而现实总是一定社会的现实，因此，性格大多具有一定的社会内容，可以根据它的社会意义区分为好的和坏。凡是有助于社会进步，符合多数人利益的性格就是好的，反之就是不好的。性格决定人的活动方向，在人的个性心理特征中处于核心地位。

人的性格是千差万别的，但异中有同，可以按某种典型的特征加以归类，这样就有了性格类型，不过多数人是属于中间型的。心理学家根据的标准不同，所得的结果也就不同。性格的结构可以分为如下几种。

（1）机能类型说。根据人的理智、情绪、意志几方面的性格特征在性格结构中占优势的情况，把性格分为理智型、情绪型、意志型。理智型的人用理智的尺度衡量一切；情绪型的人，其行为举止易受情绪勃发、体验的影响；意志型的人则行动主动积极，具有明确目的。

（2）内外倾向说。根据个体心理活动的显隐性，把性格分为外倾型和内倾型。外倾型者倾向于外部世界，开朗活跃，善于交际，气质基础是胆汁质和多血质；内倾型者倾向于内部世界，集中于内心活动，孤僻、沉静，气质基础是抑郁质和黏液质。

（3）独立—顺从说。根据个人的独立性不同，把性格分为独立型和顺从型。独立型者具有个人信念的坚定性，善于独立发现问题和解决问题，并喜欢把自己的意见强加于人，在困难环境中不惊慌失措，而能发挥自己的力量；顺从型者缺乏主见，容易附和别人的意见，不假思索地执行别人的任何指令，难以适应紧急的情况。

（4）社会文化价值观说。德国心理家学斯普兰格认为，人以固有的气质为基础，同时也受文化的影响。他在《生活方式》一书中提出，社会生活有六个基本的领域（理论、经济、审美、社会、权力和宗教），人会对这六个基本领域中的某一领域产生特殊的兴趣。据此，他将人的性格分为六种类型（理论型、经济型、审美型、社会型、权力型和宗教型）。这种类型划分是一个理想模型，具体的个人通常是主要倾向于一种类型而有其他类型的特点。

他从文化、社会学观点出发，根据社会生活的形式，把性格分为六种类型。

（1）经济型。经济型的人一切从经济观点出发，用经济价值、实际效果衡量事物的利用程度，以追求利润、获取财物作为生活的目的。实业家大多属于这种类型。

（2）理论型。理论型的人一切从理论观点出发，用知识体系来判断事物的价值，以把握事物本质、获取客观真理作为生活目的，但遇到实际问题，常常束手无策。一些理论家和哲学家属于这种类型。

（3）权力型。权力型的人一切从权力出发，相信甚至迷信权力，具有强烈支配和命令他人的欲望，不愿被人支配，以获取更大更多的权力作为自己的生活目标。

（4）社会型。社会型的人重视社会价值，力求增进他人和社会的福利，关心他人和公益事业，具有一定的献身精神。努力为社会服务的慈善、卫生和教育工作者属于这种类型。

（5）审美型。审美型的人热衷于从美的角度来判断事物的利用价值，对实际生活的关心十分淡薄，以追求美、实现美为生活目的，艺术家大多属于这种类型。

（6）宗教型。宗教型的人有虔诚的宗教信仰，相信有永恒的绝对生命，期盼得到圣主的拯救和恩赐，与现实有一定的隔膜。以爱人爱物为目的的神学家属于这种类型。

奥尔波特指出，每个人或多或少地具有这六种价值倾向，并不表示真有这六种价值类型的人存在。

性格是个性心理即非智力因素的核心部分，决定着个体活动的性质和方向，人与人的差异首先表现在性格上。人们通常把性格理解为：表现在人对现实的态度和行为方式中的比较稳定的独特的心理特征的总和。这可以从三个方面把握。

（1）性格作为个性的一个方面，它的形成与个性有机地结合在一起。生活在现实社会中的每一个人，都意识到现实社会给予他的影响，他对这种影响有其特定的反映方式。如果其中某些反映已经巩固，成为他经常采取的态度和行为方式，这就是他的性格特征。人的性格是现实社会关系在人脑中的反映。一个人做什么、如何做，一般总是与他对别人、对世界、对社会、对事业，以及对自身的态度相联系，并由他的观点、信仰所支配，且在自己的情感中体验。个人的性格一经形成就具有相对稳定性，性格的稳定性并不是说一个人在行为方式上都是重复单一、一成不变的，而是指人的性格基本结构是不变的，但是不同情况下同一种性格可以以不同的形式表现出来。

（2）性格是个性心理中最重要、最具核心意义的心理特征，反映一个人独特的处事态度和行为方式，是一个人区别于他人最主要的标志。

（3）性格不是指某种个别的心理特征，而是某些心理特征在一个人身上的整合，体现出个人的独特风格和精神风貌。个性除了性格外还包括仪态、外表长相、气质等方面。

性格常常被用作人格的同义词，因此很有必要对它们进行区别。“性格”一词与文艺创作的发展有关系。在较早的戏剧、小说中，就有极端行为的描写。如莫里哀所刻画的守财奴、厌世者等典型人物就有道德评价和谴责的意义。这种性格的描述对心理学的研究，或对某些心理术语的发展具有一定的影响。心理学中也常把性格看作人格的某些特别方面，如把人格看作性格加智慧再加气质。但是，以这种整体与部分的关系来说明是不够的，因为人格不仅仅是一种相加的现象。性格是与意志相联系的，这种说法最为大家所接受。按照这一说法，性格是依循一种调节的原理，在抑制冲动时所具有的心理倾向，是使人在困难面前坚持下去的人格方面，还可以说是人为了较远（不是眼前）的目的、高尚的理想（不是较小价值的目标）而去做出努力的心理特征。也有心理学家主张在探讨人格问题时不要混淆心理学和伦理学各自的重点。因此，有必要做这样的区分：性格是对人格的评价，而人格是对性格的再评价。

三、气质和性格的差异

在日常生活中，由于人们表现出来的性格特征和气质特征很难区分，因此，人们在进行论述时常常将两者混为一谈，心理学上有时也把气质和性格合称为人格。但深入探讨就不难发现，气质和性格作为个性心理特征的不同组成部分，既有区别，又有联系。

（1）气质是心理活动的动力特征，其生理基础是人的高级神经活动的类型，它的形成受先天的因素影响大些。性格是表现在人对现实的稳定态度和与之相适应的行为方式上的个性心理特征，主要是后天形成的，更多地受社会生活条件制约。

（2）气质表现的范围较窄，局限于心理活动的强度、速度、显隐性等方面，没有好坏之分；而性格表现的范围广泛，几乎包括人的心理活动的各个方面，可用一定的社会标准区分其好坏。

（3）气质的可塑性较小，很不容易改变；性格的可塑性较大，虽有稳定性，但能比较容易、迅速地改变。

气质对性格的影响主要表现在以下两个方面。首先，气质影响性格的表现方式，使人的性格特征带有各自气质类型的色彩。例如，同是具有勤劳性格特征的人，胆汁质的人在工作中表现为精力旺盛，工作力度大，完成任务有声有色；而黏液质的人则表现为踏实肯干、默默无闻。同是具有助人为乐性格特征的人，多血质的人常常是热情洋溢地主动去助人；而抑郁质的人则更喜欢不声不响地、悄悄地去助人。其次，气质影响性格的形成和发展速度。例如，勇敢、果断、主动等性格特征，多血质和胆汁质的人容易形成，而抑郁质和黏液质的人则较难形成；而在谨慎、自制等性格特征方面，抑郁质和黏液质的人比多血质和胆汁质的人更容易形成。

性格在一定程度上可以掩蔽和改造气质。具有坚强性格的人可以控制其气质中的某些消极方面，发展其积极的方面。如属胆汁质的青年教师，经过一段教学实践的磨炼逐渐形成耐心细致、善于自制的性格特征，其原有的易冲动、急躁的气质特征得到了一定程度的掩蔽和改造。由于性格还受到除气质以外的许多因素的影响，故气质与性格就不是简单的对应关系，具有不同气质类型的人，可以形成同样的性格特征；具有相同气质类型的人，又可以形成不同的性格特征，既可以形成积极的性格特征，也可以形成消极的性格特征。

第三节　人格的发展

从时间维度看，人格包含过去的影响和对现实、未来的建构。在人格发展的不同阶段，内部和外部影响力不同。早期主要是家庭教养方式的影响，随着个体的成长，学校文化氛围、伙伴交往和教师引导逐渐居于重要地位。在各种关系和生活任务中逐渐形成相对独立的自我，人格的自我调节和建构作用不断增强。能够依据动机目标系统观察，有效投入行为目标，具有轴心动机目标组织，并且轴心动机目标与社会价值相协调，这种人格结构属于良好的人格状态。

一、影响人格发展的因素

越来越多的人格心理学者认为，在人格的形成和发展中，遗传和环境都重要，人格是在遗传和环境两大因素的交互作用下发展起来的。美国心理学家阿纳斯塔西（A. Anastasi）指出，遗传和环境的关系过去曾经是人们激烈争论的中心，但已为今天的许多心理学家所忘却。现在大家普遍认为，遗传和环境共同影响人的全部行为。有机体做出反应是遗传基因及其先前环境在起作用，当前环境为现行行为提供直接刺激。遗传因素和环境因素在人格形成和发展中的作用是古今中外历史上一直有争议、多种科学共同关心的问题。现代科学一般认为，人格是多元因素决定的，是多种基因与多种环境以多种方式不断交互作用的结果。在人格的形成和发展中，遗传因素和环境因素无法分离，一方不能离开另一方单独起作用，它们是相互依存、彼此渗透的。人格心理学家珀文（L.A. Pervin）指出，环境和遗传总是交互作用的。没有环境，遗传便不起作用；没有遗传，环境也不起作用。中国哲学家、教育家荀子指出："无性，则伪之无所加；无伪，则性不能自美。"（《荀子简注》，1974）他将遗传和环境对人格的作用分开阐述，仅仅是为了分析、研究和行文的需要。

遗传因素是指通过授精作用，父母传递给子女的一些生理特征（包括生理的心理的）。个体的形成是父亲的遗传信息和母亲的遗传信息的结合，因此父亲或母亲性格上的某些特点就有可能遗传给子女。近期的研究表明，遗传因素决定大脑的结构形态、大脑皮层细胞群内配置、酶系统和生物化学变化特点以及大脑皮层神经过程的特性。心理是人脑的机能，大脑的结构和先天的机能特性由遗传因素决定，遗传因素对人心理活动的制约作用不可否认。

环境因素包括社会文化和家庭环境两大类。社会文化是一个广泛的范畴，包括政治、法律、道德、风俗习惯以及衣食住行的方式等。不同的国家和民族，不同的地区，在长期的历史发展中形成了自己特定的文化模式和传统。人们的生活都是按照一定的文化模式来进行的，这种不同的文化模式对人格的塑造有着重大作用。我国社会的文化传统与西方有明显的差别，所以在中国人的人格与西方人的人格之间存在着颇大的区别。电视、电影、报刊和文艺作品等社会文化信息也会对人们，特别是对儿童的性格有较大的影响。研究表明，让儿童经常观看具有攻击性行为的节目，往往会使他们攻击性行为增多。而那些优秀的文艺作品中的英雄榜样，常常能激起学生丰富的感情和想象，引起模仿的意向，有助于他们形成良好的行为习惯和道德品质。家庭是人生活中最主要的环境，大多数儿童是在家庭中生活、在父母的养育中长大的。精神分析学认为，从出生到五六岁是人格形成的最主要阶段。一个人的人格在这个时期就基本上形成了，可见家庭对一个人人格的形成有多么大的影响。父母的教养方式、家庭的组成状况（如单亲家庭、家中子女多少）、出生顺序、家庭社会经济地位等对人的人格发展也会产生影响。其中，父母的教养方式是非常重要的一个方面。教养方式有两层含义：一是教养态度，二是教养行为。教养态度是指父母在训练或教导子女方面所持有的有关认知、情绪及行为意图或倾向。教养行为是指父母在训练或教导子女时实际采取的行动与做法。心理学家把父母对子女的教养分为民主（或宽容）、权威（或独断）和放纵（或溺爱）三种类型。民主的教养方式既满足孩子的正当要求，尊重孩子的自由和独立，又给孩子一定的限制或禁止；既保护孩子的活动，又给以社会和文化的训练；既能客观地评价孩子的行为，又对孩子富有爱心。在这种态度影响下，儿童多表现为富有创造性和独立精神，忍耐力强，对人友善。权威的教养态度强调孩子要听话，要服从，用各种清规戒律约束孩子，干预孩子的个人意志，防止和制止孩子的独立行为，经常发出各种指示和禁令，如不许淘气、不许乱跑等。这种教养方式容易使孩子产生恐怖心理，缺乏自信，常以说谎自卫，常具有反抗性与攻击性，严重者会丧失自尊、自暴自弃、脾气暴躁。放纵的教养态度则表现为盲目接纳孩子的要求，虽对孩子富有爱心但缺乏理性。这种教养方式容易使孩子形成任性、自私懒惰、缺乏独立和进取精神等不良性格。

二、人格发展理论

在心理学中，突出的人格发展理论有三种：弗洛伊德的人格发展阶段理论、埃里克森的社会发展理论、皮亚杰认知发展理论。

（一）弗洛伊德的人格发展理论

弗洛伊德认为人们面对日常生活中无法解决的问题、压力时会感到痛苦。为了逃避这种因无法解决的冲突而带来的痛苦，就会通过把问题推出意识之外来加以自动解决。病人会“主动遗忘”事件。弗洛伊德认为这种遗忘并不是真的从心里消失，而是进入无意识状态，即被压抑了。虽然压抑的结果似乎令当事人在心理上感到更平安，但无意识并不是沉寂的，它会连续不断地以不同的方式去表达自己，如病人所出现的躯体症状（如头痛或身体某些部位麻痹了）或神经症状（如恐惧、焦虑、强迫症等）都是无意识的表达方式。要治愈病症，弗洛伊德认为必须将这些发生于病人早期生活中的问题、被压抑了的冲突带到意识中，病人必须认识到问题的根源，并以一种建设性的、在情感上令人满意的方式将最初的冲突情境说出来。弗洛伊德以自由联想和释梦两种方法来挖掘病人的无意识。自由联想是让病人在放松状态下不加编辑地描述出现在头脑里的任何事件。在这种状态下，被压抑的愿望会以一种经过伪装的形式进入意识。弗洛伊德认为梦是人们在睡眠中试图满足愿望和解决问题的产物，因而对梦的解析是了解人的无意识的一个窗口。弗洛伊德通过这两种方法获得了大量关于人格异常的人的幼年生活资料，通过分析，他认为幼年的生活经验对人格发展有重要影响，并提出了一套关于人格发展的理论。弗洛伊德的理论不仅重视人格的发展及其阶段性，而且强调婴幼儿期生活经验对人格发展的重要意义，因此，在心理学上，有时也把弗洛伊德的精神分析理论称为“发展理论”。弗洛伊德认为婴幼儿期是人格发展的最重要阶段，一个人出生之后长到 6 岁时，其人格模式就大致形成了，以后一直维持终生，几乎没有什么变化。因此，一个成人的人格适应问题，追根溯源常常可以从他的童年生活中找到原因。弗洛伊德的人格发展理论是以他的泛性论思想为基础的，在他看来，性心理发展和人格发展几乎是一个同义语。弗洛伊德主张人的性心理发展也即人格发展经过五个阶段，每一阶段都有其特点和特殊问题，阶段之间的先后顺序是固定的，这种固定的发展顺序是由成熟过程决定的。根据弗洛伊德的性理论，幼小的儿童是由混沌未分化的、组织松散的性欲所支配的本能性生物。婴儿的性与成人的性有很大的不同，其区别表现在三个方面：① 对婴儿来说，性的最敏感区域不必是性器官，其他区域如口腔、肛门等也可以成为婴儿获得性快感的主要区域。② 婴儿性欲的目标不是性交，而是带来性快感的活动，③ 婴儿性欲倾向于自恋而不是异性恋，即婴儿主要是依靠刺激自己身体上的各种动欲区（性敏感区）或者通过母亲抚摸得到肉欲的满足。

弗洛伊德的人格发展阶段理论分为：

（1）口唇期（0～18 个月）。在这一阶段，口、唇、舌是动情区，容易出现依赖和攻击性。性本能通过口腔活动得到满足，如咀嚼、吸吮或咬东西。若母亲对婴儿的口腔活动不加限制，儿童长大后的性格将倾向于开放、慷慨及乐观；若其口腔需要受到挫折，则未来性格发展可能偏向悲观、依赖和退缩。可见，弗洛伊德认为早期的经验对人格的发展会有长期的影响。

（2）肛门区（18 个月～3 岁）。这一阶段的性感区是肛门，容易出现两种性格：肛门排放性性格和肛门便秘性性格。随着括约肌的逐渐成熟，婴儿获得了依照自己的意愿大小便的能力。按自己的意志大小便是满足婴儿性本能最主要的方式。但这一时期也正是成人对婴儿进行大小便训练的时期，要求婴儿在找到适当的场所之前必须忍住排泄的欲望，这与婴儿的本能产生了冲突。弗洛伊德认为母亲在训练婴儿大小便时的情绪气氛对其未来人格发展影响很大。过分严格的训练可能会形成顽固、吝啬的性格，而过于宽松又可能形成浪费的习性。

（3）性器区（3～6 岁）。其性感区在生殖器，这一时期的儿童开始对自己的性器官产生兴趣，性器官成为全身最敏感的部位，儿童常以抚摸性器官获得快感。弗洛伊德认为这一时期的儿童会产生想与异性父母有性爱关系的欲望，即所谓恋母情结或恋父情结。在正常发展的情况下，恋母情结或恋父情结会通过儿童对同性父母的认同，模仿他们的行为、态度和特质，发展出相应的性别角色。

（4）潜伏期（6～12 岁）。在这一阶段，儿童的玩伴多为同性。这个阶段，儿童的性本能是相当安静的，有关性的和侵犯的幻想大部分都潜伏起来，埋藏在无意识当中。性器期时性的创伤已被遗忘，一切危险的冲动和幻想都潜伏起来，儿童不再受到它们的干扰。儿童可以自由地将能量消耗在为社会所接受的具体活动当中，如运动、游戏和智力活动等。

（5）生殖期（青春期到成人）。这一阶段也叫两性期。一般女孩于 11 岁开始，男孩于 13 岁开始。随着生殖系统逐渐成熟、性荷尔蒙分泌的增多，性本能复苏，其目的是经由两性关系实现生育。这一时期的心理能量主要投注在形成友谊、生涯准备、示爱及结婚等活动中，以完成生儿育女的终极目标，使成熟的性本能得到满足。他们开始对异性发生兴趣，喜欢参加由两性组成的集体活动。这时儿童的心理发生了根本的转折，从“自恋”转变为“异性恋”。

（二）埃里克森的人格发展理论

埃里克森的人格形成理论是以弗洛伊德的人格理论为基础，并在对其加以发展和继承的基础上提出来的。他的理论强调自我成长在人格发展中的地位，提出青春期是获得自我同一性的重要时期，也是人格成熟期。埃里克森认为人格发展贯穿于从出生到晚年的毕生过程。个体出生后在与社会环境互动的过程中，一方面有自我成长的需要，希望能从环境中得到满足；另一方面又不得不受到社会的限制，这就使得他在社会适应方面产生“发展危机”的心理矛盾。埃里克森在其所著的《儿童期与社会》一书中把人格的发展分为八个阶段，每一个阶段都是以这个阶段产生的危机命名的。

（1）0～1 岁，基本信任对基本不信任：这是个体出生后面临的第一个危机。这个阶段的婴儿最为脆弱，因而对成人的依赖性最大。婴儿根据自身需求的满足与否产生对人信任与否的发展危机。婴儿如果受到安全抚育和爱护，就会对别人产生信任感，相反亦然。此阶段的表现为：有内在好的感觉，则信任自己和他人；有乐观坏的感觉，则不信任自己和他人，悲观。

（2）1 ~ 3 岁，自主对羞怯和疑虑：在这个阶段中，儿童迅速形成许多技能，如吃饭穿衣、大小便等，即儿童能决定做还是不做某些事情，因而儿童从这时起就进入了自己意愿与父母意愿相互冲突的矛盾之中。如果儿童形成的自主性超过羞怯与疑虑，就会变得意志坚强。如果此时父母能够给予鼓励，则有助于其独立人格的发展。如果成人给予苛求或虐待，则幼儿会变得羞怯或多疑。

（3）3 ~ 5 岁，主动对内疚：这个时期，幼儿在自动自发与怀疑两者之间发展他的人格特质。如果幼儿的自发自问活动得到大人的支持与鼓励，他将继续发问；自主性胜过内疚感，就会形成自信的美德。相反，如果受到嘲笑或批评压制，他将变得羞愧、内疚、胆怯、退缩。

（4）5 ~ 12 岁，勤奋对自卑：其人格发展的危机是在学习勤奋努力还是遇事逃避而心生自卑之间。如果儿童在团体活动中遭遇失败，成人能够给予安慰鼓励，使之不灰心丧气、不感觉失去自我价值，则会在以后继续努力，他就会产生成就感。否则，对他责骂、讥讽、打击，则会使之养成自卑性格。

（5）12 ~ 20 岁，同一性对角色混乱：关于这一阶段的内容是埃里克森心理社会学说的精髓。他认为这个阶段体现了童年期与青年期发展中的过渡阶段，是寻找自我同一性的时期。自我同一性是指个体尝试着把自己有关的各个方面结合起来，形成一个自己觉得协调一致、不同于他人的独自具有同一风格的我。

（6）20 ~ 24 岁，亲密对孤独：在这一阶段，青年开始走向社会，需要在朋友、同事、夫妻之间建立友爱关系。如果能够建立良好的友情和爱情关系，甚至成家立业，他们在自我发展上就会感到安全和满足，否则将会感到孤独无依。

（7）24 ~ 65 岁，繁殖对停滞：一个人生殖感高于停滞感时，就会树立关心的美德。这个时期，有的人对家庭甚至对社会有贡献，有的人事业、家庭均无成就。前者精力充沛，后者难免颓废迟滞，感到生命缺少意义。

（8）65 岁以后，自我整合对失望：如果一个人获得的自我完善感胜于绝望感，那他就会形成智慧的美德，而以对人生本身超然的关心来面对死亡本身。老年期的自我发展危机在于一生经验的积累，如果回首往事，自认为心安理得，即可随心所欲安享晚年；如果悔恨旧事，则难免晚景凄凉。

埃里克森关于人格发展的八个阶段是相互依存、紧密联系的。个体每一阶段危机的解决方式对其自我概念和价值观念有重要影响。后一阶段发展任务的完成依赖于前一阶段（或前几阶段）冲突的解决，而早期冲突也可能推迟到后期发展阶段中得到完全解决。如果个体发展的阶段性危机没有得到较好的解决，就会影响个体的人格和社会性发展。

（三）皮亚杰的人格发展理论

皮亚杰在从事智力测验的研究过程中发现，所有儿童对世界的了解都遵从同一个发展顺序，在认知过程中犯同类错误，得出同样的结论。年幼儿童不仅比年长儿童或成人“笨”，而且他们是以完全不同的思考方式进行思维的。为了更好地了解儿童的思维，他放弃了标准化测验的研究方法，开创了用临床法研究儿童智力的先河。通过细致的观察、严密的研究，皮亚杰得出了关于认知发展的几个重要结论。其中最重要的是他提出人类发展的本质是对环境的适应，这种适应是一个主动的过程。不是环境塑造了儿童，而是儿童主动寻求了解环境，在与环境的相互作用过程中，通过同化、顺应和平衡的过程，认知逐渐成熟起来。皮亚杰认为智力结构的基本单位是图式，即有组织地思考或行动的模式，是用来了解周围世界的认知结构。同化是指个体将外界信息纳入已有认知结构的过程，但是有些信息与现存的认知结构不十分吻合，这时个体就要改变认知结构，这个过程即顺应。平衡是一种心理状态，当个体已有的认知结构能够轻松地同化环境中的新经验时，就会感到平衡，否则就会感到失衡。心理状态的失衡驱使个体采取行动调整或改变现有的认知结构，以达到新的平衡。平衡是一个动态的过程，个体就是在平衡—失衡—新的平衡中实现认知的发展。皮亚杰认为个体从出生至儿童期结束，其认知发展要经过四个时期。

（1）感知运动阶段（0～2 岁）。儿童依靠感知动作适应外部世界，构筑动作格式，开始认识客体永久性（Object Permanent），末期出现智慧结构。开始区分自己和物体，逐渐了解动作与效果之间的关系，获得初步的时空观念。

（2）前运算阶段（2～7 岁）。个体开始运用简单的语言符号从事思考，具有表象思维能力，但缺乏可逆性。

（3）具体运算阶段（7～12 岁）。出现了逻辑思维和零散的可逆运算，但一般只能对具体事物或形象进行运算。

（4）形式运算阶段（11～15 岁），能在头脑中把形式和内容分开，使思维超出所感知的具体事物或形象，进行抽象的逻辑思维和命题运算。

儿童思维摆脱了具体事物的束缚，把内容和形式区分开来，能根据种种假设进行推理。它们可以想象尚未成为现实的种种可能，相信演绎得出的结论，使认识指向未来。皮亚杰在进行上述年龄阶段的划分时，提出下列重要原理：① 认知发展的过程是一个结构连续的组织和再组织的过程，过程的进行是连续的，但它造成的后果是不连续的，故发展有阶段性；② 发展阶段是按固定顺序出现的，出现的时间可因个人或社会变化而有所不同，但发展的先后次序不变；③ 发展阶段是以认知方式的差异而不是个体的年龄为根据。因此，阶段的上升不代表个体的知识在量上的增加，而是表现为在认知方式或思维过程品质上的改变。

三、中学生人格发展的个别差异与因材施教

青少年心理发展的阶段特征如下：① 少年期（11～15 岁，初中阶段）具有半成熟、半幼稚的特点，充满着独立性和依赖性、自觉性和幼稚性的矛盾。抽象逻辑思维已占主导地位，但仍以具体形象作支柱，并出现反省思维；思维的独立性和批判性有所发展，但带有片面性和主观性；心理活动的随意性显著增长，可长时间集中精力学习，能随意调节自己的行动，产生成人感，独立意识强；关心自己和别人的内心世界，社会高级情感迅速发展；道德行为更加自觉，但自控力不强。② 青年初期（15～18 岁，高中阶段），生理上、心理上、社会性上向成人接近，智力接近成熟，抽象逻辑思维已从“经验型”向“理论型”转化，出现辩证思维；社会高级情感有了深刻发展；形成了理智的自我意识，但理想自我与现实自我、自我肯定与自我否定常发生冲突；意志的坚强性与行动的自觉性有了较大的发展。

青少年时期个体差异逐渐明显，具体表现在以下两个方面。

（1）学生的认知差异。认知方式又称认知风格，是个体在知觉、思维、记忆和解决问题

等认知活动中加工和组织信息时所显示出来的独特而稳定的风格。认知差异表现为：① 场独立与场依存。场独立性的人对事物的知觉和判断不易受外来因素的影响和干扰，常根据自己的内部参照，独立进行分析判断；场依存性的人较多地依赖外在参照知觉事物，或者难以摆脱环境因素的影响和干扰。② 沉思型与冲动型。沉思型，是指对问题的解答速度较慢但错误较少的类型；冲动型，是指对问题解答速度较快但错误较多的一种类型。③ 辐合型与发散型。教师对学生一般认知能力的发展变化应保持敏锐的目光，要知道学生的一般认知能力什么时候得到了提高，什么时候该从相对纯知识的教学转变为知识加方法的教学，以及什么时候学生已掌握了学习策略从而可以较少地进行学习策略训练。一旦学生的学习能力有了显著提高，就不应再采用教师指导过多的教学方法，否则不仅费时，而且会干扰学生自己的成功策略，从而降低学习效果。

（2）性格差异。性格是指个体在生活过程中形成的对现实的稳固的态度以及与之相适应的习惯化的行为方式。差异表现为性格特征差异（对现实态度的性格特征、性格的理智特征、情绪特征和意志特征）、性格类型差异（外倾型和内倾型、独立型和顺从型）。性格的个别差异影响学生对学习内容的选择，影响学生的社会性学习和个体社会化。学校教育应重视情感因素的作用，使教育内容的选择和组织更好地适应学生的性格差异。

练习与思考

一、单项选择题

人格决定一个人的生活方式，甚至决定一个人的命运，这是人格的（　　）。

A. 复杂性　　B. 独特性　　C. 功能性　　D. 统合性

二、判断辨析题

个体倾向于利用自己的身体或内部参照作为信息加工依据的学习方式是沉思型认知风格。

三、简答题

1. 人格的概念是什么？
2. 重要的人格特质理论有哪些？
3. 如何看待气质与性格差异？
4. 重要的人格发展理论有哪些？
5. 生活中常有不合群的人，试解释其原因，并对他们提出建议或忠告。
6. 影响人格形成与发展的主要因素有哪些方面？

四、材料分析题

孔子的“性相近，习相远”说明人格的形成受哪些因素的影响？它们之间存在怎样的关系？

第九章　学习心理

【学习要求】

1. 掌握加涅的学习层次分类和学习结果分类。

2. 重点掌握学习的心理实质，了解人类学习和学生学习的区别。

3. 掌握联结学习理论和认知学习理论的主要观点，了解尝试—错误学习的基本规律、经典性条件反射的基本规律、操作性条件反射的基本规律、加涅的信息加工学习模式。

4. 重点理解掌握布鲁纳的认知—结构学习理论、奥苏伯尔有意义接受学习理论和建构主义学习理论的要点、基本内容，以及它们对教学实践的指导作用。

5. 掌握意义学习、接受学习、先行组织者的含义，了解人本主义学习理论的基本观点。

6. 着重掌握识记迁移、正迁移与负迁移、垂直迁移与水平迁移、顺向迁移与逆向迁移、一般迁移与具体迁移等基本含义。

7. 了解迁移的作用。

8. 理解形式训练说、共同要素说、经验类化理论、关系转换理论、认知结构等迁移理论的基本观点。

9. 掌握相似性、原有认知结构、心向与定势等因素对迁移的影响，重点掌握如何应用有效的教学措施促进迁移。

10. 掌握学习策略的含义以及认知策略、元认知策略和资源管理策略的种类。

11. 理解掌握复述策略、精细加工策略和组织策略的含义，元认知的概念与结构，学习策略训练的原则与方法。

12. 掌握运用指导教学模式训练学生复述策略、精细加工策略和组织策略。

第一节　学习的基本理论

一、学习的实质和类型

（一）学习的心理实质

学习是个体在特定情境下由于练习或反复经验而产生的行为或行为潜能的比较持久的变化。

（1）学习的发生是由经验引起的，这个经验过程可以是个体亲自参与做某件事，也可以是观察他人的活动，或者是阅读和听讲等。

（2）学习表现为行为或行为潜能的变化。由学习导致的变化有时能立即反映在行为变化上，如学会骑车。有时则需要很长时间才反映出来，这被看作行为潜能的变化，如个体的记忆、思维或价值观的变化。

（3）行为的变化并不等同于学习的存在。机体的行为变化不仅可以由学习引起，也可以由本能、疲劳、成熟等引起。由学习引起的行为变化是比较持久的，会使行为水平提高。而由疲劳、创伤、药物引起的行为变化比较短暂，并使得行为水平降低。成熟虽也能带来行为的变化，但比学习要慢得多，往往是与学习相互作用引起行为的变化。

（4）学习与表现不能等同。学习所带来的行为变化往往要通过行为表现出来，但学习与表现并不相同，个体的表现会因其智力，卷入程度以及学完获得的奖励等存在差异而不同。

（5）学习是个广义概念，不仅是人类普遍具有的，也是动物所具有的。它不仅包括有组织的知识、技能、策略等的学习，也有态度、行为准则等的学习。既有学校的学习，也有日常生活中的学习。

（二）学生的学习及其特点

1. 人类的学习和动物的学习的区别

（1）人类学习的社会性。人除与动物一样通过直接经验的方式获得经验以外，还在同其他人的交往过程中获得人类社会的历史经验。

（2）以语言为中介。人类通过语言符号，不仅能掌握具体的经验，而且能掌握社会历史经验和抽象概括的经验。

（3）积极主动性。动物学习的目的是适应环境，是被动的。而人类的学习不仅要适应环境，还要认识、改造世界。人是在积极地作用于环境、与周围人的交往过程中进行学习的。

2. 学生学习的特点

学生的学习是在教师的组织和引导下，有目的、有计划地进行的，学习的任务是要在一定的时间内掌握前人所积累的社会历史经验（包括知识、技能和道德规范等）。学生的学习与人类的学习过程有共同点，但又有其本身的特点。其特点可概括为以下几个方面。

（1）以间接性学习为主、直接性学习为辅。学生学习的主要内容是掌握前人积累的社会历史经验。因而，学生没必要也不可能去重复前人的经验，基于这种情况，学生通过语言文字等间接经验的形式进行学习才是最有利的。

（2）组织计划性。学生的学习是在有目的、有组织、有计划的情况下进行的。学校和教师对学生的学习进行有目的、有计划的指导，是学生在有限的时间里达到社会要求的必要条件。这就要求教师既要掌握所教内容的内在结构，又要了解学生学习的特点。

（3）一定程度的强制性。学生的学习不是为了适应当前的环境，而是为了适应未来的环境。当学生意识不到当前的学习与未来生活实践的关系时，就不愿意为学习付出努力。因此，学校和教师在指导学生学习时，要注意运用各种方法培养和激发学生的学习动机，提高其学习的主动性和积极性。

当然，学生学习的根本任务是掌握前人的经验，但如果只是一味灌输，把学生当成一个接受知识的容器，则无助于提高学生的学习效果，甚至会妨碍学生的学习。学生时代是人身心发展迅速多变的时期，教师对学生学习的指导要注意遵循学生发展的一般特征，强调学生学习与人类一般人学习的特殊性。例如，小学、初中和高中学生在学习内容和学习方法等方面存在不同，这在很大程度上是因为学生具有不同的年龄特征。

（三）学习的分类

1. 学习层次分类

加涅根据学习的水平，由简到繁、由低到高，把学习分成八类，分别是：① 信号学习，即经典条件作用，个体学习对某种信号做出某种反应的过程。② 刺激—反应学习，即操作性条件反射，是指在一定情境下，个体做出反应然后得到强化的过程。③ 连锁学习：一系列刺激—反应的联结。④ 言语联想学习：由言语单位所联结的一系列刺激—反应的联合。⑤ 辨别学习：学习识别多种刺激的异同，并对它们做出适当的反应。⑥ 概念学习：学会认识一类事物的共同属性，并对同类事物的抽象特征做出反应。⑦ 规则或原理学习：学习两个或两个以上概念之间的关系。⑧ 解决问题学习：学会在不同条件下，运用所学规则解决问题。在这种分类模式中，低级学习向高级学习发展，高级学习要以低级学习为基础。

前三类学习都是简单反应，动物都能完成。后来，加涅对学习分类进行了修正，将前四类合并成一类，对概念学习进行扩展，可以概括为六种类型：连锁学习、辨别学习、具体概念学习、定义概念学习、规则的学习、解决问题的学习。

2. 教育目标分类

美国芝加哥大学教授布鲁姆根据教育应当达到的目标，把学习大致分为认知领域学习、情意领域学习、心因动作领域学习三个组成部分。每个领域都包含不同水平的学习类型，其间是由低到高递进的。布鲁姆的学习分类同教育目标紧密结合，使学生的学习不脱离社会对人才培养的需要，从而从宏观上把握学生的学习。

3. 我国心理学家的学习分类

在我国，一般习惯于根据学习的内容和结果把学习划分为以下种类：知识的学习，技能的学习，行为习惯的学习。

我国心理学家提出的这种分类的优点是比较符合学校教育的实际和需要，能帮助教育工作者按照同类型学习的特点和规律去指导学生的学习，在研究工作中也便于探讨不同类型学习的特点和规律。这种分类的缺点在于容易使知识的学习与道德品质的学习、知识的学习与能力的学习相互脱节。因此，采用这种分类时，应该注意几种学习类型之间的内在联系，要把它们有机地结合起来。

二、行为学习理论

行为学习理论最初的代表人物包括桑代克、华生、斯金纳、巴甫洛夫。该理论认为学习是外部可观察到的行为变化，是刺激—反应联结的形成过程，心理学家对刺激—反应的意义做出了不同的解释。

（一）经典性条件作用理论

俄国生理学家巴甫洛夫（I. P. Pavlov）几乎是与桑代克在同一时期通过动物实验发现了条件反射现象，提出了经典条件反射学说，并因此获得了诺贝尔生理学奖。巴甫洛夫在研究狗的消化现象时，仔细观察了狗的唾液分泌，即对食物的一种反应特征。他的实验方法是，把食物呈现给狗，并测量其唾液分泌。在这个过程中，他发现如果随同食物反复给一个中性刺激，即一个不会自动引起分泌唾液的刺激，如铃响，狗就会“学会”在给了铃响后不给食物也分泌唾液。一个原是中性的刺激与一个原来就能引起某种反应的刺激相结合，使动物学会了对那个中性刺激做出类似反应。这就是经典条件反射现象。在巴甫洛夫的早期实验之后，很多人曾用原生动物、鱼类、爬虫、鸡、白鼠、绵羊、猿猴和人做过实验，都证实了这种条件反射的存在。

在巴甫洛夫的实验中，食物叫作无条件刺激（US），US引起的反应叫作无条件反射（UR）：铃声原本是中性刺激，但是经过与食物的多次结合，铃声也能引起上述的无条件反射，因此铃声叫作条件刺激（CS）。CS 的呈现，应同时或略为提前于引起无条件反射的无条件刺激。经过这两种刺激的反复结合，也就是经过强化，条件刺激（CS）就成为有效地引起类似或相同于无条件反射的那种反射，这种反射就叫作条件反射（CR）。

经典条件反射在婴儿刚出生甚至出生前即可建立。例如，从婴儿出生起，每次喂奶前都发出一个蜂鸣器的声音，这样经过 3 ~ 6 天，只要蜂鸣器一响，啼哭和一般的活动就会停止，而且婴儿嘴会张开并做出吮乳的动作。也就是说，婴儿的条件反射已经形成。

强化在经典条件反射的形成过程中是一项关键性条件。经典条件反射的强度随强化次数的增加而增加，强化与以下几个概念密切相关。

1. 消　退

条件反射形成后，如果条件刺激（CS）不再伴随无条件刺激（US）出现，也就是说不再强化，条件反射的强度将逐渐降低，最后会降低到条件反射不再发生的程度。这一与条件反射形成相反的过程称为消退。在消退期间，刺激与反应间所建立联结似乎被破坏了，个体所学到的反应似乎被遗忘了。

2. 恢　复

消退现象发生后，如个体得到一段时间的休息，条件刺激再度出现，这时条件反射可能又会自动恢复。这种未经强化而条件反射自动重现的现象就称为恢复。恢复的产生是因为个体经休息后，原有的抑制作用消失。

3. 类　化

在经典条件反射形成过程中，个体对条件刺激之一（CS1）形成条件反射后，也可能对另外的与 CS1 相类似的条件刺激之二（CS2）、之三（CS3）不经强化而引起条件反射。这种对同类条件刺激不经强化而能引起条件反射的现象，被称为刺激类化。一般而言，同类刺激与原来的无条件刺激相似程度越大，即两者越相似，其类化或代替的可能性也越大。如幼儿因怕鼠而怕兔，某人因怕蛇而怕绳等。类化也可称为刺激泛化，对理解条件反射和学习有重大意义。

4. 分　化

类化的反面，即在条件反射过程中个体只对某特定刺激产生反应的现象。如炼钢工人辨别钢花、体操运动员保持姿势、儿童辨别是非、学生区别概念等，都可看作分化的结果。

5. 高级条件反射

高级条件反射人们可利用已形成的条件反射，进一步建立一个新的条件反射。例如，当一只狗形成条件反射后，停止强化，铃声继续出现。然而每次在铃声出现前，在狗的视觉范围内增加一张绘有黑色正方形的卡片，也就是说加上一个条件刺激。此一新加的刺激最初可能会引起狗的注意，不会引起唾液分泌，但经多次练习后，这种卡片单独出现时，就能引起狗的流涎反应。这种现象无疑是一种新的条件反射方式，即新刺激（黑正方形卡片）成为一个次级条件刺激，而原来的条件刺激（铃声）作为原级条件刺激，代替了原来的无条件刺激（食物），产生了强化作用。这种由原级强化衍生而成的强化被称为次级强化。

在人们的日常生活中，经典条件反射的现象可说是无处不在，如“望梅止渴”“一朝被蛇咬，三年怕井绳”等。

（二）联结主义理论

桑代克（Thomdike E.L. 1874—1949）的学习理论对整个世界的影响整整持续了半个世纪，他还是美国动物心理学实验的创始人之一，又是第一个系统地论述教育心理学的心理学家，曾享有很高的声誉，其理论和提出的规律在当今学校课堂上应用极为广泛。

桑代克与许多早期的行为主义学家一样，把行为与生理反应联系在一起，假定不仅简单行为，而且其他行为都决定于对环境中刺激的反射，而与大脑加工或思考没有什么关系。桑代克超越巴甫洛夫的地方在于他认为在某个行为之后出现的刺激会影响接下来的行为。

桑代克的学习理论是根据对动物的实验结果提出来的，其中最著名的是饿猫打开迷箱的实验（图 9-1）。

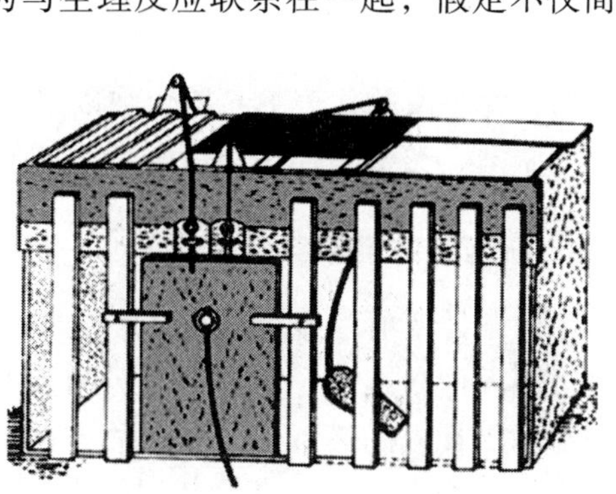
图 9-1　桑代克迷箱

将饿猫关入笼中，笼外放一条鱼，饿猫急于冲出笼门去吃笼外的鱼。但是要想打开笼门，饿猫必须一口气完成三个分离的动作。首先要提起两个门闩，然后按压一块带有铰链的台板，最后把横于门口的板条拨至垂直的位置。经观察，猫第一次被放入迷箱时，拼命挣扎，或咬或抓，试图逃出迷箱。终于，它偶然碰到踏板，逃出箱外，吃到了食物。在这些努力和尝试中，它可能无意中一下子抓到门闩或踩到台板或触及横条，结果使门打开，多次实验后，饿猫的无效动作越来越少，最后一入迷笼就会立即以一种正确的方式去触及机关打开门。桑代克记下猫逃出迷箱所需时间后，即把猫再放回迷箱内，进行下一轮尝试。猫仍然会经过乱抓乱咬的过程，不过所需时间可能会少一些。经过如此多次连续尝试，猫逃出迷箱所需的时间越来越少，无效动作逐渐被排除，以致到了最后，猫一进迷箱内即去按动踏板，跑出迷箱，获得食物。

桑代克认为动物的学习没有任何推理演绎的思想，其实质在于刺激—反应的联结。动物的基本学习方式是试探式的、尝试与错误式的学习。人和动物遵循同样的学习律。

桑代克根据对动物的研究，认为学习要遵循三条重要的学习原则。

（1）准备律。这是指学习者在学习开始时的预备定式。学习者如果有准备且活动，就会感到满意；有准备而不活动，或者无准备强制活动，都会感到烦恼。

（2）练习律。重复一个学会了的反应，将增强刺激—反应之间的联结，这种联结被练习和使用得越多，就会变得越强；反之，变得越弱。后来他修改了这一规律，因为他发现没有奖励的练习是无效的。联结需要通过奖励的练习才能增强。

（3）效果律。在一定情境下产生满意效果的行为倾向于在这一情境中重复出现。在情境与反应间建立的联结，如果伴随着满意的情况时，联结力量就会增强；如果伴随着烦恼的情况时，联结力量就会减弱。

桑代克的学习理论是第一个系统的教育心理学理论。他提出的学习规律涉及的范围很广，其中主要的三条学习规律一直是教育心理学中的重要争论点和研究的主要课题，还激起了后来许多心理学家的研究兴趣并作了大量实验，也是操作条件反射学习理论的重要组成部分。他的学习理论不仅对教育心理学的发展有贡献，而且广泛地被运用于中外学校教学的实践过程中，产生了巨大的影响。

行为主义心理学家们把学习看作形成刺激和反应的联结。但是，巴普洛夫和华生认为，学习是通过刺激和反应的相继出现进行的，而桑代克认为学习是通过行为受到奖励而进行的，桑代克为操作性条件作用理论奠定了基础。

（三）操作性条件作用理论

新行为主义的代表 B.F.斯金纳以严格控制的动物实验为基础，对操作行为及其行为过程、强化的原则、类型和程序进行了精细的研究，系统性阐明了操作性条件作用理论。

1. 斯金纳的经典实验

操作条件反射的概念来源于斯金纳（B. F. Skinner）及其“斯金纳箱”学习实验。该实验是将饥饿的白鼠或鸽子放进一个设有供食装置的箱（即斯金纳箱）中。箱内装有操纵杆，操纵杆与提供食丸的装置连接，动物并不能直接看到食物。动物在箱中最初是无目的地自发活动，偶然碰到操纵杆，供食装置会自动落下一粒食丸作为报偿。动物经过几次尝试后，就去会不断按压杆以获得食物，直到吃饱为止。在实验中，动物最初按压操纵杆的偶然动作经过强化（出现食物）而频率大增，最终学会了动作。在这里，动物按压操纵杆的行为成为获得食物的手段或工具，所以操作条件的反射又称为工具条件反射。

2. 操作性条件作用的基本规律

斯金纳认为人的所有行为都可分成两类：一类是应答性行为，这是由已知的刺激引起的反应；另一类是操作性行为，是有机体自身发出的反应，与任何已知刺激物无关，如书写、讨论、演讲等。这种操作性行为的形成关键是强化。与这两类行为相对应，斯金纳把条件反射也分为两类。与应答性行为相对应的是应答性反射，称为 S（刺激）型；与操作性行为相对应的是操作性反射，称为 R（反应）型。S 型条件反射是强化与刺激直接关联，R 型条件反射是强化与反应直接关联。斯金纳认为，人类行为主要是由操作性反射构成的操作性行为，操作性行为是作用于环境而产生结果的行为。在学习情境中，操作性行为更有代表性。

（1）强化。凡是能增强反应概率的刺激和事件都叫强化。相反，在反应之后紧跟一个导致反应概率下降的刺激则是惩罚。惩罚分为Ⅰ型惩罚和Ⅱ型惩罚，Ⅰ型惩罚通过呈现厌恶刺激而降低反应概率；Ⅱ型惩罚通过消除愉快刺激而降低反应概率。强化也有正强化与负强化之分。正强化和负强化的目的都是提高反应发生的概率，正强化通过呈现愉快刺激增强反应概率，负强化通过消除厌恶刺激来增强反应概率。强化还可以分为一级强化和二级强化。一级强化是满足人和动物的基本生理需要的强化，如食物、水、性等。二级强化是任何一个中性刺激与一级强化反复联合，获得了自身强化效力的强化，如金钱。

（2）强化程式。强化程式是指反应受到强化的时机和频次，可分为两种：连续强化程式，在每一个适当反应之后呈现一个强化；断续强化程式，只在有些而非所有反应之后呈现强化。断续强化程式根据时间和比率、固定和变化两个维度组合出 4 种强化程式：固定时距程式，固定时段后给予强化；固定比率程式，固定反应次数后给予强化；变化时距程式，不定时给予强化；变化比率程式，在不定反应次数后给予强化。

（3）消退与维持。有机体在作出某一行为反应后，不再有强化物伴随，那么此类反应在将来发生概率会降低，称为消退。在经典性条件作用中，如果条件刺激出现后，不再有无条件刺激伴随，那么久而久之条件作用就会消失。在操作性条件作用中，如果撤除强化，人或动物将不会持久地表现某一特定的行为，最终这一行为会消失。例如，推销员挨家挨户地推销一种机器，但是如果几周都没有卖出一台，他很可能会放弃推销。可见，没有强化发生，将会导致行为消退。强化的作用在于增加某种反应将来发生的概率，以达到塑造行为的目的；而消退是一种无强化的过程，其作用在于降低某种反应将来发生的概率，以达到消除某种行为的目的。因此，在教育实践中，消退是减少不良行为、消除坏习惯的有效方法。维持是指减弱甚至停止强化之后行为的持续。消退的原则表明，人类生活在一个比较复杂的世界里，对于大多数在学校中学到的技能和行为，我们的世界充满了自然强化。例如，一开始需要对学生的写作技能进行强化，但后面学生就不需要强化了，因为习作的过程本身就维持了这一行为。

（4）分化和泛化。操作性条件作用的分化是指知觉先前刺激的差异并对这种差异做出反应。分化就是利用一些线索、信号和信息进行强化。例如公司的财政情况、老板的心情关系到你的加薪要求是否能够被同意的分化刺激。泛化是指将行为、技能、概念从一个情境或任务的迁移。泛化最容易在相似的情境或概念中发生。例如，学生会用 7 个苹果减去 3 个苹果也会用 7 个橘子减去 3 个橘子。

3. 经典条件反射与操作条件反射的异同

两类条件反射有很多相似点。首先，两者的实质都是刺激与反应联结的形成；其次，两种条件反射形成的关键都需要通过强化；最后，有关条件反射的一些基本规律对两者都起作用，如消退、恢复、强化、分化和高级反射等。

两类条件的不同点在于经典性条件作用刺激—反应的联结，反应是由刺激引起的；而操作性条件作用则是操作—强化的过程。重要的是跟随操作反应之后的强化。可见斯金纳强调分析机体的反应以及对反应产生影响的环境条件，而不在乎机体内部发生了什么。

（四）社会学习理论

班杜拉不同意桑代克和斯金纳的外界刺激是行为的决定因素的观点，而认为人的认知能力对行动结果的预期直接影响人的行为表现，或者说人的许多行为是可以通过模仿习得的。同时，班杜拉还认为人类的学习大多发生于社会情境中，只有站在社会学习的角度才能真正理解发展。他将自己的理论称为社会学习理论，强调人类的学习是个人与特殊的社会环境持续相互作用的过程，学习者可以通过观察被模仿者（榜样）受到奖赏或强化而产生自我强化的作用。由于这一理念关注信念、期望、记忆以及自我强化等认知因素在社会学习过程中的作用，所以后来又被称为社会认知理论。

社会认知理论认为，儿童通过观察他们生活中重要人物的行为而习得社会行为，这些观察以心理表象或其他符号表征的形式储存在大脑中，来帮助他们模仿行为。例如，女儿常见母亲涂口红，趁其不在时自己也涂起了口红。

班杜拉认为观察学习包括四个部分：① 注意过程。在注意过程中，学习者会注意和知觉榜样情境的各个方面。榜样和观察者的特征决定了观察学习的程度，如观察者容易观察那些和自己相似或被认为优秀的榜样。依赖性强或焦虑的观察者更容易产生模仿行为，强化的可能性和外在的期望会影响观察者对榜样的选择。② 保持过程。在保持过程中，学习者记住他们从榜样情境中了解的行为，所观察的行为在记忆中以符号的形式表征。③ 复制过程。在复制过程中，学习者复制从榜样情境中所观察到的行为。④ 动机过程。在动机过程中，学习者因表现所观察的行为而受到激励。不过学习和表现是不同的，人们并不是把学到的每件事都表现出来，是否表现出来取决于观察者对行为结果的预期。动机过程中存在三种强化：直接强化，模仿行为后直接给出的强化；替代性强化，观察者因看到榜样受强化而受到的强化；自我强化，指观察者依照自己的标准对行为的做出判断后而进行的强化。

根据社会学习理论，学校教育过程更需重视社会媒体、电影、戏剧、小说、卡通片和社会环境等对学生行为的影响，更需注意榜样的作用；教师也要“为人师表”，而且在教学中实施的表扬或批评都必须客观、公平和机智。如果一些学生的不良行为被默许，循规蹈矩者实际上就会吃亏上当，受到嘲笑或否定，学生就可能在这种本质上是“反社会”的学习情境中形成不良的态度和行为方式。

此外，班杜拉还提出了自我调节的概念。他假设，人们能观察他们自己的行为，并根据自己的标准进行判断，由此强化或惩罚自己。

综上所述，在行为学习理论中不论是哪一派别，都十分重视强化的关键作用。换句话说，它们认为学习的实质是联结的形成，而促成联结形成的是强化。由于强化对学习的意义重大，因此，虽然我们已在前面介绍了它的含义和作用，仍然会根据需要再加讨论。

三、认知主义学习理论

认知学习理论强调已有知识经验的作用，重视人在学习过程中在头脑内部构造认知结构，注重理论在教学过程设计和学生学习方面的实际应用。帮助学生建立最佳的认知结构并且使用认知结构的迁移以不断获得新经验，是现代认知心理学的主要教学思想。

（一）格式塔学派的学习理论

几乎在行为主义学习理论产生的同时，在德国就出现了以韦特海墨为代表的格式塔学派。该学派认为学习是一种顿悟，当个体面临一个问题时，会产生认知上的不平衡，这会促使个体努力去解决问题以求得新平衡，而问题解决是在对问题情景有了整体把握，并对其内在实质有所顿悟后才实现的。该学派的代表人物苛勒对黑猩猩进行了一系列实验，描述学习过程。通过一系列实验，格式塔学派总结了完形—顿悟学说的基本内容。

在格式塔心理学家看来，学习就是知觉的重新组织。人在认知过程中需要把感知到的信息组织成有机的整体，在头脑中构造和组织一种格式塔，对事物、情境的各个部分及其相互关系形成整体理解，而不是对各种经验要素进行简单的整合。这一过程不是渐进地尝试与错误的过程，而是一种顿悟。

格式塔学习理论强调学习者知识经验的整体性和知觉经验的组织作用，关注知觉和认知的过程。但是他们把知觉经验组织的作用归因于脑的先验本能，带有严重的唯心主义和神秘主义色彩，后来皮亚杰对此做了严厉的批判。

（二）符号学习理论

托尔曼是一名新行为主义者，但他受到格式塔派的影响，经常用动物的动机、认识、预期、意向和目的来描述动物的行为。他以白鼠学习方位迷宫的实验证明了自己的理论，迷宫有一个出发点、一个食物箱和三条距离不等的通道，它们都通往食物箱。将白鼠放在出发点一段时间后，他发现白鼠会选择最短的通道 A 到达食物箱，此时若堵住通道 A，它会走第二短的通道 B，经过一系列实验，托尔曼提出了符号学习论。这种理论有三个基本观点：①学习是有目的的行为而不是盲目的。②学习是对“符号—完型”的认知，白鼠在迷宫图中，不是学习一连串刺激和反应，而是在脑中形成了“认知地图”。③在外部刺激和行为反应之间存在中介变量。

此外，托尔曼做了个潜伏学习的实验。他将白鼠分为三组走迷宫：一组无食物奖励；一组有食物奖励；第三组前 10 天无食物奖励，第 11 天有食物奖励。结果发现第三组在前 10 天的表现与第一组相当，而在第 11 天的表现发生剧变，后来甚至优于第二组。这一结果证明，外在的强化并不是学习产生的必要因素，不强化也会进行学习。托尔曼将这种在无强化条件下进行的学习叫潜伏学习。

（三）认知—结构学习理论

布鲁纳是一位在西方教育界和心理界都享有盛誉的学者。他非常关心学校教育和学生学习的问题，强调教学理论和学习理论的应用。

1. 认知表征理论

布鲁纳认为人类的智慧生长经历了三种表征系统阶段。

（1）动作表征。这一阶段儿童通过合适的动作反应来发现过去的事物。

（2）映象表征。儿童开始形成图像或表象，去表现在他们的世界中发生的事件。他们能记住过去的事件，并能在脑中想象出来。

（3）符号表征。这时儿童可以通过符号再现他们的世界，最重要的符号是语言。

布鲁纳曾用关于平衡木的研究来说明这三种模式的区别：一个很小的儿童，能够清楚地根据平衡木的“原理”去动作，并且用它可以在跷跷板上操纵自己来证明他能够平衡。他知道，要使他的这边下降更多，他的身体必须向离中心更远的方向移动。年龄稍大的儿童，能够用一个上面吊着可移动的小环使其平衡的模型，或者用一张图画来描述平衡木。平衡木的“意象”可能因为越来越少地出现不相关的细节而越来越精确，就像在物理学概论书中的典型图解那样。最后，能够不用图解的帮助，“象征性地”用言语描述平衡木，甚至还可能用牛顿的惯性物理学的力矩定律，用数学的方式对其进行更好的描述。

2. 认知结构和学习

人类在长期的进化过程中，形成了对外部环境多样的事物按照类别进行反应的能力，如我们摘蘑菇的时候要辨别哪些有毒。布鲁纳进一步认为人如果要超越直接的感觉材料，则要把感觉归入某一类别并据此进行推理，这些相关的类别就构成了编码系统。

编码系统对相关的类别做出有层次结构的安排，较高级的类别比较抽象，较低级的比较具体。这种内在编码系统也就是认知结构。

布鲁纳认为，对一门学科的学习包含几乎同时发生的三个过程，即新知识的获得、知识的转换、检查知识是否恰当和充实即评价。他认为新知识可能是原有知识的替代，也可能与原有知识相违背。总的来说，新知识的获得可使原有知识得到提高；知识的转换是指学习者把信息转换为各种不同方式，使之超出最初所给的事实，从而学到更多知识；检查知识是否恰当和充实是对知识的评价。布鲁纳认为每个人的学习都是以他原有的认知结构为基础的。个人的认知结构是每个人在一定文化训练中，在头脑中形成的种种对世界模式的结构。一个人对某事物的认知，实际上是一种构成过程，即人把他对事物的感觉材料与他头脑中形成的对客观世界的主观模式相联系，并推论出一个假设，然后用此事物的特性去核对他的假设的过程。也就是说，学生不是被动的知识接受者，而是积极的信息加工者。

3. 学习与教学的原则和方式

（1）注重知识结构。学科的知识结构也就是某一学术领域的基本观念，不仅包括一般原理，还包括学习的态度和方法。概念和原理越基本，它们对解决新问题、掌握新内容的适用性也越大。因此，布鲁纳把学科的基本结构放在设计课程和编写教材的中心地位，成为教学的中心。他认为学校的教学工作主要是帮助学生掌握基础学科的知识，并以此为同化点来完成对知识结构的更新，促使他们运用新的认知结构来完成对周围世界的感知。他主张教给学生学科的基本结构，主要是让学生掌握概括性程度更高的概念或一般原理，以有利于后继新知识的同化和顺应。布鲁纳认为，学习学科的基本结构的必要性有四点：促进理解，利于记忆，增强迁移，引导知识体系形成。

（2）发展学习的准备性。布鲁纳认为，我们的学校过去以过分困难为理由，把许多重要学科的教学推迟。而任何一门学科最基本的观念是既简单又强有力的。

（3）培养直觉思维。布鲁纳认为，直觉思维、预感的训练是正式的学术学科和日常生活中创造性思维的重要特征。我们应该领导学校儿童掌握这种天赋。

（4）激发内在动机。布鲁纳强调学习是个主动的过程。学习的最初刺激是对于所学材料的兴趣，而不是等级、奖赏之类的外来目标。教师应该做出更多的努力让学生对学习产生兴趣。

提倡发现学习。所谓发现学习，就是通过学习者的独立学习、独立思考，自行发现知识，掌握原理原则。发现学习是学生通过自己再发现知识形成的步骤，以获取知识并发展探究性思维的一种学习方式，与接受学习相对。发现，并不局限于寻求人类尚未知晓的事物。例如，在化学实验室里，你可能“发现”一条职业化学家早已熟知的原理，但由于事先没有人告诉过你，也没有从自己手上的书看到（尽管它早已写在有关书上），这就是你自己的发现，是千真万确的发现。这一条你自己发现的原理，要比你通过学习别人的发现理解深刻得多，记忆牢固得多。

提倡发现教学法。布鲁纳认为，对学习过程的重视，强调课题的学习结构，在强调分析性推理的同时注意直觉思维以及激发学习的内部动机等几方面，都可体现在一种教学方法中，这就是发现教学法。发现教学法是以培养探究性思维为目标，以基本教材为内容，使学生通过再发现的步骤进行学习。在应用发现教学法的课堂上，由教师先提出问题和例子，让学生自己去探索解决的方法及规则，并进而发现教材的结构。布鲁纳认为，学习和理解一般的原理、原则固然重要，但更重要的是发展一种探索问题的态度，培养学生拟订假设推测关系、应用自己的能力解决新问题的态度。

（四）认知同化学习理论

奥苏贝尔提出了有意义接受学习理论，提倡循序渐进、系统有意义地接受学习，并认为有意义的接受学习才是最佳的学习方式。为此，他仔细区分了机械学习与有意义学习之间的关系。

1. 有意义学习

（1）有意义学习的实质和标准。有意义学习是指在学习知识的过程中，符号所代表的新知识与学习者认知结构中已有的适当观念建立实质性和非任意联系的过程。这一论断既给有意义学习下了明确的定义，也指出了划分机械学习和有意义学习的两条标准。

第一条标准是新的符号和观念与学习者认知结构中的有关观念具有实质性联系。实质性联系是指新观念与学习者认知结构中的观念完全等值，用等值的语言不同的话语表达，其关系不变。如学生掌握 7×8=56，能确知 8 个 7 之和是 56，这就表明学生认知结构中的原观念（7 个 8 之和是 56）与 7×8=56 的新观念建立了实质性的联系。如果没有做到这一点，学生也能通过机械地背诵乘法口诀表而知道 7×8=56，但并没在新旧观念间建立起实质性联系，并无心理意义，只是一种“言语连锁”式的学习。

第二条标准是新旧知识的非任意联系，非任意的联系是一种合理的、别人可以理解、自然的而非人们主观强加的关系。例如，九九表所代表的知识并不能被 4 岁幼儿所理解，但他可以机械背诵，这时建立的联系是人为联系；学习英语单词“Thank you”，并不知道其构成及意义，仅以汉语类似发音“三克油”标记，通过读汉语而联想英文单词，就是人为联系，而真正理解“Thank you”的结构及含义，就是非人为联系。

机械学习是指学习材料无逻辑意义，无适当认知结构或无进行有意义学习的心向，只能获得人为的、逐字逐句联想的学习。机械学习借助的手段是人为任意附加的联系。记忆术往往利用形象或其他媒介、线索将本来没有联系的事物连接起来，达到对无意义材料或人们没有掌握意义材料的记忆。例如，为了记忆号码 30189，而利用“三拳一杯酒”帮助记忆等。

（2）有意义学习的条件。有意义学习的阐述从外部条件来看，学习材料必须具备逻辑意义。既然有意义学习是符号所代表的新知识与学习者认知结构中原有知识建立非人为的和实质性的联系，那么有意义学习的材料本身，必须满足这种非人为的和实质性的标准，这也就是学习材料所具有的逻辑意义。这里，逻辑意义指的是学习材料本身与人类学习能力范围内的有关观念可以建立非人为的和实质性的联系。也就是说，学习材料在人类能力范围内可以被理解。学习材料具有逻辑意义是有意义学习的客观条件。

从内部条件来看，第一，学习者必须具有有意义学习的心向。有意义学习的心向，是指积极主动地把符号所代表的新知识与学习者认知结构中原有的适当知识加以联系的倾向性。它类似于学习动机和学习积极性这类东西。第二，学习者认知结构中必须具备适当的知识基础。有逻辑意义的材料不一定是人人都能学习的，如数学中乘法九九表对于不知数的人不好掌握。所以，学习者认知结构中必须具有适当的知识，以便与新知识进行联系。第三，学习者必须积极主动地使这种具有潜在意义的新知识与他认知结构中有关的原有知识发生相互作用，使原有知识得到改造，新知识获得实际意义，即心理意义。

（3）有意义学习的类型。可分为三种类型：①表征学习，是指学习单个符号或一组符号的意义，或者说学习它们代表什么。②概念学习，实质上是掌握同类事物共同的关键特征。③命题学习，是指掌握概念或事物之间的关系。

2. 认知同化过程

（1）认知结构及其特征。奥苏伯尔认为，当学生把教学内容与认知结构联系起来时，有意义学习就发生了。① 固着观念。固着观念是指认知结构中对新知识起固定作用的适当观念。② 可辨别性。可辨别性是指新材料与原有观念之间区别的程度。③ 清晰稳定性。认知结构中的固着观念是否清晰、稳定也影响学生能否对新旧观念进行区别。

（2）认知同化过程。奥苏伯尔的认知同化理论认为，有意义学习是通过信息与学生认知结构中已有的有关观念相互作用发生的，这种相互作用导致新旧知识有意义地同化。根据新旧概念的概括水平及其联系方式的不同，奥苏伯尔提出了三种认知同化过程。①下位学习，即将概括程度或包容范围较低的新概念或命题，归属到认知结构中原有的概括程度或包容面较广的适当概念或命题之下，从而获得新概念或新命题的意义。②上位学习。即新概念、新命题具有较广的包容面或较高的概括水平。这时候，新知识通过把一系列已有的观念包含于其下而获得意义。③组合学习。当新概念或新命题与认知结构中已有的观念既不产生下位关系又不产生上位关系时，它们之间可能存在组合关系。这种只能凭借组合关系来理解意义的学习就是组合学习，即当新内容扩展、修饰或限定学生已有的命题并使其精确化时，表现出来的就是相关类属。

3. 接受学习

（1）接受学习的实质。接受学习是在教师指导下，学习者接受事物意义的学习，是课堂学习的主要形式。接受学习也是概念同化过程。同化理论的核心是：学生能否习得新信息，主要取决于他们认知结构中已有的有关概念；意义学习是通过新信息与学生认知结构中已有的有关概念的相互作用才发生的；这种相互作用，导致新旧知识意义的同化。奥苏贝尔认为，接受学习适合于年龄较大、有较丰富知识和经验的人。在接受学习中，所要学习的内容大多是现成的、已有定论的、科学的基础知识，这些知识通过教科书或教师的讲述，用定义的方式，直接向学习者呈现。这时不可能发现什么新知识，学习者只能接受这些已有的知识，掌握它的意义。学习者接受知识的心理过程表现为：首先在认知结构中找到能同化新知识的意义观念；然后找到新知识起固定点作用的观念的相同点；最后找到新旧知识的不同点，使新概念与原有概念之间有清晰的区别，并在积极的思维活动下融会贯通，使知识不断系统化。

（2）先行组织者技术。奥苏贝尔认为，影响接受学习的关键因素是认知结构中适当的起固定作用的观念可利用性。为此，他提出了先行组织者概念。所谓先行组织者，是先于学习任务本身呈现的一种引导性材料，它的抽象概括水平和综合水平高于学习任务，并且与认知结构中原有的观念和新的学习任务相关联。学生面对新的学习任务时，如果原有认知结构中缺少同化新知识的适当的上位观念，或原有观念不够清晰或巩固，则有必要设计一个先于学习材料呈现之前呈现的引导性材料，可能是一个概念、一条定律或者一段说明文字，可以用通俗易懂的语言或直观形象的具体模型，但是在概括和包容的水平上高于要学习的材料（因此属于下位学习），构建一个使新旧知识发生联系的桥梁。这种引导性材料被称为先行组织者。先行组织者在学生学习较陌生的新知识、缺乏必要的背景知识准备时，对学生的学习可以起到明显的促进作用，有助于学生理解不熟悉的教材内容。使用先行组织者，有助于促进学习的迁移，对于需要解决问题的迁移测验项目有明显的促进作用。如果学习材料只要求机械记忆，则效果不明显。先行组织者是指大量的间断信息——口头的、书面的或图解的——在接触新材料前呈现出来，以方便学习和理解。这种呈现不同于概述和总结，因为同其他的信息相比，它呈现在一个更为抽象的层面上——把“大图”设置在具体内容之前。由于该技巧需要明确的进入点，所以一般用于线性呈现（如传统的课堂教育），在非线性探究式学习情景里（如自由游戏模式）并不奏效。

奥林伯尔曾研究过先行组织者对学习有关钢的性质的材料的影响。实验组学生在学习该材料之前，先学习了一个“先行组织者”，即强调了金属与合金的异同、各自的利弊和冶炼合金的理由。控制组学生在学习该材料之前，先学习一个有关炼铁和炼钢方法的历史说明材料以提高学习兴趣，但没有提供可作为理解钢的性质的观念框架概念。结果两组学生在学习钢的性质的材料之后，实验组的平均成绩明显高于控制组。

（五）学习的信息加工论

加涅认为，学习是人可以持久保持且不能归因于生长过程的性情倾向或能力倾向的变化。这种变化可以从学习前后行为表现的变化中推断出来。

加涅根据现代信息加工理论提出了学习过程的基本模式，这一模式展示了学习过程中的信息流程。在这一模式中，外界环境中的刺激通过感受器转变为神经信息到达感觉记录器，其中部分被感觉登记了的信息进入短时记忆。短时记忆里的信息经过编码贮存在长时记忆里。当信息需要使用时，通过检索，从长时记忆中提取出来。信息被提取后，有的直接通向反应发生器，有的又回到短时记忆。在短时记忆中对提取出的信息进行核实确认，合适的则通向反应发生器，反之回到长时记忆中进行再次提取。这些成功提取出来的信息最终通过效应器作用于环境。除此以外，该模式还包括执行控制和预期两个部分，它们影响信息加工的整个过程，是信息加工模式中的重要结构，其中执行控制与知觉策略起着调节和控制作用，预期（动机）起着学习定向作用。

学习过程是一个从不知到知的活动过程。加涅把它分成八个阶段：① 动机阶段：要使学习发生，要激发学习者的动机。② 了解阶段：在了解阶段，学习者的心理活动主要是注意和选择性知觉。③ 获得阶段：所学东西进入短时记忆，对信息进行编码和储存。④ 保持阶段：已编码的信息进入长时记忆的储存器。⑤ 回忆阶段：信息的检索阶段。⑥ 概括阶段：在变化的情境或生活中利用所学的东西，就需要实现学习的概括化。⑦ 操作阶段：反应的发生阶段，就是反应发生器把学习者的反应命题组织起来，使他们在操作活动中表现出来。⑧ 反馈阶段：通过操作活动，学习者认识到自己的学习是否达到了预定的目标。

（六）认知负荷理论

根据学习的信息加工模型，学生的工作记忆容量有限，如果同时从事几种活动，则存在资源分配的问题，分配遵循“此多彼少，总量不变”的原则。如果某种材料含有多种信息的相互作用，其所需的资源总量超过了学生所具有的资源总量，就会存在资源分配不足的问题，影响学习或问题解决的效率，这就是认知负荷超载。

有学者区分了三种类型的认知负荷：内在认知负荷，是处理知识点之间相互作用为工作记忆带来的记忆负荷，取决于学生需要在工作记忆中保持的，用于理解的信息单元数量；外加认知负荷是由学习任务的设计和信息的呈现方式带来的负荷；生成认知负荷时用于图式获得和技能自动化的认知负荷，具体用于保持表征以及生成意义等加工过程。

内在认知负荷、外加认知负荷和生成认知负荷三者相加，总和不能超过工作记忆可获得的资源总量。当超过的时候就会导致认知负荷超载。然而，三者的关系不是平等、对称的。内在认知负荷提供一种基础负荷，是不可能削减的。通过图式获得和技能自动化，内在认知负荷减少，余下的工作记忆容量可以让学生运用新的学习材料获得更先进的图式。同时，教师也可以通过教学设计减少外加认知负荷来增加生成认知负荷的容量，促进学生学习。

四、人本主义学习理论

人本主义心理学是近三十年兴起的一种心理学流派，它自认为是在精神分析学派和行为主义学派之外的“第三种力量”。人本主义心理学观点认为人有决定自己行为的力量，个人不是被动的环境的接受者或牺牲者，他们有选择和影响自己生活方式的自由。

（一）人本主义学习理论的基本观点

1. 马斯洛的学习理论

美国心理学家马斯洛被公认为是人本主义心理学的代表人物之一，他以性善论、潜能论和动机论为理论基础，创建了理论化、系统化的自我实现心理学。

（1）自我实现的人格观。人本主义心理学认为人的成长源于个体自我实现的需要，自我实现的需要是人格形成发展、扩充成熟的驱动力。所谓自我实现的需要，马斯洛认为是人对于自我发挥和完善的欲望，也就是一种使他的潜力得以实现的倾向。正是由于人有自我实现的需要，有机体的潜能才得以实现、保持和增强。

（2）内在学习论。马斯洛认为，外在学习是单纯依靠强化和条件作用，被动、机械地学习，理想大学应该反对外在学习，倡导内在学习。内在学习就是依靠学生内在驱动充分开发潜能，达到自我实现的学习目的。马斯洛认为：“理想的大学是一种教育的隐退，使你能试着发现你自己：发现你喜欢什么，需要什么；你善于做什么，不善于做什么。人们将选取种种主题，出席种种讨论会，不敢十分肯定他们应走哪条路，但在寻找自己的使命，而一旦找到了它，他们便能很好地利用他们所受的技术教育。换句话说，理想大学的主要目标将是自我同一性的发现，同时也是使命的发现。”

2. 罗杰斯的学习理论

罗杰斯在 20 世纪 60 年代将他的“当事人中心”逐渐演变成“以人为中心”，其中在教育领域便是“学生中心”的教育主张。他的“以学生为中心”的教育思想集中体现在《自由学习》一书中。在该书中，他认为“以学生为中心”的学习是自由的，而自由学习是有意义的。因此，“学生中心”“自由学习”“有意义学习”常被当作同义语使用。

（1）知情统一的教学目标观。罗杰斯认为，情感和认知是人类精神世界中两个不可分割的有机组成部分，彼此是融为一体的。因此，罗杰斯的教育理想就是要培养既用认知的方式也用情感的方式行事的知情合一的人。这种知情融为一体的人，他称为“完人”（Whole Person）或“功能完善者”（Fullying Person）。当然，“完人”或“功能完善者”只是一种理想化的人的模式，而要想最终实现这一教育理想，应该有一个现实的教学目标，这就是“促进变化和学习，培养能够适应变化和知道如何学习的人”。他说：“只有学会如何学习和学会如何适应变化的人，只有意识到没有任何可靠的知识，只有寻求知识的过程才是可靠的人，才是真正有教养的人。在现代世界中，变化是唯一可以作为确立教育目标的依据，这种变化取决于过程而不是静止的知识。”可见，人本主义重视的是教学的过程而不是教学的内容，重视的是教学的方法而不是教学的结果。

（2）有意义的自由学习观。人本主义强调教学的目标在于促进学习，而学习是学生在好奇心的驱使下去吸收任何他觉得有趣和需要的知识。罗杰斯认为，学生学习主要有两种类型，即认知学习和经验学习；学习方式也主要有两种，即无意义学习和有意义学习；认知学习和无意义学习、经验学习和有意义学习是完全一致的。因为认知学习的很大一部分内容对学生自己是没有个人意义（Personal Significance）的，只涉及心智（Mind），而不涉及感情或个人意义，是一种“在颈部以上发生的学习”，因而与完人无关，是一种无意义学习。而经验学习以学生的经验生长为中心，以学生的自发性和主动性为学习动力，把学习与学生的愿望、兴趣和需要有机地结合起来，因而经验学习必然是有意义的学习，必能有效地促进个体的发展。

所谓有意义学习，不仅是一种增长知识的学习，而且是一种与每个人各部分经验都融合在一起的学习，是一种个体的行为、态度、个性以及在未来选择行动方针时发生重大变化的学习。在这里，我们必须注意罗杰斯的意义学习（Significant Learning）和奥苏伯尔的意义学习（Meaningful Learning）的区别。前者关注的是学习内容与个人之间的关系；后者则强调新旧知识之间的联系，只涉及理智，而不涉及个人意义。因此，按照罗杰斯的观点，奥苏伯尔的意义学习只是一种“在颈部以上发生的学习”，并不是罗杰斯所指的有意义学习。

罗杰斯的有意义学习具有四个要素：① 学习具有个人参与的性质，即整个人都投入学习活动；② 学习是自我发动的，即便在推动力或刺激来自外界时，也要求发现、获得、掌握和领会的感觉是来自内部的；③ 全面发展，也就是说，它会使学生的行为、态度、人格等全面发展。④ 学习是由学生进行自我评价的，因为学生最清楚这种学习是否满足自己的需要，是否有助于获得想要知道的东西，是否明了自己原来不甚清楚的某些方面。

（3）学生中心的教学观。人本主义的教学观是建立在其学习观的基础之上的。罗杰斯从人本主义的学习观出发，认为凡是可以教给别人的知识，相对来说都是无用的；能够影响个体行为的知识，只能是他自己发现并加以同化的知识。因此，教学的结果，如果不是毫无意义的，那就可能是有害的。教师的任务不是教学生学习知识（这是行为主义者所强调的），也不是教学生如何学习（这是认知主义者所重视的），而是为学生提供各种学习的资源，提供一种促进学习的气氛，让学生自己决定如何学习。为此，罗杰斯对传统教育模式进行了猛烈的批判。他认为在传统教育中，“教师是知识的拥有者，而学生只是被动的接受者；教师可以通过讲演、考试甚至嘲弄等方式来支配学生的学习，而学生无所适从；教师是权力的拥有者，而学生只是服从者”。因此，罗杰斯主张废除“教师”这一角色，代之以“学习的促进者”。

罗杰斯认为，促进学生学习的关键不在于教师的教学技巧、专业知识、课程计划、视听辅导材料、演示和讲解、丰富的书籍等（虽然其中的每个因素有时候均可作为重要的教学资料），而在于特定的心理气氛因素，这些因素存在于“促进者”与“学习者”的人际关系之中。那么，促进学习的心理气氛因素有哪些呢？罗杰斯认为，这和心理治疗领域中咨询者对来访者的心理气氛因素是一致的。① 真实或真诚：学习的促进者表现真我，没有任何矫饰、虚伪和防御；② 尊重、关注和接纳：学习的促进者尊重学习者的情感和意见，关心学习者的方方面面，接纳作为个体的学习者的价值观念和情感表现；③ 移情性理解：学习的促进者能了解学习者的内在反应，了解学生的学习过程。在这样一种心理气氛下进行的学习，是以学生为中心的，“教师”只是学习的促进者、协作者或者说伙伴、朋友，“学生”才是学习的关键。因此，这样的教学是开放性的，学习的过程就是学习的目的之所在，它是一种无结构取向的、鼓励思考的、重视接纳的教学。

（二）人本主义学习理论在教学中的应用

客观地说，罗杰斯等人本主义心理学家从他们的自然人性论、自我实现论以及当事人中心出发，在教育实际中倡导以学生经验为中心的“有意义的自由学习”，对传统的教育理论造成了冲击，推动了教育改革运动的发展。这种冲击和促进主要表现在：突出情感在教学活动中的地位和作用，形成了一种以知情协调活动为主线、以情感作为教学活动的基本动力的新的教学模式；以学生的“自我”完善为核心，强调人际关系在教学过程中的重要性，认为课程内容、教学方法、教学手段等都维系于课堂人际关系的形成和发展；把教学活动的重心从教师引向学生，把学生的思想、情感、体验和行为看作教学的主体，从而促进了个别化教学运动的发展。

当然，由于人本主义学习理论是根植于其自然人性论及自我实现论的基础之上的，因此在实际教学中，它片面强调学生中心，忽视了教师的指导作用，从根本上排斥了后天教育对学生产生的有系统、有目的的影响，把教育的功能贬低到了最低限度。同时，人本主义学习理论直接来源于心理治疗的理论和实践，是以“当事人中心”为基础提出“学生中心”的，把教学与治疗、学生与当事人、教师与治疗者等同，从而忽视了学校教育过程固有的特殊性。并且，它在反对传统教育轻视情感的基础上，又走向另一极端，过分轻视系统科学知识的学习，片面强调情感的重要性，并最终走向情感至上的歧途。

总之，人本主义学习理论既有其本身固有的缺陷，也有许多可取之处。它重视对学生的尊重和爱护，充分发挥学生主动性和创造力，主张教学工作要注意创设良好的人际关系和课堂气氛，使学生身心健康地成长以适应时代的变化和社会的要求，这些对于我国的教育改革是有所启发的，是值得借鉴的。

五、建构主义学习理论

（一）当代建构主义基本理论观点

1. 知识观

在知识观上，建构主义在一定程度上质疑知识的客观性和确定性，强调知识的动态性。按照客观主义的观点，事物是客观存在的，而知识是对事物的表征，科学概念是与各种事物相对应的，科学命题、定理等是经过科学验证了的对事物唯一正确的、真实的解释。只要掌握了这些知识，我们便掌握了这个世界的运转法则，便具有支配世界的力量。另外，语言可以赋予知识客观的形式，通过语言便可以实现知识在人们之间的传递。

建构主义则是与客观主义相对立的。它强调，知识不是独立于我们而事先存在的，是人们在社会实践中建立起来的暂定性的解释和假设。个体的知识是由人建构起来的，对事物的理解不仅取决于事物本身，事物的感觉刺激本身没有意义，意义是由人建构起来的，还取决于我们原来的知识经验背景。不同的人由于原有经验不同，对同一种事物会有不同的理解。

2. 学习观

学习者不是被动的信息吸收者，学习不是知识由外到内的简单转移和传递，而是学习者主动地赋予信息以意义，建构自己的知识经验的过程。学习者的这种知识建构过程具有三个重要特征。

（1）主动建构性。面对新信息、新概念或新问题，学习者需要主动激活头脑中的先前知识经验，通过高层次思维活动，对各种信息和观念进行加工转换，对新、旧知识进行综合和概括，解释有关现象，形成新的假设和推论，并对自己的想法进行反思和检验。

（2）社会互动性。学习是通过对某种社会文化的参与，内化相关知识和技能，掌握有关工具的过程，这一过程常常需要通过一个学习共同体的合作互动来完成。所谓学习共同体，即由学习者及其组学者共同构成的团体。

（3）情境性。知识存在于具体的、情境性的、可感知的活动中。它不是一套独立于情境的知识符号，不可能脱离活动情境而抽象地存在。它只有通过实际情境中的应用活动才能真正地被理解。

3. 教学观

（1）注重以学生为中心进行教学。学生是信息加工的主体，是意义的主动建构者，而不是外界刺激的被动接受者和被灌输的对象。教师是学生意义建构的帮助者、促进者，而不是知识的传授者与灌输者。教师应善于引发学生观念上的不平衡，高度重视对学生错误的诊断与纠正，充分注意每个学生在认识上的特殊性，努力培养学生的自觉意识和元认知能力。教师是解决问题教练和策略的分析者，应十分注意对于自身科学观和教学观的自觉反省和必要更新。

（2）注重在实际情境中进行教学。开发围绕现实问题的学习活动，注重让学生解决现实问题，尽量创设能够表征知识的结构、与学习有关的真实世界的情境，尽可能将学习者嵌入和现实相关的情境中，并作为学习整体的一部分，这样更有利于促进学生积极主动地建构关于知识的社会的、自然的意义。

（3）注重协作学习。建构主义认为，学习者以自己的方式建构对于事物的理解，从而不同人看到的是事物的不同方面，不存在唯一的标准的理解。我们可以通过学习者的合作而使理解更加丰富和全面。因此，建构主义指导下的教学组织形式有小组学习、协作学习等，主要在集体授课形式下的教室进行，提倡在教室中创建“学习社区”。

（4）注重提供充分的资源。建构主义强调要设计好教学环境，为学生自主建构知识的意义提供各种信息条件。

（二）建构主义的分类

教育中的建构主义可分为个人建构主义与社会建构主义。

1. 个人建构主义理论

个人建构主义关注个体是如何建构某种认知或者情感的。

(1)激进建构主义。激进建构主义的代表人物为美国哲学家、心理学家和控制论专家冯·格拉瑟斯菲尔德。该理论是对皮亚杰发生认识论的继承和发展。它有两条原则：① 知识不是通过感觉或交流被个体被动接受的，而是由认知主体主动地建构起来的，建构是通过新旧经验的相互作用实现的。② 认知的机能是适应自己的经验世界，帮助组织自己的经验世界，而不是去发现本体论的意义。

该理论认为，知识是主体赋予自己的经验流的一种形式，每一个主体只能认识自己的经验世界，否定社会交往在个体知识建构中的作用，完全陷入自我论，导致认识上的狭隘。

（2）生成学习理论。加州大学的维特罗克提出学习的生成过程模式，这一模式是以信息加工论的三级记忆系统为基础的，重在解释个体的知识建构过程。① 生成学习过程。在生成学习过程中，学习者通过原有认知结构—— 已经储存在长时记忆中的知识和信息加工策略，与从环境中接受的感觉信息相互作用，主动地注意和选择信息，并生成信息的意义。② 结构性和非结构性知识经验。维特罗克等人在中小学数学、科学和阅读等学科教育中对学生学习过程的大量研究表明，任何学科的学习和理解都不是在白纸上画画，学习总要涉及学习者原有的认知结构，学习者总是以其自身的经验，包括正规学习前的非正规学习和科学概念学习前的日常概念，来理解和建构新的知识或信息。

（3）认知灵活性理论。斯皮罗等提出了认知灵活理论，重点解释了如何通过理解的深化促进知识的灵活迁移应用。① 结构良好领域知识与结构不良领域知识。结构良好领域知识是指有关某一主题的事实、概念、规则和原理。它们由一定的层次结构组织在一起；结构不良领域知识是将结构良好领域知识应用于具体问题情境时产生的知识，即关于知识被应用的知识。② 初级知识获得与高级知识获得。初级知识获得是对结构良好领域知识的学习，只要求学生通过练习和反馈掌握一些重要的概念与事实，在测验中将学到的东西按照原样再生出来，如背书；高级知识获得是对结构不良领域知识的学习，要求学习在各种情境下通过应用知识解决问题，把握概念的复杂性以及概念之间的联系，最终能广泛而灵活地将知识应用到各种具体情境中。③ 随机通达教学。对同一内容，学习者要在不同的时间、在重新安装的情境中、带着不同的目的以及从不同的角度进行多次交叉反复的学习，以把握概念的复杂性并促进迁移。这种反复不是简单的反复，因为在每一次学习情境中存在着互不重合的方法，可使得学习者对概念产生新的认知。

2. 社会建构主义理论

社会建构主义关注学习和知识建构背后的社会文化机制，其基本观点是：学习是一个文化参与的过程，学习者通过借助一定的文化支持参与某个学习共同体的实践活动来内化有关知识，掌握有关的工具。

（1）文化内化与活动理论。维果茨基认为，人的高级心理机能的发展是社会文化内化的结果。所谓内化，就是人把存在于社会中的文化变成自己的一部分，来有意识地指引、掌握自己的各种心理活动。

维果茨基的学生和助手列昂节夫在维果茨基社会文化理论的基础上，更加系统地发展了活动理论。活动理论认为，人的心理是在人的活动中发展起来的，活动构成了心理，特别是人的意识的发生、发展的基础，活动在知识技能内化过程中起桥梁作用。

（2）情境性认知与学习理论。情境性学习理论认为，认识是情境性的，在一定程度上是知识被应用的活动、背景、文化的产物，学习应该与情境性的社会实践活动结合起来。

分布式认知是指分布在个体内、个体间，以及媒介、环境、文化、社会和时间等之中而进行的认知。

认知学徒制是由布朗提出的一种教学模式。他认为，知识经验少的学习者在专家的指导下参与某种真实的活动，能获得与该活动有关的知识技能。

抛锚式教学由布兰斯福德为首的旺达比尔特认知小组提出。它将学习活动与某种有意义的大情境挂钩，让学生在真实的问题情境中进行学习。

支架式教学是由建筑行业中的支架演化而来的，认为教师或其他助学者和学习者共同完成某种活动，为学习者参与该活动提供外部支持，帮助他们完成独自无法完成的任务。随着活动的进行，逐渐减少外部支持，使共同活动让位于学生的独立活动。

第二节　学习迁移

一、学习迁移的概念

学习是一个连续的过程，任何学习都是在学习者已经具有的知识经验和认知结构、已经获得的动作技能、已经习得的态度等基础上进行的。学习迁移是一种学习对另一种学习的影响。这种影响可以表现在知识的学习和技能的形成方面，也表现在学习方法和学习态度的相互影响方面。任何一种学习都要受到学习者已有知识经验、技能、态度等的影响，只要有学习，就有迁移，学习与迁移不可分割。由于迁移的作用，几乎所有的习得经验都是以各种方式相互联系起来的。

学习迁移表现最为人们熟知的是在知识和技能的相互影响方面。例如，学习加法与学习乘法之间的相互影响，学习汉语与学习英语之间的相互影响，这主要是知识学习的迁移；骑自行车和驾驶摩托车两种技能间的相互影响，主要是技能之间的迁移，等等。虽然在学校教育教学过程中，对知识和技能的研究成果较多，应用较为普遍，对学习态度、学习方式迁移的研究较少，但是我们应注意在学习的不同方面都可能存在相互影响的现象，研究和掌握它们的一般规律和不同特点非常重要。

迁移对于提高解决问题的能力具有直接的促进作用。迁移是习得的经验得以概括化、系统化的有效途径，是能力与品德形成的关键环节，迁移规律对于学习者、教育工作者以及有关的培训人员具有重要的指导作用。

二、学习迁移的分类

从不同的角度可以对学习迁移进行不同的分类。不同类别的学习迁移有不同的特点、表现和作用。

（一）知识、技能和态度的迁移

从迁移发生的学习类型或领域上看，迁移不仅发生在知识和动作技能的学习中，也发生在知识和动作技能的学习中，还发生在情感和态度的学习与形成中。例如，学习一种外语，有助于学习同一语系的其他语言。这属于知识的迁移。又如，学会弹钢琴有利于掌握手风琴。这属于动作技能的迁移。在某一学科中，教师要求作业必须整洁，这也许导致学生在其他学科也是如此，这就属于习惯、态度和情感领域的学习迁移。

（二）正迁移和负迁移

根据迁移的性质不同，可以把迁移分为正迁移和负迁移。正迁移是指一种学习对另一种学习产生积极的影响，包括一种学习使另一种学习具有良好的心理准备状态，或使另一种学习活动所需的时间或练习的次数减少，或使另一种学习的深度增加或单位时间内的学习量增加，或者已经具有的知识经验使学习者顺利地解决了面临的问题等情况。例如，掌握下井字棋的方法有利于对五子棋的学习，这就是一种技能的正迁移。负迁移是指一种学习对另一种学习产生消极的影响，包括一种学习对另一种学习的消极影响，包括一种学习所形成的心理状态，如反应定式，对另一种学习的效率或准确性产生了消极的影响，或一种学习使另一种学习所需的时间或练习次数增加，或阻碍另一种学习的顺利进行等。例如，已学的汉语拼音常干扰英语字母的读音，已掌握的汉语语法也易干扰英语语法的学习，以致阻碍英语发音和语法的正确掌握。负迁移是暂时性的，经过有目的的练习可以消除。教学的重要任务之一就是促使学生之间产生正迁移，避免或消除相互干扰。

以上在记忆领域的心理学研究中，正迁移又叫作前摄易化或倒摄易化，负迁移又叫作前摄抑制或倒摄抑制。

（三）顺向迁移和逆向迁移

根据迁移发生的前后方向，迁移可分为顺向迁移和逆向迁移。顺向迁移是先前的学习对后继学习的影响，逆向迁移是后继学习对先前学习的影响。例如，在学习中国历史中形成的正确的或错误的态度和方法，可能促进或干扰后来学习世界历史的过程；而后来学习世界历史的过程，也可能强化或削弱原先在学习中国历史过程中形成的态度和方法。不论是顺向还是逆向迁移，均有正负之分。

（四）特殊迁移与非特殊迁移

根据迁移发生的方式和范围来看，迁移可分为特殊迁移和非特殊迁移。非特殊迁移也称一般迁移，是将一种学习中习得的一般原理、方法、策略和态度等迁移到另一种学习中去。特殊迁移是指某一领域或课题的学习直接对学习另一领域或课题所产生的影响。

（五）近迁移和远迁移

这是根据学习迁移的不同程度来划分的，近迁移指将所学的经验迁移到与原学习情境比较拟合的情境中。远迁移指个体将所学的经验迁移到与原学习情境极不相似的其他情境中。

（六）低通路迁移和高通路迁移

这是根据迁移发生的自动化水平来划分的。低通路迁移指反复练习的技能自动化的迁移，如驾驶不同类型的汽车。高通路迁移指有意识地将在某一情境中习得的抽象知识运用到新的情境中，如利用做笔记策略来阅读文章。

三、学习迁移的基本理论

自从有了学习活动以来，学习迁移现象就一直为人们所关注，但从理论上对迁移现象进行系统研究却始于18世纪中叶，不同的研究者从不同的理论基础出发对迁移发生的原因、过程以及影响因素等方面进行研究和解释，其中影响较大的学习迁移理论主要有以下几种。

（一）形式训练说

形式训练说是最早的一种迁移理论，至今在欧美盛行了约200年，其心理学基础是官能心理学。该理论认为，人的各种活动都由相应的官能主宰，各种官能相互配合就能完成不同的活动。例如，利用记忆官能进行记忆活动，利用思维官能从事思维活动等。官能即注意、知觉、记忆、思维、想象等一般的心理能力。形式训练说认为迁移要经过一个“形式训练”的过程才能产生。各种官能就如同人的肌肉，可以通过训练得到增强，并且得到训练的官能又可以自动地迁移到其他活动中去，即一种官能改进了，其他所有官能也会在无形中得以加强，如记忆官能增强以后，可以更好地学会和记住各种东西。对各种官能的训练程度不同，各种官能及其组成的活动就会有强弱。形式训练说认为，要发展和提高各种官能，除了“训练”之外，没有别的办法，如感觉越用越敏锐，记忆因记忆而增强。这些能力如果不用、不训练，便会变弱。

这种理论认为，数学有利于训练推理能力的发展，几何学有助于训练逻辑思维的发展，语言学有助于训练记忆力。所以，在学校教育中，传递知识远不如训练官能来得重要。学生在学校的时间是有限的，而知识是浩瀚的，我们不可能把所有知识传授给学生。如果学生的官能出于训练而得到发展，学生可以随时获得知识。

但在20世纪初以后，形式训练说不断遭到来自心理学实验结果的驳斥。包括詹姆士的记忆实验，桑代克的学习迁移实验等。这些研究表明，形式训练说所主张的官能可以因训练而得到普遍促进的假设，缺乏足够的实验依据和现实依据。

（二）相同元素说

桑代克于20世纪提出相同元素说。相同元素说认为，只有在原先的学习情境与新的学习情境有相同要素时，原先的学习才有可能迁移到新的学习中去。并且，迁移的程度取决于这两种情境相同要素的多少。

这种理论建立在桑代克与伍德沃斯的一项实验研究之上。在实验中，他首先训练大学生对平行四边形的面积进行估计，然后对他们进行两种测验。第一种测验是继续判断 13 个类似前面的平行四边形的面积，第二个测验是判断 27 个三角形、圆形和不规则图形的面积。结果表明，被试对矩形面积的判断成绩提高了，但对三角形、圆形和不规则图形的判断成绩并没有提高。结果表明，学习中训练某一官能未必能使它的所有方面都得到改善。他以刺激—反应理论为依据，在一系列实验研究基础上提出了学习迁移的共同要素说。该理论认为两种学习之间只具有相同因素时，才会发生迁移，而且共同的因素越多，迁移的量就越大。例如，骑自行车与骑摩托车在协调和操作方式上有相同因素，所以迁移就容易发生。

桑代克所指的共同要素是不折不扣的共同因素，强调学习任务本身的共同特点。根据这种说法，没有相同要素或者相同成分的过程之间，两个完全不相似的刺激与反应的联结之间，就不可能产生迁移。这样，学习迁移的范围就会大为缩小。这种只是把迁移视为相同联结的转移，在某种程度上否认了迁移过程中复杂的认知活动，这是共同要素说的局限所在。

（三）概括化理论

概括化理论是由美国心理学家贾德于 1908 年提出来的。该理论认为，在经验中学到的原理原则是迁移发生的主要原因，而不管任务之间的表面相似性。该理论的依据是贾德在 1908 年所做的水下打靶的经典实验。他以五年级和六年级的小学生为被试，分成两组，要他们练习用标枪投中水下的靶子。在实验前，对一组讲授了光学折射原理；另一组不讲授，只能让他们在尝试中获得一些经验。在开始投掷练习时，靶子置于水下 1.2 英寸处。结果，讲授过和未讲授过折射原理的学生，其成绩相同。这是由于在开始测验中，所有学生都必须学会运用标枪，理论的说明不能代替练习。当把水下 1.2 英寸处的靶子移到水下 4 英寸时，两组的差异就明显地表现出来。未讲授折射原理一组的学生不能运用水下 1.2 英寸的投掷经验以改进靶子位于水下 4 英寸处的投掷练习，错误持续发生。而学过折射原理的学生，则能迅速适应水下 4 英寸的学习情境，学得快，投得准。贾德认为，学习过折射原理的学生已经把这种原理概括化并能够将其运用到不同情境中去，也就是产生了迁移，所以他们的成绩才会显著高于未学过折射原理的学生。而后亨德里克森等人改进了贾德的实验，增加了第三组，第三组更进一步加以指导。实验结果也证实了贾德的理论，并揭示出概括化不是一个自动的过程。如果在教学方式上注意如何概括，就能增加正迁移出现的可能性。

但原理的概括能力存在较大的年龄差异。年幼的学生不容易形成对原理的概括，对原理的概括能力会随着年龄的增长而提高。

后来的研究支持了概括化理论。例如，格式塔学派提出的迁移的关系理论和斯彭斯的转换理论因为彼此相近而被合称为转换—关系理论，这是对概括化理论的进一步发展。这一理论认为，迁移的关键在于被试对情境中各种关系或完形的顿悟，如果两个问题具有相同的深层结构关系，那么对其中一个问题的训练将会对另一个问题产生迁移。

（四）奥斯古德的三维迁移模型

奥斯古德在总结了大量迁移实验资料的基础上提出了迁移的三维模型，又称迁移逆向曲面模型。这一模型表明了迁移与两个学习情境的刺激或学习材料的相似程度的关系。图 9-2

中 S 代表刺激系列，箭头表示两个学习情景中的刺激从完全相同到无关的相似性变化。R 表示反应系列，箭头表示从反应完全相同到无关以致相反和对抗的变化，从加号到减号表明迁移的情况由正到零再到负。以粗线勾画的曲面则表示迁移发生的方向与数量，即迁移的逆向曲面。

这一曲面解释了迁移中的一些问题，也得到了一些实验证明，但由于奥斯古德总结的实验数据是从机械学习—对偶联想学的得到的。因此，在说明较为简单的学习的迁移现象时较有说服力，但要用以说明高级学习特别是意义学习中的迁移则会遇到很大的困难。

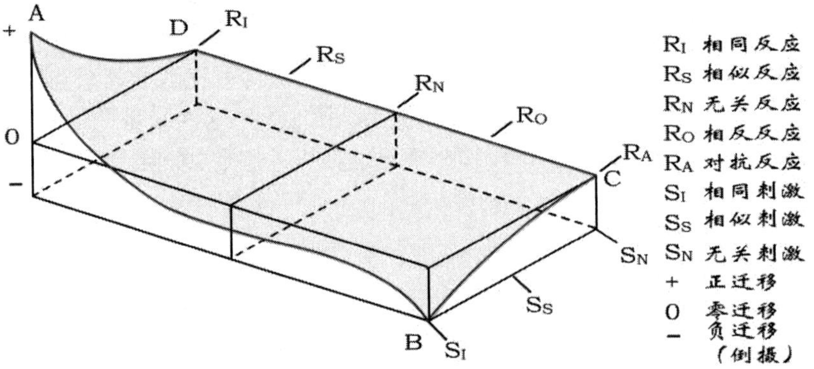

图 9–2　奥斯古德的三维迁移模型

（五）认知结构迁移理论

美国教育心理学家奥苏伯尔曾提出认知结构迁移理论，认为认知结构是知识学习发生迁移的重要原因。他认为，一切有意义的学习都是在已有学习的基础上进行的，不受学习者原有认知结构影响的新学习是不存在的，有意义的学习中一定有迁移。原有认知结构的清晰性、稳定性、概括性、包容性、连贯性和可辨别性等特性都会始终影响新的学习的获得与保持。

所谓认知结构，就是学生头脑里的知识结构，是学生头脑中全部观念的内容和组织，是影响学习和迁移的重要因素。个人认知结构在内容和组织方面的特征，称为认知结构变量，主要包括可利用性、可辨别性和稳定性。原有的认知结构就是通过这三个变量对新知识的学习产生影响。奥苏伯尔认为，学习迁移是原有认知结构与新学习知识的相互作用，原有认知结构可利用性、可辨别性、稳定性是影响学习迁移的关键因素。因此，将学习内容的最佳知识结构以最佳的方式呈现给学生，使其形成良好的认知结构并最终优化为各种能力，是促进学习积极迁移的重要条件。

认知结构的可利用性是指面对新知识的学习时，学习者原有认知结构中是否具有用来同化新知识的适当观念。这一特征涉及学生面对新学习任务时，头脑中是否有与新的学习相关的概念或原理及其概括程度。原有相关概念或原理概括程度越高，包容范围越大，迁移的能力就越强。

认知结构的可辨别性是指面对新知识的学习时，学习者能否清晰分辨新旧知识间的异同。这一特征涉及新学习的知识与同化它的相关知识的可分辨度，两者的可分辨程度越高，则越有助于迁移并避免因混淆而带来的干扰。

认知结构的稳定性是指面对新知识的学习时，用来同化新知识的原有知识是否已被牢固掌握。这一特征是指同化新知识的原有知识的巩固程度。原有知识巩固程度越高，则越有助于迁移。如果学生在某一领域的认知结构越具有可利用性、可辨别性和稳定性，那么就越容易导致正迁移。如果他的认知结构是不稳定的、含糊不清的、无组织的或组织混乱的，就会抑制新材料的学习和保持或导致负迁移。例如，有位老伯伯喜欢收藏古代名画，他首先要知道每个朝代画的价格，其次要分辨出哪些画是赝品，最后要牢固掌握各个朝代画家的画风和小习惯，这样他才能保证自己的画的收藏价值。奥苏伯尔的认知结构迁移理论代表了从认知观点来解释迁移的一种主流倾向。

四、迁移与教学

（一）影响学习迁移的因素

1. 学习材料之间的共同要素或相似性

先前的学习同后来的学习之间所包含的共同要素越多，迁移也就越容易产生。共同要素是迁移的基本条件之一。

2. 知识经验的概括水平

原有的知识经验概括水平越高，迁移的可能性也越大，效果也就越好。反之，知识经验的概括水平越低，迁移的范围就越小，效果也就越差。

3. 认知技能与策略

迁移过程是通过复杂的认知活动实现的，因此认知技能和策略的掌握及其水平，就必然影响迁移的实现。有时学习对象有共同因素，或已有知识经验的概括程度也比较高，但学习者对新的学习内容仍然不能实现迁移，原因是学习者虽然掌握了有关的知识，但没有掌握解决迁移中问题的认知技能和策略。

4. 心理定式

心理定式是一种特殊的心理准备状态，是由先前学习引起的对后继学习活动能产生影响的一种心理准备状态。心理定式对学习迁移的影响有积极的一面，也有消极的一面。例如，在做数学推理题时，你常常正向推理，这对你做大多数题目都会产生积极影响，而对于某些题目逆向推理往往会节约大量时间。

5. 学习态度与方法

当对学习活动具有积极的态度时，便会形成有利于学习迁移的心境，这样学习者便有可能将已知的知识与技能积极主动地运用到新的学习中去，找出其间的联系，学习迁移可能在不知不觉中发生。反之，学习态度消极，学习者就不会积极主动地从已有的知识经验中寻找新知识的连接点，学习迁移就难以发生。学习方法也会影响学习迁移，掌握灵活的学习方法有助于学习迁移。

6. 智力与年龄

智力对学习迁移的质与量都有重要的作用，智力较高的学生能比较容易地发现两种学习情境之间的共同要素或关系，能够比较顺利地将以前习得的学习策略和方法灵活地运用到后继的学习中。年龄也是影响学习迁移的一个因素，因为不同年龄阶段的学生的思维发展水平不同，学习迁移产生的条件与机制也不同。

7. 教师的指导方法

教师有意识的指导也有助于学习迁移的积极发生。教师在教学时有意地引导学生比较学习材料的异同，启发学生总结概括学习内容，注意提高他们的学习策略与学习方法，进行启发式、引导式教学，这些都会促进学生积极学习迁移的发生。

（二）为迁移而教

1. 整合学科内容

教师要注意把各个独立的教学内容整合起来，即要注意各门学科的横向联系。教师应该鼓励学生把某一科目中学到的知识运用到其他学科中去。例如，教师要学生去思考地理和历史、数学和物理等学科之间的关系。这就是加涅所说的横向迁移。

2. 加强知识联系

教师要重视简单的知识技能与复杂的知识技能、新旧知识技能之间的关系。教师要促使学生把已学过的内容迁移到新的学习内容中去。可以通过提问或简单的提示让学生能利用已有知识去较容易地学习新的、复杂的内容，即所谓的纵向迁移。

3. 强调概括总结

教师在教学中要注意启发学生对所学内容进行概括总结。一方面，在教学中，教师要引导学生自己对原理进行概括，培养和提高其概括总结的能力，充分利用原理的迁移；另一方面，在讲解原理时，教师要在最大范围内列举各种变式，使学生能正确把握其内涵和外延。教师还需要结合原理的具体运用情境进行教学，使学生能脱离学习原理的背景而把握其实质。在条件允许的情况下，教师可以尽量让学生在真实情景中去观察，实践原理的应用，若条件不允许，也应利用直观教具或生动的教学语言及计算机模拟等手段，让学生尽可能地增加感性认识。

4. 重视学习策略

教师应有意识地教学生学会如何学习，帮他们掌握概括化的认知策略和元认知策略。布朗等人的阅读理解实验证实了元认知策略有显著效果且能迁移到常规课堂的其他学习中。教师在教学中有意识地教学生一些认知和元认知策略将有助于学生学会如何学习，从而促进学习迁移。

5. 培养迁移意识

教师可以通过反馈和归因控制等方式使学生形成关于学习和学校的积极态度。教师要注意学生的反馈，当学生用其他学科的知识来解释某一学科的问题时，要予以鼓励。

第三节　学习策略

一、学习策略概述

（一）学习策略的含义

学习策略是指学习者为了提高学习的效果和效率，有目的、有意识地制订有关学习过程的复杂方案。对学习策略可从以下三个方面来理解：①把学习策略视作学习活动或步骤。它不是简单的事件，而是用于提高学习效率，对信息进行编码、分析和提取的智力活动，是选择整合应用学习技巧的一套操作过程。②将学习策略视作学习的规则、能力或技巧。③把学习策略视作学习计划，是学习者为了完成目标而制订的复杂的计划。

（二）学习策略的分类

不同的学者对学习策略的成分和层次有不同的看法，因此就有不同的分类。

1. 温斯坦的分类

温斯坦认为，学习策略包括：①认知信息加工策略，如精细加工策略；②积极学习策略，如应试策略；③辅助性策略，如处理焦虑；④元认知策略，如监控新信息的获得。

2. 丹瑟洛的分类

丹瑟洛认为，学习策略是由相互作用的两种成分组成的：基本策略和辅助性策略。

基本策略被用来直接操作教材材料，包括获得和存储信息的策略，以及提取和使用这些存储信息的策略；辅助性策略被用来维持学习的心理状态，又包括三种策略：计划和时间安排、专心管理以及监控与诊断。

3. 迈克卡的分类

迈克卡等人将学习策略分为认知策略、元认知策略和资源管理策略三种。

（1）认知策略是学习者加工信息的一些方法和技术，有助于有效地从记忆中提取信息。针对不同的知识信息采取的认知策略会有所不同，包括针对陈述性知识的复述策略、精加工策略和组织策略等，也包括针对程序性知识的模式再认识、动作系列实践学习策略等。例如，背书时按照一定逻辑背，对课上讲的一些理论在课下进行实践验证。

（2）元认知策略是学生对自己认知过程的策略，包括对自己认知过程的了解和控制策略，有助于学生有效地安排和调节学习过程。计划策略、监察策略和调节策略都属于元认知策略。如小明发现自己晚上做数学题很快且正确率也不错，他就找到了自己的计划策略；他又发现自己早读很困，改掉了睡前玩手机的习惯，这就是控制和自我调节策略。

（3）资源管理策略是辅助学生管理可用环境和资源的策略，有助于学生适应环境并调节环境以适应自己的需要，对学生的动机有重要的作用，包括时间管理策略、学习环境管理策略、努力管理策略和学业求助策略。例如，黑板右边有个钟，加强班级学风整顿，成绩好进步大的给予表扬，实行小组帮助。

二、认知策略

认知策略是学习者加工信息的一些方法和技术，有助于有效地从记忆中提取信息。认知策略在学习策略中起核心的作用，认知策略的改进是学习策略改进的原因。

（一）复述策略

复述策略是指在工作记忆中为了保持信息，运用内部语言在大脑中重现学习材料或刺激，以便将注意力维持在学习材料之上的学习策略。复述策略使新学的材料从短时记忆进入长时记忆中。知识的保持离不开复习。

1. 利用记忆规律

工作记忆的容量有限，要想尽可能多地复述内容，需要了解并合理利用一些基本记忆规律。

（1）干扰。干扰会阻碍个体复述刚才所学的信息。在学习时，我们需要考虑短时记忆的有限容量，在进行进一步学习之前，要在头脑中进行复述，避免干扰。

（2）抑制和促进。前后所学信息之间的消极影响称为抑制。当后面所学的信息干扰了先前所学的信息在记忆中的保存时，这种现象叫作倒摄抑制。当先前所学的信息干扰了后面的学习时，就叫前摄抑制。前后所学信息之间的影响也有积极的。学习某件事常常有助于以后学习类似的事，这种现象叫倒摄促进。后面所学的信息有助于先前的学习，这就叫前摄促进。在这些遗忘的原因中，倒摄抑制可能是最重要的。

（3）首因效应和近因效应。人们倾向于记住开始的事情，其原因可能是我们对首先呈现的项目倾注了更多注意，付出了更多的心理努力，造成了首因效应。在长时记忆中建立新信息时，进行心理复述是很重要的。在末尾的项目和测验之间几乎不存在其他干扰，会产生近因效应。

2. 合理复习

（1）及时复习。学习后必须及时复习，趁热打铁。须知学习后在当天复习一刻钟比一星期后复习一小时效果更佳。还须注意，及时复习不等于即时复习（如刚下课就复习）。一般来说，每天晚上睡觉前一刻钟将当天学习的重要内容回顾一下，效果较好。

（2）集中复习和分散复习。分散复习是相对集中复习而言的，集中复习就是集中一段时间一下重复学习许多次。分散复习就是每隔一段时间重复学习一次或几次。研究表明，定时复习时，分散复习优于集中复习，即一次复习两小时，不如分为四次，每次复习半小时效果更好。

（3）部分学习和整体学习。对于某种知识技能进行整体学习，可以减少其他事情对学习的干扰。相反，将这较长的内容分成一小段一小段的，学习起来则相对容易，这就是部分学习。

（4）自问自答或尝试背诵。所谓自问自答或尝试背诵的练习，就是在学习一篇材料时一边阅读，一边自问自答或自己背诵。这样我们可以在学习时根据自己回答或背诵的情况，检查自己的错误和薄弱环节，从而重新分配努力。这样学起来印象深刻，记忆牢固。

（5）过度学习。记忆某些项目，如果刚刚能背诵就停止学习，记忆效果一般不会太好。应该在完全记忆了材料并足以正确回忆之后，又继续增加学习的次数，使学习的巩固水平超过刚能背诵的程度是一种防止遗忘的措施。例如，学习某种材料，四遍后就能记住并正确回忆。为了巩固记忆，又多学了两遍，这两遍就是过度学习，其过度量为 50%。一般过度学习量保持在 50%～100%为好。

3. 自动化

随着学得越来越好了，我们完成任务所需要的注意力就越来越少。这样的一个过程就叫自动化。自动化主要是通过操练和练习获得的。

4. 亲自参与

在学习完成各种任务时，让个体亲自参与这些任务，要比让个体只看说明书或者只看教师完成这一任务学的要多。

5. 情境相似性和情绪生理状态相似性

在一定的情境中，人能联想起在这一情境中发生过的事。有研究表明，测验场合与学习场合相同时，回忆成绩较好。情绪状态相似性与情境相似性一样，也会大大影响记忆。鲍尔的实验证明，在测验时与学习时情绪状态相同的情况下，记忆成绩较好。

6. 心理倾向、态度和兴趣

心理倾向、态度和兴趣是影响记忆的一个重要因素。如果我们对某事感兴趣，或者对它抱有积极的态度，就会记得牢；反之，则容易忘记。因此，要想保持良好的记忆，最好的办法是保持积极的态度。

（二）精细加工策略

精细加工策略是一种理解性的记忆策略，是将新学材料与头脑中已有知识联系起来从而增加新信息的意义的深层加工策略。精细策略作为一种深加工策略，可以十分有效地提高记忆效果。但是，精细必须是学生自己产生的，不是外力强加的；精细必须与教学内容相关联。基本的精细加工的策略包括以下几种。

1. 记忆术

记忆术是从古罗马时代开始就有的一种助记方法，是记忆的窍门和方法的简称，是指一种通过给识记材料安排一定的联系以帮助记忆，并提高记忆效果的方法。常用的记忆术如下。

（1）位置记忆法。使用此法，需要学习者在头脑中创建一幅熟悉的场景，在这个场景中确定一条明确的路线，在这条路线上确定一些特定的点；然后将所要记的项目全都视觉化，并按顺序和这条路线上的各个点联系起来。回忆时，按这条路线上的各个点提取所记的项目。例如，想象在校园里从宿舍到商店的路，路上有书店、邮局、招待所、水房和食堂。现在所要记的项目为奶粉、黄河、面包、啤酒、香蕉，在所记项目和特定位置之间可以进行如下的联想：在书店里到处都弥漫着奶粉，书本上都沾满了奶粉；在邮局里人们全用黄油贴邮票；所有的沙发等家具全是面包制成的；水房里水龙头流出热气腾腾的啤酒；食堂改在舞厅，香蕉式的人们正翩翩起舞。这种联想越奇特越好。回忆时，只要按路线上的各特定位置提取所记项目就行了。位置记忆法对于记忆有顺序的系列项目特别有用，古代罗马元老院的政治家们常常用此法记住自己演说的要点。

（2）首字联词法。首字联词法就是利用每个词的第一个字形成一个缩写，然后变成自己所熟悉的事物，从而将材料与过去经验联系起来。有时，也可以将材料缩编成韵律和谐、抑扬顿挫的歌诀。例如，《二十四节气歌》：春雨惊春清谷天，夏满芒夏暑相连，秋处露秋寒霜降，冬雪雪冬小大寒。

（3）谐音联想法。学习一种新材料时运用联想，假借意义，对记忆亦很有帮助。有一次，欧洲有一个旅行团到了美国纽约，住在大中心区的一个宾馆里。出外游览之后回公寓，大家都忘了门牌号码，正在着急时，其中有一个科学家记得是2449号，因为这个数就是6的平方根只少一个小数点。这就是联想便利于记忆的证明。在记忆电话号码、门牌号时，利用谐音来记忆往往行之有效。

（4）关键词法。就是将新词或概念与相似的声音线索词，通过视觉表象联系起来。例如，英文单词“Tiger”可以联想成“泰山上一只虎”。这种方法在教外语词汇时非常有用。现有研究表明，这种记忆术也同样适用于其他信息的学习，如省首府名、阅读理解、地理信息等。

（5）视觉想象。就是通过形成心理想象来帮助人们对联系的记忆。心理想象是一种非常有效的记忆辅助手段，其他如位置记忆法、关键词法、限定词法都利用了视觉表象。联想时，想象越奇特而又合理，记忆就越牢。比如，可以使用夸张、动态、奇异的手段进行联想。例如，可以将“飞机—箱子”想象为“飞机穿过箱子”，“橘子—狗”可以想象为“一个比狗还大的橘子砸中了一只狗”，将“计算器—书”想象成“计算器印在书的封皮上”等。想象越奇特，加工就越深入越细致。

（6）琴栓—单词法。类似位置记忆法，只是学习者要把序列中的项目与一系列线索而不是熟悉的地点相联系。典型的琴栓—单词法是将数字和单词联系起来的一些韵律。例如，要按顺序记忆苹果、面包、牙膏，然后学习一系列与数字相关的琴栓词，如“one is sun”，最后将要学的项目和琴栓词以一种奇特的方式联系起来，形成形象的心理图像。

2. 灵活处理信息

（1）意义识记。卡图纳的数字实验证明了有意记忆的重要作用。在学习时，我们不要孤立地去记东西，而要找出事物之间的关系，这样即使所学信息部分被遗忘了，学习者也可以利用信息之间的关系将其推导出来。

（2）主动应用。我们学习的好多信息往往只能适用于限定的、人为的环境中，如果不在实际中应用，就成了惰性知识，难以发挥功效。学生在学习信息时，教师不仅要帮助学生感觉到这些信息有用，能把这些信息和其他信息联系起来，并在课堂以外的环境中应用它们。

（3）利用背景知识。精细加工策略强调在新学信息和已有知识之间建立联系，背景知识的多少在学习中是非常重要的。一个学习者如果非常了解某一课题，那他就有完美的图式融合新的知识。背景知识比一般学习能力更能使我们预测学生能学会多少。教师一定要把新的学习和学生已有的背景知识联系起来，并要能联系实际生活，帮助他们理解这些信息的意义。

（三）组织策略

组织策略可以整合新知识之间、新旧知识之间的内在联系，形成新的知识结构。当个体把所学的新知识联系起来并组织成具有内在结构的体系时，就会延长这些知识的记忆时间。组织策略和精细加工策略是密不可分的，如做笔记和写提要等实际上是两者的结合。下面是一些常用的组织策略。

1. 列提纲

用简要的语词写下主要和次要观点，也就是以金字塔的形式呈现材料的要点，以对材料进行系统的分析、归纳和总结。每一具体的细节都包含在高一级水平的类别中，这就是列提纲。所列的提纲要具有概括性和条理性，但其效果取决于学习者如何利用它。一个有效的方法是让学生每读完一段后用一句话作概括；另外一种方法是让学生准备一个提纲来帮助别人学习材料，其部分原因是这种活动使得学习者不得不认真考虑什么重要、什么不重要。

2. 做图解

获得的知识如果不纳入组织结构中，迟早就会遗忘。把零散的知识绘制成图形，是巩固记忆的好办法。无论绘制什么样的图形，图形的中心应该是主要观点，有时还可以代替做笔记和列提纲。这些图形类别包括：① 系统结构图。对学习材料进行归类整理，将主要信息归为不同水平或不同部分，然后形成一个系统结构图。复杂的信息一般被整理成一个金字塔式的层次结构，就容易理解和记忆了。在金字塔结构里，较具体的概念要放在较抽象的概念之下。②运用理论模型，即利用图解的方式来说明在某个过程中各要素之间是如何相互联系的，建立相符的理论模型。当某一课中含有模型时，学生不仅能学得到，而且能运用他们学得的知识去创造性解决问题。此外，对于程序性知识可以采用流程图的形式，它可用来表现步骤、事件和阶段的顺序。流程图一般是从左向右展开，用箭头连接各步。③ 概念关系图。可以图解各种观点是如何相互联系的。作关系图时，首先找出课文中的主要观点；然后找出次要观点或支持主要观点的部分；接着标出这些部分，并将次要观点和主要观点联系起来。网络关系图在学习、教学和测评中被广泛应用。

3. 做表格

表格也是一种形象而又条理地表述学习材料的策略之一。通过表格，可以将相关信息组织起来，使之成为一种可理解、具体形象的形式，帮助学生理解、记忆和迁移。主要包括：① 一览表。对材料进行全面的综合分析后抽取主要信息，从某一角度出发，将这些信息全部陈列出来，力求反映材料的整体面貌。例如，学习历史、地理时就常常采用这种方法。② 双向表。双向表是从纵、横两个维度罗列材料的主要信息。层次结构图和流程图都可以演变成双向表。

三、元认知策略

所谓元认知，就是对认知的认知，即个体对自己的认知过程和结果的意识与控制。一般认为，元认知包括两个相互独立又相互联系的组成部分，即元认知知识和元认知监控。元认知监控是认知重要的心理成分。

元认知策略是一种典型的学习策略，是指学生对自己整个学习过程的有效监视及控制的策略。概括起来，元认知策略大致可分以下三种。

（一）计划策略

计划策略是根据认知活动的特定目标，在一项认知活动之前计划各种活动，预计结果、选择策略、想出各种解决问题的方法，并估计其有效性的策略。元认知计划策略包括设置学习目标、浏览阅读材料、产生待回答的问题以及分析如何完成学习任务。给学习作计划就好比足球教练在比赛前对对方球队的特点与出场情况提出对策。

（二）监视策略

监视策略是在认知活动进行的实际过程中，根据认知目标及时评价、反馈认知活动的结果与不足，正确估计自己达到认知目标的程度、水平，并根据有效性标准评价各种认知行动的策略。元认知监视策略包括阅读时对注意加以跟踪、对材料进行自我提问、考试时监视自己的速度和时间。这些策略使学习者警觉自己在注意和理解方面可能出现的问题，以便找出并加以修改。领会监视和集中注意是两种具体的监视策略。

1. 领会策略

领会策略一般在阅读中使用。熟悉的读者在头脑里有一个领会的目标，如发现某个细节、找出要点等。于是，他为了这个目标而浏览课文，随着这一策略的执行，达到目标后他就会体验到一种满足感。反之就会体验到挫败感。德文提出了几种提高领会监控策略的方法：①变化阅读的速度。②中止判断。③猜测。④重读较难段落。

2. 集中注意力

注意力和金钱、能源一样，是种有限的资源，在某时刻我们只能注意有限的事物。课堂上，有些学生往往很难把注意力集中在教学任务上，而分心于其他有吸引力的事物上。教师不仅要帮助学生挑选重要材料以引起他们注意，而且要教他们处理那些能分散注意力的事物的技巧。要做到这一点可以采取以下方法：①提前注意学习目标。②重点标示。③增加材料的情绪性。④使用独特的刺激。⑤告知重要性。

（三）调节策略

调节策略即根据对认知活动结果的检查（发现问题），采取相应的补救措施，根据对认知策略效果的检查，及时修正、调整认知策略。元认知调节策略与监视策略有关。例如，当学习者意识到自己不理解课程的某一部分时，他们就会退回去读困难的段落、在阅读困难或不熟悉的材料时放慢速度，复习他们不懂的课程材料。调节策略能帮助学生矫正他们的学习行为，使他们补救理解上的不足。

元认知策略的这三个方面总是相互联系在一起工作的。学习者学习时一般先认识自己的当前任务，然后使用一些标准来评价自己的理解，预计学习时间。应选择有效的计划来学习或解决问题，最后监视自己的进展情况，并根据监视的结果采取补救措施。

四、资源管理策略

资源管理策略是辅助学生管理可用的环境和资源的策略，对学生的动机有重要的作用。它主要包括时间管理策略、学习环境管理策略、努力管理策略、学业求助策略等。成功地使用这些策略，可以帮助学生适应环境，以及调节环境以适应自己的需要。

（一）时间管理策略

时间管理策略是通过一定的方法合理安排时间，有效地利用资源的策略。训练学生学会时间管理策略，首先需要帮助学生意识到时间及时间计划的重要性，并优先考虑时间的应用。

1. 时间排序

时间管理的方法因人而异，你可以给自己每小时制订详细的计划，也可以对一天的事情排序。排序的依据一般为事情的重要程度和紧急程度，依据这两个维度可以把事情分成几个类型，然后合理分配时间。

2. 有效时间管理的使用

在不同的时间里，人的体力、情绪和智力状态不同，学习的质量可能也是不一样的。每个人要根据自己的模式，安排学习内容，确保状态最佳时学习最重要的内容。有效的时间管理策略可以简单列为：①确立有规律的学习时段。②确立切实可行的目标。③使用固定的学习区域。④分清任务的轻重缓急。⑤学会对分心的事物说“不”。⑥自我奖励学习上的成功。

（二）学习环境管理策略

学习环境与学习效率的关系也不可忽视，学习环境会极大地影响学习效率。大量调查表明，许多学生学业不良、没有学习兴趣，与他们的生活中缺乏良好的学习环境有密不可分的关系。帮助学生学会管理自己的学习环境，积极做好学习准备，提高学习效果是必要的第一步。环境管理策略包括调节自然条件、设计好学习的空间等，尽量减少可能的干扰和分心的因素。

（三）努力和心境管理策略

系统性的学习大都是需要意志努力的，为了使学生维持自己的意志努力，需要不断地鼓励学生，激发其学习的内在动机；帮助其树立为了掌握知识而学习的信念、选择有挑战性的任务、调节成败的标准、正确认识成败的原因、自我奖励等。

（四）学业求助策略

学业求助策略是指当学生在学习上遇到困难时向他人求助，是一种重要的社会支持管理策略。奈尔森—黎高按照求助者的目的将学业求助划分为两类：执行性求助指请求他人“替”自己解决困难的行为。工具性求助，是指借助他人的力量由自己解决问题或者实现目标的行为。

练习与思考

一、单项选择题

学习程度对保持和遗忘有较大影响，实验证明，既不产生疲劳又使保持的效果最佳的过度学习的量为（　　）。

A. 100%　　B. 150%　　C. 200%　　D. 80%

二、判断解析题

负强化等同于惩罚。

三、简答题

1. 简述学习迁移的种类。
2. 简述概括化理论的主要观点。
3. 简述认知结构迁移理论的主要观点。
4. 简述教师如何有效促进学习迁移。
5. 简述学习策略的种类。
6. 简述精细加工策略的主要内涵。
7. 简述资源管理策略。

8. 简述奥苏贝尔有意义学习的条件。

9. 简述构建主义学习理论的基本观点。

四、材料分析题

（一）贾德曾做过一个著名的水中打靶实验，他把十一二岁的小学高年级学生分成A、B两组练习水中打靶。对A组被试先教以水的折射原理然后让其进行练习；B组则只进行练习、尝试，而不教原理。当他们达到相同的训练成绩以后，增加水中目标的深度，结果继续打靶时，学过原理的一组的练习成绩明显优于未学过原理的一组。

问题：

1. 简要阐释出现上述实验结果的主要原因。

2. 结合上述材料，概述相关学习迁移理论的基本观点。

（二）小明是个每天按时上学的好孩子，但其实他是个起床“困难户”。某一天，他发现班上的小壮同学迟到了，班主任看到后并没有对他进行实质上的批评，只是口头上说了几句。第二天小明就想着反正也不会被惩罚，他就睡过了头。到了教室，班主任依然没有对他进行批评，只是心里惊讶地说怎么小明也会迟到。从此以后，小明就成了经常迟到的人，班上的其他同学迟到次数也变多了，为此班主任也被领导批评了。

1. 简要阐述出现上述情况的主要原因。

2. 结合上述材料，概述相关学习理论的基本观点。

3. 如果你是班主任，你会在小明第一次迟到的时候对他说什么或让他做什么。

第十章　中学生的心理发展与教育

【学习要求】

1. 了解中学生心理发展的一般规律和特点。
2. 掌握中学生心理发展的重要理论。
3. 掌握中学生认知发展的重要理论。
4. 了解中学生性心理发展规律和相关教育对策。

第一节　中学生心理发展概述

一、中学生身体发展的一般特点

中学生身体发展主要表现在青春期，身高、体重急剧增加，个体逐渐达到性成熟，心、肺、脑和神经系统等也继续发育，主要表现在身体外形、体内机能、性的发育和成熟三个方面。

（一）身体外形

中学生身体发育很快，其身高、体重与面部等都发生了很大的变化。这些变化使他们在外形上逐渐接近成人。

1. 身高的增长

中学生的外形变化最明显的特征就是身高迅速增长。人身高的增长有两个高峰：第一个高峰发生在 2 岁左右，一般增加 50%以上；第二次生长高峰出现在青春期，在这个阶段，中学生身高增长异常迅速。据统计，在青春发育期之前，儿童平均每年长高 3 ~ 5 厘米。而在青春发育期，每年要长高 6 ~ 8 厘米，甚至可以达到 10 ~ 11 厘米。中学生的身高变化是有性别差异的。男生进入身高生长加速期的平均年龄是 13 岁，14 岁达到生长高峰，然后生长速度逐渐下降，到 15.5 岁时又退回到以前的生长速度。女生的这一过程要先于男生，大多数女生从 9 岁左右开始进入身高生长加速期，12 岁左右达到生长高峰期。

2. 体重的增加

体重的增加反映出身体内脏的增大、肌肉的发达以及骨骼的增长和变粗，也反映出营养及健康情况等，所以体重也是身体发育的一个重要标志。

3. 第二性征的出现

第二性征是性发育的外部表现，是中学生身体外形变化的重要标志。随着第二性征的出现，中学生开始从童年的中性状态进入两性分化状态。

（二）体内机能

1. 心脏压缩机能的增强

中学生的心血管系统出现了一些新的机能特点。首先，在形态上，作为人体运输系统的心血管系统也出现了第二次生长加速。心室壁的肌肉增厚，心肌纤维更富有弹力，这就为心脏每次收缩时能压挤出更多血液创造了条件。其次，在机能方面主要表现为心率、脉搏开始减慢。肺小叶结构逐渐完善，肺泡容量增大，与呼吸有关的某些肌肉发育加快，使呼吸功能进一步增强。

2. 肌肉力量的增强

中学生体重增加表明肌肉和骨骼发生了变化。在肌肉力量的发展水平上，男女间也存在明显的差异。

3. 大脑的发育

在量的方面，脑重及脑容量的增长不显著，因为儿童在10岁以前，其脑重已为成人的95%。但在质的方面，这时脑的发展还有较大进步。

（三）性的发育和成熟

生殖系统是人体各系统中发育成熟最晚的，它的成熟标志着人体生理发育的完成，具体表现如下。

1. 性激素的增多

性激素是整个内分泌系统活动的一个重要内容。中学生个体下丘脑的促性腺释放因子的分泌量增加，使垂体前叶的促性腺急速增加，导致性腺激素水平相应提高，促进性腺发育。

2. 性器官的发育

女性的性器官包括卵巢、子宫及阴道，男性包括睾丸、附睾、精囊、前列腺。

3. 性机能的发育

影响中学生生长发育的因素很多，诸如遗传、营养、运动、生活条件、气候环境等。

二、中学生心理发展的一般特点

人的生理发展与心理发展是密切联系的。在人一生的大部分时间里，生理发展与心理发展的速度是相互协调的，因而使个体的身心处于一种平衡、和谐的状态。主要表现在以下几个方面。

1. 性成熟提前，性道德发展滞后

由于性器官和性机能的发育成熟、性激素的分泌和第二性征的出现，中学生开始意识到两性差别与两性关系。他们不同程度地出现了易于幻想、易于冲动和对异性的好感、好奇，以及热情爱慕等现象。

2. “成人感”与不成熟性的纠葛

学生身体的迅速发育，引起了他们对自我成熟过程比较强烈的自我体验。他们有自己的看法和意见，想表现出自己的成熟。有的甚至学吸烟、喝酒，认为这是成年人的权利，他们也盲目模仿。

3. 自尊与自卑并存

与成人感相联系，学生的自尊心与好胜心得到了发展。他们在与别人相处的过程中，对于别人对自己的态度特别敏感，他们希望别人尊重自己的权利，尊重自己的个性和尊严。

4. 求知欲与识别力相矛盾

学生渴望获取知识，求知欲强，好奇心强。这对于促进他们智力的发展、创造力的觉醒以及积累大量的知识，无疑起着十分积极的作用。但先进的文化知识和一些腐朽没落的生活方式、价值观念等常常交织在一起，各种信息从不同渠道不断涌现，青春期的中学生辨别力不如成人，抗拒诱惑的能力较差，往往良莠不分，会把错误和含有毒素的东西也接受下来，有的甚至在不良信息的影响下走上犯罪道路。

5. 闭锁性与开放性共生

学生由于自我意识的发展，内心世界更加丰富多彩，但又不轻易表露出来。他们有了心灵的秘密，即使对最亲近的人也不吐露真情。闭锁性又带来了新的矛盾，他们感到孤独，抱怨别人不理解他们，于是产生了希望被人理解的强烈愿望。他们热衷于寻找了解他们的人，找志同道合的朋友，一旦遇到自己信得过而又理解自己的人，就会把自己的真心、真情、真话倾诉出来。

6. 敏感性与偏激性交织

学生受旧事物的影响比较少，没有多少陈规陋习。他们才思敏捷、思想解放、接受新事物快；他们行为果断、敢想敢说、敢作敢为，并有向腐朽事物发起冲击的大无畏精神。但他们缺乏社会经验，初出茅庐，阅历较浅，见识不多，思想比较单纯，缺乏辨别能力，易偏激、片面，易犯绝对化的毛病。

7. 自觉性与受暗示性同在

随着学生独立性的增强，行为的自觉性也在增强。中学生的行为自觉性并不完善。他们在高中阶段甚至上大学之后意志的自觉性还容易出现独断性，突出地表现在喜欢争论却往往理由不足、坚持错误的意见、不能自制等。

第二节　中学生的认知发展与教育

一、认知发展理论

中学生认知的发展为其完成更多高级的思维活动和任务提供了必不可少的支持。心理学非常重视对个体认知发展的研究，涌现了大量重要的理论。其中以维果茨基、皮亚杰、柯尔伯格等人最为著名。

（一）维果茨基的认知发展理论

维果茨基与皮亚杰被誉为发展心理学上的两位巨人。虽然在20世纪六七十年代皮亚杰的思想就已统治了认知发展的领域，并引发了难以计数的关于在教育中如何应用皮亚杰理论的著作的问世，但在20世纪八九十年代，维果茨基的理论统治了该领域。维果茨基的思想日益牢固的统治地位在很大程度上是由于维果茨基认识到，发展的成就不但依赖于单纯的成熟，而且依赖于社会及其他环境的影响。

1. 社会文化：影响认知发展的要素

在心理学思想上，维果茨基与西方心理学家的不同之处在于，他采用了社会文化历史的观点解释人类认知的发展。维果茨基将人的心理机能区分为既有联系又有区别的两种形式：一种是自然的、直接的低级心理机能。另一种是社会的、间接的高级心理机能。前者为人类与动物所共有，主要包括感觉、知觉、注意、记忆、情绪等；后者为人类所特有，主要包括语言、思维、逻辑推理、想象、情感、意志和个性等。个体低级心理机能的获得是生物进化的结果。而人类高级心理机能的形成则是社会文化历史发展的结果。因此维果茨基认为，认知发展实质上就是由低级心理机能向高级心理机能转化的过程。人类高级心理机能既然是人类社会文化历史发展的结果，那么研究学生认知发展的问题时就不能忽略两点认识：一是人类社会文化随历史发展而演变，在不同时代中成长的学生，其认知发展有所不同。二是人类社会文化是多元的，不同文化背景下人的心理发展存在差异性，同一时代生活在不同文化形态下的学生，其认知发展的过程也有所不同。

2. 语言和言语：促进认知发展的工具

语言是维果茨基认知发展理论的核心。维果茨基认为，语言与思维的关系是前者为因，后者为果，即语言具有促进学生认知发展的功能。

3. 内化：推动认知发展的机制

在维果茨基的认知发展理论中，内化是指人们心理之间的过程向个人心理之内的过程的转化。维果茨基指出，人的心理发展的第一条规律是：人所特有被中介的心理机能不是从内部自发产生的，只能产生于人们的协同活动和人与人的交往之中。与此相关的第二条客观规律是：人所特有的新的心理过程结构最初必须在人的外部活动中形成，然后才能转移至内部，成为人的内部心理过程的结构。据此，维果茨基阐明了儿童文化发展的一般法则："在儿童的发展中，所有的高级心理机能都两次登台：第一次是作为集体活动、社会活动，即作为心理间的机能；第二次是作为个体活动，作为儿童的内部思维方式，作为内部心理机能。"显然，这种从社会的、集体的、合作的活动向个体的、独立的活动形式的转换，从外部的、心理间的活动形式向内部的心理过程的转化，就其实质而言就是人的心理发展的一般机制——"内化"机制。同时，这也表明内化的过程是一种转化的过程，而不是传授的过程。所以，要了解维果茨基有关认知发展的理论并将其有效地运用于促进儿童发展的教学之中，就必须认真研究以"转化过程"作为研究对象的维果茨基的心理发展的内化说。

4. 最近发展区：代表认知发展的潜力

在发展心理学和教育心理学领域，维果茨基思想影响最大的是他于20世纪初提出的最近发展区的概念，也称为潜在发展区。当时，有关教学与发展关系的认识尚含混不清。维果茨基认为，教学与学生发展的一定水平相适应，这是无可辩驳的事实，但关键在于如何理解发展水平。维果茨基认为，至少应确定学生的两种发展水平：一是学生现有心理机能的发展水平（学生实际的发展水平）；二是在成人的指导和帮助下所达到的解决问题的水平（学生潜在的发展水平），也就是通过教学所获得的潜力。根据这两个发展水平的界说，维果茨基提出了"最近发展区"这一概念。其意指认知发展真实水平（由独立解决问题所决定）与认知发展的潜在水平（由在成人的指导或与其他更优秀的同龄人合作解决问题所决定）这两者之间的距离。最近发展区存在个别差异和情境差异，即不同个体之间最近发展区有所不同；在不同情境中，同一个体也可能有不同的最近发展区。过去人们把学生发展水平仅仅看作静态的"点"，而现在学生发展水平是一个变动的"区段"，其下线是已有发展水平。维果茨基认为教学不要面向学生的昨天，而要面向学生的明天，面向那些正在走向成熟，但还处于形成状态的尚未完全成熟的过程，也就是说教学应当走在发展前面，引导发展。

（二）皮亚杰的认知发展理论

1. 儿童智力发展的根本原因和机制是活动

皮亚杰是从活动的内在机制方面对活动概念进行阐释的。他认为活动的内在机制表现为同化与顺应两种机能。在理解同化与顺应这两个概念之前，我们首先必须明确认知结构的概念。认知结构是皮亚杰理论中的核心概念，认知结构即"动作的结构或组织"，是人类吸收知识的基本架构。人类最初的认知结构是本能动作结构，如婴儿的吮吸结构、抓握结构等。随着主客体相互作用次数的增多，本能动作结构将因经验的增多而日趋复杂，变为心理性的行为模式。每当个体遇到某事物时，他就用他的认知结构去核对、去处理。这种核对、处理也就是同化和顺应。同化是指主体将外界信息纳入认知结构之中的心理过程。同化是一切认识活动的基础，只有外界刺激被主体同化于他的认知结构之中，主体才能对客体做出反应，客体才能被认识。因此，同化表明了主体认识的能动作用。顺应是指当主体的原有认知结构不能同化外界信息时，对旧有结构加以调整、更新，以便能同化新客体的心理过程，顺应表明了主体认识的自我调节功能。皮亚杰所说的活动就是指儿童（主体）“根据兴趣所进行的机能行为”。它既可以表现为外显的躯体上的协调动作，也可以表现为内隐的头脑中的思维运算。

皮亚杰是一位结构主义心理学家，提出了心理发展的结构问题，并把图式作为一个重要的概念提出来。他认为，图式就是在头脑中内化的、简化了的行为模式，婴儿最初的图式来自先天遗传，如吮吸动作、抓握、行走，等等。以后在适应环境的过程中，图式不断变化、丰富和发展起来，即通过同化作用，巩固原有图式；通过适应，改造原有图式，形成新图式。随着旧平衡被打破，新平衡建立，原有的图式不断得到改造、完善，认识结构不断得到发展，儿童心理不断由低级向高级发展。

2. 儿童认知（智慧）的发展是主体（儿童）主动建构的

皮亚杰认为，儿童认知的发展是在主客体相互作用的认识活动中，同化作用将大量外界信息纳入主体的认知结构，从量上丰富原有结构；顺应作用从质上对原有结构加以更新，使认识活动在更高水平上进行。关于同化和顺应二者的关系，皮亚杰认为二者互为前提、互为基础。首先，顺应由同化所指引，没有同化就没有顺应。只有当主体试图同化客体，而又不能将新客体同化时，即当儿童的认识处于不平衡状态时，才能引起主体的顺应活动。其次，顺应的目的是同化新客体，认识新客体。如果顺应活动不能取得成功，新客体也就不能被同化，同化只能在原有水平进行，认识也就得不到发展。因此，主体智慧（认知结构）的发展离不开同化和顺应的联合作用。在同化和顺应的联合作用过程中，主体的认识（智慧）发展就是通过认知结构的不断建构和转换实现的。根据主体建构形成的认知结构性质，皮亚杰将儿童智力发展划分为下列四个阶段。

（1）感知运动阶段（0 ~ 2 岁）。该阶段儿童的智慧是一种实践智力，能协调动作与感知觉的关系，但没有表象、思维和语言，动作结构没有内化。

（2）前运算阶段（2 ~ 7 岁）。该阶段儿童的实物动作还不具备运算性质，动作不能反向进行。

（3）具体运算阶段（7 ~ 11 岁）。该阶段儿童的实物动作内化为具有可逆性和守恒性的具体运算，即儿童只能联系具体事物或熟悉的经验进行逻辑思维，思维的内容和形式不可分。

（4）形式运算阶段（11 ~ 14、15 岁）。该阶段儿童的动作协调内化为形式运算，思维内容和形式是区分开的。儿童能运用符号系统去处理各种抽象的事物和关系。

皮亚杰根据长期的实验研究，总结出儿童心理发展表现出如下特点。

（1）发展具有阶段性。每个阶段与其他阶段有质的差异。

（2）发展具有固定的连续的顺序，阶段可以提前或推迟，但顺序不会跳跃或颠倒。

（3）每一个阶段的结构是在前一阶段的基础上形成的，形成的结构又为下一个阶段、结构提供条件。

皮亚杰上述主体（通过同化和顺应）主动积极建构的认知智慧发展观，从个体认识发生角度说明儿童的认识活动是儿童自己的行为，这为活动教学奠定了较为科学的理论基础。

（三）柯尔伯格的认知发展理论

1. 道德认知的发展是儿童道德发展的核心

柯尔伯格继承了皮亚杰的观点，把儿童的道德发展看作整个认知发展的一部分，儿童的道德成熟过程就是道德认识的发展过程。他认为，一切道德行为都不是主体按特定规则机械做出的，而是以已有的认知对自身、事件、他人、社会期望、法律等因素进行分析决策的结果。个体品德水平的高低，并非因为他读到或记住更多更好的道德规则，而是因为道德认知水平的差异。在道德发展中起决定作用的是个人对不同环境的要求作出迅速反应的能力，儿童道德行为与道德判断的一致不是来自对某种社会规则的遵从，而是一种决策能力，即个体道德认知力。按照柯尔伯格的看法，道德认知是对是非、善恶行为准则及其执行意义的认识，并集中在道德判断上。他认为道德判断是人类道德的最重要成分，是道德情感、道德意志和道德行为的前提。因此，他所研究的道德认知发展主要集中于道德判断的发展上。正如柯尔伯格所说："我之所以坚决主张道德发展以道德认知为核心，意思在于主动性判断是道德的显著特征。"

柯尔伯格认为，认知有两种类型：一种是指智慧意义上的，一种存在于道德中。"道德发展的各个阶段均是以特定的逻辑运算思维为基础的，道德阶段与逻辑阶段在结构上虽然相似，但智慧发展往往是先于道德发展的或是与其平行的。"许多人认为，道德判断水平与智慧水平不一致，是由于意志和情感因素的作用。柯氏认为，认知和情感乃是同一心理事件、同一道德判断的不同方面。无论是情感的发展还是判断时情感的作用，都是一种内在具有浓厚认知成分的结构体。它们在本质上仍是认知的，是由认知发展过程中分化成的。因此，认知发展尽管不是道德发展的充分条件，但也是必要条件，发展道德认知力应当而且必须是道德教育的核心。

2."三水平六阶段"的道德发展阶段模型

柯尔伯格认为，道德判断可以从其结构和内容两个维度加以界定。道德判断的内容是指思考了什么，包括有关的道德事实、供参照的道德观念及相应的看法。道德判断的结构是指加工的方法和过程。"道德阶段只是道德判断或推理的结构，道德判断的结果必须与道德判断的内容区别开来。"

因此，评价人们道德认知发展的阶段，不能着眼于道德判断的内容，而必须考虑道德判断的思维结构。道德判断的结构限定道德发展的阶段。根据道德判断结构性质的不同，柯尔伯格把个体的道德发展划分为三个水平六个阶段。① 水平一：前习俗水平。包括阶段 1——惩罚与服从阶段；阶段 2——个人的工具主义目的与交换阶段。② 水平二：习俗水平。包括阶段 3——相互性的人际期望，人际关系与人际协调阶段；阶段 4——社会制度和良心维持阶段。③ 水平三：后习俗水平。包括阶段 5——至上的权利，社会契约或功利阶段；阶段 6——普遍的伦理原则阶段。柯尔伯格认为，道德发展的阶段模型反映的是个体道德认知由低级阶段向高级阶段发展的一般趋势。这在一切文化中都是如此，文化和教育可以加快、延缓或阻止个体道德发展，但绝不能改变其阶段顺序。

3. 道德发展的本质与条件

柯尔伯格认为，发展不是机体本能趋向的延伸，也不是外部刺激对心理作用的相加，而是个体内在特性在与客体互动中，按一定形式上的内在适切标准建构起来的。适切性是就道德认知结构与社会情景的关系而言的。由此，他指出道德发展是按一套发展顺序，由适切性小的认知结构进化到适切性较大的认知结构，即阶段的转型升级。它使个体不断调整与环境的关系，最大限度地减少冲突，做出更符合人类普遍价值原则的道德判断，在更广泛的范围内达到最大限度的心理平衡，从而实现自我。在这里，普遍性原则是就道德认知结构指导社会行为的公平性而言的。柯尔伯格认为："道德判断在特定阶段上有其独特的形式，而且这一形式与相应的智力判断的形式是平行的。"即每一道德发展阶段都以特定的逻辑运算为基础。由此柯尔伯格提出，角色承担是道德判断的核心，个体道德判断的差异关键是看他在社会上获得的"角色承担机会的数量"。

4. 道德讨论法和公正团体法

为了促进儿童道德和学校道德教育的发展，柯尔伯格提出了道德讨论法和公正团体法。道德讨论法是教师通过引导学生对道德两难问题进行讨论，引起学生道德认知冲突，激发学生进行积极的道德思考，从而促进学生道德判断水平提高。公正团体法是指通过一个公正的生活共同体（合作性团体）的实践活动过程，经由师生的民主参与、营造良好的团体氛围，以达到团体成员自我管理和自我教育的目的，并在此基础上提升团体成员的道德判断水平、引发道德行为的一种道德教育方法。概括地讲，其是指根据集体教育原则形成的，旨在影响学生的道德判断和道德行为的统一发展的道德教育方法。

二、中学生认知发展特点

中学生正处于个体身心加速发展的第二高峰期，生理素质尤其是神经系统的发展成熟，为其认知的发展提供了重要的物质前提。所以，整个中学时期都处于认知发展的迅速上升时期。初中生认知过程中的各个基本因素得到了进一步的提高和完善，这使得初中生能更轻松、快捷、有效地完成各种认知任务。新的认知结构的出现使得初中生能熟练地运用假设、抽象概念、逻辑推理的手段解决问题。概括地说，个体在初中阶段认知的主要特点是思维的抽象逻辑性占优势，但在很大程度上还需要经验的支持。到了高中阶段，其认知各要素迅速发展，认知结构不断完善，抽象逻辑思维进入了成熟阶段，辩证逻辑思维和创造性思维有了大幅度的发展，认知的自觉性增强，认知结构中的因素基本上趋于稳定状态，认知结构形成协同发展的新局面。

（一）中学生认知发展的特点

1. 中学生认知结构的基本体系形成

中学生认知结构的各种要素迅速发展，认知能力不断提高，认知的核心成分——思维能力更加成熟，基本上完成了向理论思维的转化，抽象逻辑思维占优势地位，辩证思维和创造性思维有了很大发展。

2. 中学生认知活动的自觉性明显增强

由于理论思维和自我意识的发展，中学生的观察力、有意识记能力、有意想象能力迅速发展，思维的目的性、方向性更明确，认知系统的自我评价和自我控制能力明显增强。

3. 认知与情意、个性得到协调发展

中学生的认知发展离不开情感、意志和个性等。情感、意志、需要、兴趣、动机、理想、世界观、人生观、价值观等，对认知活动起定向、发动、维持和调控的作用；同时，认知发展又促进了情意、个性等发展。因此，中学生的认知结构和情意、个性等形成了协调发展的新局面，使其心理的整体水平得到提高。

（二）中学生观察力发展的特点

1. 目的更明确

他们能主动地制订观察计划，有意识地进行集中、持久观察，并能对观察活动进行自我调控。

2. 持久性明显发展

中学生意志能力增强，能排除各种干扰、坚持长时间观察。

3. 精确性提高

在观察活动中，中学生能全面深入地了解细节，既重整体辨认，又重细节辨认；观察的正确率逐步提高，对观察对象本质属性的理解逐步深化。

4. 概括性更强

中学生抽象逻辑思维逐渐占优势，言语表达能力进一步发展，观察的概括性、深刻性明显提高。

观察力是智力的重要组成部分。培养中学生的观察力要做到：明确观察目的和任务，提高观察的自觉性；教给观察的方法；培养观察的浓厚兴趣；多种感官（眼、耳、鼻、舌、身）共同参与；加强观察、思维和语言的协调发展。

（三）中学生记忆发展的特点

1. 有意记忆占主导地位

有意记忆是有目的、有计划、需要意志努力的识记。人要获得完整的、系统的知识和技能，主要靠有意记忆。中学生能自觉地、独立地提出较长远的识记任务，选择相应的识记方法，自我检查识记效果，总结经验教训，提高记忆水平。尽管中学生的有意识记占主导地位，但无意识记仍是不可缺少的。许多东西是通过无意识记在轻松愉快中获得的。

2. 理解记忆为主要识记方法

理解记忆是借助思维的力量，在理解事物意义和本质的基础上进行的识记。随着思维的成熟和语言的发展，中学生的理解记忆成为主要的记忆方法。

3. 抽象记忆占优势

随着语言和抽象思维的发展、学习内容的加深，学生要掌握大量科学概念，抽象记忆也随之发展起来，并在中学阶段居于优势地位。

（四）中学生思维发展的特点

（1）青少年的思维能力迅速得到发展，抽象逻辑思维逐渐处于优势地位。

（2）在整个中学阶段，形式逻辑思维逐渐发展，并占据主导地位。

（3）辩证逻辑思维迅速发展。

（五）中学生智力发展的特点

（1）智力水平得到飞跃性提高，智力发展进入关键期。有关研究表明，初中二年级到高中二年级是中学生智力发展的关键期。

（2）智力基本达到成熟。

（3）各方面智力发展不等速，并存在个体差异。

三、中学生认知发展规律

（一）认知发展的一般规律

1. 认知活动从简单、具体不断向复杂、概括发展

认识过程：感觉过程—知觉和表象—思维活动；从情绪发展过程看，最初引起情绪活动的是非常具体的事物，以后才是越来越抽象的事物。

2. 认知活动从无意向有意发展

儿童最初的认知活动是不自觉的、无意识的，以后逐渐向有意识的心理活动方向发展，出现有意注意、有意记忆等。

3. 认知活动从笼统向分化发展

儿童最初的认知活动是笼统而不分化的，发展的趋势是从混沌到分化和明确，即最初是简单和单一的，后来逐渐变得复杂化和多样化。

（二）中学生认知发展规律

中学生正处于个体身心加速发展的第二高峰期，生理的发展为其认知的发展提供了重要的物质前提。新的认知结构的出现使得中学生能熟练地运用假设、抽象概念、逻辑推理等手段解决问题。在初中阶段，学生认知的特点是思维的抽象逻辑性占主要优势，但在一定程度上还需要感性经验的直接支持。到了高中阶段，学生的认知迅速发展，认知结构不断完善，辩证逻辑思维和创造性思维有了大幅度的发展，已经能够以理论为指导来分析综合各种事实材料，从而不断扩大自己的知识领域。总的来说，中学生的认知发展大致包括以下四个方面的规律。

（1）中学生的知识是通过主体活动建构的，而认知活动是与情感活动、意志活动及个性心理倾向相互促进、协同发展的。

（2）中学生的认知活动总是遵循从具体到抽象再到具体的顺序，螺旋式上升。

（3）中学生自身的认知结构是继续学习活动的出发点与归宿。

（4）中学生的认知发展是稳定性与可变性、阶段性与连续性、量变与质变的辩证统一。

在中学生的认知发展过程中，可以进一步概括出四个基本原理——活动原理、序进原理、结构原理与知情意行协调发展的原理。

第三节 中学生性心理发展与教育

一、性心理发展特点

个体进入青春期后，随着内分泌的变化，身体发生了许多引人注目的变化，其中以性器官发育成熟和第二性征出现为标志。随着性生理发育的成熟，青少年的性心理开始萌动和发展，进而影响青少年期个体的性行为表现。因此，作为性核心的性心理发展成为青少年期一个重要的发展主题。

性心理是指人在性方面的心理现象，是性意识、性欲望、性情感以及性梦等性心理活动的总和。性生理、性心理与性行为共同构成性研究的体系，其中性生理是性心理的基础，性行为是性心理的后果，而性心理则是性的核心。青少年性心理的发展，是指个体在青少年时期顺应自己性别的生物学特点和社会性特点的种种心理过程。青少年期各种性心理现象存在发展的先后顺序，首先对自身的性发育产生好奇，进而想了解一切与性有关的知识，而后在性欲驱使下产生性冲动，通过性梦、性幻想以及手淫等来释放性欲。

（一）生理变化特点

众所周知，儿童从出生到成熟，生理变化比较迅速的两个高峰期是：1 岁前后和 13 岁前后。由于分泌腺的突然成熟，青少年会出现第一性征，也就是主性器官或副主性器官发生变化，女孩子来月经，男孩子出现梦遗。此外，还会出现第二性征，如男孩子长胡子，女孩子乳房隆起，等等。所有这些变化都意味着生殖机能的成熟，而且也促使其性意识的觉醒，如意识到两性差异，对异性产生好感，等等。然而，由于他们不懂得性解剖、生理知识，他们常常对自身的发育变化产生疑虑，有一种莫名其妙的朦胧感。他们的性心理还不具备像成年人性爱那样深刻和丰富的社会内容，往往只是本能地向往异性，希望从与异性的交往中寻求欢乐和安慰，具有浓厚的感情色彩。

（二）矫揉造作的特点

进入青春期的中学生，在与异性交往的过程中，会根据一定的条件来表达自己的情绪、情感，甚至外显的形式和内隐的体验有时并不一样。比如，对一个异性，明明有爱慕之心，愿意与之亲近，但由于自尊心或客观环境的限制，有时会有意无意地表现出无动于衷，或者做出庄重的、回避的姿态，持不相关的态度。其次，一有机会他们便会以特有的行为表现出来，如特别喜欢爱美、喜出众等吸引对方的注意。他们会十分敏锐地注意异性身心的变化，也十分关心自己在异性心目中的印象，并想方设法地取得对方的好感。

（三）易受影响、易变化的特点

中学生正处于性萌发、性成熟时期。机体内部出现的性激素的刺激所引起的生理感受和体验十分强烈，远远超过了性成熟之后的正常情况。正因为如此，他们的情绪、情感易受影响，易于变化。当他们看到成年男女相爱，看到电视、电影中的拥抱、接吻等镜头，或表现得热衷和兴趣盎然，或表现出鲁莽和排斥。这一时期确实是一个易于产生自我认识混乱、变态心理和两性关系偏离行为的“危险期”。

二、性心理发展阶段

（1）疏远异性期（12 ~ 14 岁）。在疏远异性期，中学生产生朦胧的性意识，男女双方会产生一种愿意彼此接近的意识倾向。但是，青少年对两性关系存在着神秘感与戒备感，在异性面前显得局促不安和感到害羞，从而出现两性关系暂时疏远的现象。

（2）接近异性期（14 ~ 16 岁）。在接近异性期，少男少女正处于钟情、思春的朦胧阶段，他们对异性的关注具有好奇性、实验性和盲目性，其交往指向是泛泛的，多数是因相互的好感自然吸引。这个时期常常出现恋年长异性现象，恋年长者少年会对成年或老年异性表现出依恋。

（3）向往异性期（16 ~ 18 岁）。在向往异性期，主要表现为对异性的向往和倾慕，青少年往往以各种主动的方式对异性表示好感，希望得到对方的积极反应。虽然青少年这时的性机能日趋完善，但正确的道德观和恋爱观还没有形成，如果他们之间的正当交往受到压抑或受到不良影响，对异性的神秘感和好奇心可能导致他们的越轨行为和不正当的交往关系。

（4）恋爱期（18 岁以后）。青年人身心的发展和丰富的社交活动促使他们把对异性的情思逐步导向恋爱的轨道。青年们在各种社会交往活动中培养友谊，随着时间的推移，全方位的友谊逐渐集中到与自己的理想模式相符合的异性身上，这样恋爱便产生了。这种恋爱不再是游戏性的恋爱，而是与结婚、未来的事业和家庭相联系的。

三、如何处理异性交往

（一）更新理念，认识异性交往的意义

异性交往是青少年身心发展的必然结果。心理学家认为，青少年期是个体社会化的关键期，在这一阶段，个体与异性同伴的正常交往对他们的成长和发展具有重要的适应意义。异性交往可以促进青少年同一感的发展，增进青少年的心理健康，增进青少年间的友谊，促进青少年的社会性发展，对青少年的心理、行为有多方面的积极影响。另外，中学生的发展不只局限于学识的增长或智力的提高，还包括身体的发育、心理的发展、个性的形成、道德品质的成长等方面。学会与人相处、学会与异性交往，是个体成长不可或缺的内容，也是中小学心理素质教育的一项重要课题。由此，家长、老师和学校绝不应忽视这方面的教育，更不该因噎废食，将其作为不正当的行为而一味驳斥。调查发现，多数中学生渴望得到异性纯真的友谊，也希望成人和学校能够认可他们与异性之间的正常交往。因此，有必要澄清一个事实，异性交往不等于恋爱。通常来说，异性交往有三个层次：一是异性互动，二是异性友谊，三是恋慕。爱情往往是从异性友谊发展而来的，但异性友谊发展成为爱情，还需要很多特殊条件，正确区别异性友谊和爱情有利于发展异性间的正常交往。所以，教育者应当提高自身的鉴别能力，坚决摒弃对异性友谊和爱情“一刀切”的干预方式。

（二）理解沟通，倾听学生的心声

中学阶段的青少年正处于“心理断乳期”，他们的自主性有了一定程度的发展，但由于认知、情感发展不完善，做事难免冲动或“钻牛角尖”。对他们实施教育时一定要注意方式、方法。研究结果证实，多数中学生希望学校、老师能为他们的异性交往和恋爱问题提供正确的指导，用单独谈心、讲明利害等平和方式处理他们的恋爱问题，希望家长能够理性地支持他们与异性进行正常交往，不要不闻不问，也不要武断地反对他们恋爱，更不要禁止他们与异性交往。

（三）关注差异，增强干预针对性

尊重中学生在异性交往中表现出来的群体和个体差异，是开展教育工作需要遵循的重要原则。这里所言及的群体差异主要是指与异性交往中的性别差异和年级差异。调查发现，整体而言，对待异性交往和恋爱等问题的看法，男生较为主动、开放，女生比较被动、保守，高中生比初中生更为成熟、开放。另有研究指出，中学生对于异性间的恋慕，在“表达”方面较为被动，在“接受”方面较为主动，即更多的学生愿意接受异性向自己表达，而不喜欢主动向异性表达爱意。因此，针对不同群体所采取的干预手段应当有所区别，这样才能有的放矢，取得实效。

练习与思考

一、单项选择题

提出最近发展区理论的心理学家是（　　）。

A. 维果斯基　B. 加涅　C. 布鲁姆　D. 桑代克

二、判断辨析题

皮亚杰的认知发展理论用思维来解释认知发展的动力。

三、简答题

1. 中学生心理发展的一般特征是什么？
2. 中学生处于皮亚杰的认知发展理论中的哪一阶段？有何具体表现？
3. 中学生处于柯尔伯格道德认知发展理论中的哪一阶段？有何具体表现？
4. 针对中学生的性心理发展特征，有哪些好的教育方法和对策？

四、材料分析题

上初中以来，小明好像不认识自己了，天天在想："我是谁？我以前为什么要学习？我现在为什么要学习？我将来做什么呢？"

问题：请你根据埃里克森的社会心理发展理论，分析小明的心理现象。

第十一章　中学生心理辅导

【学习要求】

1. 了解心理健康的标准。
2. 熟悉中学生常见的心理健康问题，包括抑郁症、恐惧症、焦虑症、强迫症、网络成瘾症。
3. 理解心理辅导的主要方法。

第一节　心理健康概述

一、心理健康的含义

（一）健　康

1948 年，世界卫生组织在其成立宪章中明确了健康的定义：是一种在身体上、心理上和社会适应方面的完好状态，而不仅仅是没有疾病和不虚弱。

1989 年，世界卫生组织认为健康包括躯体健康、心理健康、社会适应良好和道德健康。现代健康概念中的心理健康、社会性健康和道德健康是对生物医学模式下的健康概念的有力补充和发展，既考虑到人的自然属性，又考虑到人的社会属性，从而摆脱了人们对健康的片面认识。

《简明大不列颠百科全书》认为："心理健康是指个体心理在本身及环境条件许可范围内所能达到的最佳功能状态，但不是十全十美的绝对状态。"

世界卫生组织对健康的定义细则如下：

（1）充沛的精力，能从容不迫地担负日常生活和繁重的工作而不感到过分紧张和疲劳。

（2）处世乐观，态度积极，乐于承担责任，事无大小，不挑剔。

（3）善于休息，睡眠良好。

（4）应变能力强，适应外界环境中的各种变化。

（5）能够抵御一般感冒和传染病。

（6）体重适当，身体匀称，站立时头、肩、臂位置协调。

（7）眼睛明亮，反应敏捷，眼睑不发炎。

（8）牙齿清洁，无龋齿，不疼痛，牙龈颜色正常，无出血现象。

（9）头发有光泽，无头屑。
（10）肌肉丰满，皮肤有弹性。
其中前四条为心理、社会性和道德健康方面的内容，后六条则为生理健康方面的内容。

（二）心理健康

心理健康包括两层含义：一是心理功能正常，无心理疾病；二是能积极调节自己的心理状态，顺应环境，能有效地、富有建设性地发展和完善个人生活。1948 年第三届国际心理卫生大会将心理健康定义为：在身体、智能以及情感上，在与他人心理不相矛盾的范围内，将个人的心境发展到最佳状态。

二、心理健康的标准

由于学者们对心理健康的含义有不同的看法，因而心理学界对心理健康标准的看法也就不完全一致。其中达成共识的心理健康标准有以下一些：
（1）智力正常，智商在 80 以上。
（2）了解自我，接纳自我。
（3）能协调与控制情绪，心境良好。
（4）人格完整和谐。
（5）人际关系和谐，善与人相处。
（6）正视现实，接受现实。
（7）热爱生活，乐于学习工作。
（8）心理行为符合年龄特征和角色特征。

三、学校心理健康教育的实施内容

教育部颁布的《中小学心理健康教育指导纲要（2012 年修订）》明确了中小学开展心理健康教育的主要内容和分阶段的具体教育内容，其主要内容如下。

（1）心理健康教育的主要内容包括：帮助学生适应新的环境、新的集体、新的学习生活，感受学习知识的乐趣；乐于与教师、同学交往，在谦让、友善的交往中体验友情。

（2）在小学低年级阶段，其内容包括：帮助学生认识班级、学校、日常学习生活环境和基本规则；初步感受学习知识的乐趣，重点是学习习惯的培养与训练；培养学生礼貌友好的交往品质，乐于与老师、同学交往，在谦让、友善的交往中感受友情；使学生有安全感和归属感，初步学会自我控制；帮助学生适应新环境、新集体和新的学习生活，树立纪律意识、时间意识和规则意识。

（3）在小学中、高年级阶段，其内容包括：帮助学生在学习生活中品尝解决困难的快乐，调整学习心态，提高学习兴趣与自信心，正确对待自己的学习成绩，克服厌学心理，体验学习成功的快乐，培养面临毕业升学的进取态度；培养集体意识，在班级活动中，善于与更多的同学交往，培养健全开朗、合群、乐学、自立的健康人格，培养自主自动参与活动的意识。

（4）在初中阶段，其内容主要包括：帮助学生适应中学的学习环境和学习要求，培养正确的学习观念，发展其学习能力，改善学习方法；把握升学选择的方向；了解自己，学会克服青春期的烦恼，逐步学会调节和控制自己的情绪，抑制自己的冲动行为；加强自我认识，客观评价自己，积极与同学、老师和家长进行有效的沟通；逐步适应生活和社会的各种变化，培养对挫折的耐受能力。

（5）在高中阶段，其主要内容包括：帮助学生具有适应高中学习环境的能力，发展创造性思维，充分开发学习的潜能，在克服困难取得成绩的学习生活中获得情感体验；在了解自己的能力、特长、兴趣和社会就业条件的基础上，确立自己的就业志向，进行职业的选择和准备；正确认识自己的人际关系状况，正确对待和异性伙伴的交往，建立对他人的积极情感反应和体验；提高承受挫折和应对挫折的能力，形成良好的意志品质。

第二节　中学生常见心理健康问题

中学生常见的心理健康问题在习惯上被划分为学习问题（学习动机问题、学习疲劳、学业不良、考试焦虑等）、人际交往问题（亲子关系、师生关系、同学关系、朋友关系等方面的问题）、行为问题（违纪、打架斗殴、厌学、逃学、偷窃、迷恋网络、与家长冲突、离家出走等）、自我概念问题（如缺乏自知、自信、自卑）、性心理问题，等等。如果从 2013 年起实施的《中华人民共和国精神卫生法》的角度来看，应当依据卫生部发布的《疾病分类与代码（GB/T14396—2001）》中 F01 ~ F99 分类（及代码），以及现行《国际疾病分类（ICD）》中“精神与行为障碍”的临床描述与诊断要点作出心理是否健康的判断。因此，本节将参照精神障碍的诊断标准对中学生常见的心理问题（抑郁症、焦虑障碍、网络成瘾症）进行阐述。如遇到学生疑似有相应症状，应联系专家判断是否需要就医。

一、抑郁症

（一）概　念

抑郁症是一种以持久的心境低落为主要特征的神经症。通常病前有一定的心理社会因素作为诱因，慢性起病，轻度和中度对工作、交际、生活能力影响较轻，有求治欲望，人格完整，病程持续 2 年以上。

（二）临床表现

以情感低落、思维迟缓、言语动作减少、意志活动减退和躯体症状为主。

1. 情感低落

主要表现为显著而持久的情感低落，抑郁悲观，昼重夜轻。

2 思维迟缓

思维联想速度减慢，反应迟钝，思路闭塞。主动言语减少，语速减慢，声音低沉，患者感觉思考问题困难，工作和学习能力下降。

3. 兴趣及精力减退

感到无趣和疲乏。

4. 精神活动阻滞

行动迟缓，很少有自发活动，讲话语音低沉，思维过程缓慢，严重者达木僵状态。某些患者内心有很深的抑郁体验，但外表仍笑容可掬，隐匿性极强。

5. 生物学症状

有睡眠障碍、食欲减退、体重下降、自主神经功能障碍（头痛、头晕、心悸、出汗、皮肤冷热感）等。睡眠障碍主要表现为难入睡和早醒，比平时早醒 2 ~ 3 小时，醒后不能再入睡，这对抑郁发作有诊断意义。

6. 自杀观念与行为

严重抑郁发作的患者可有消极自杀的观念或行为，常发生在抑郁的缓解期。

7. 负性思维

患者常会出现无望、无助、无用的“三无”症状，并在此基础上出现自责、自罪和自杀的“三自”症状。

8. 其他症状

强迫症状：20% ~ 35%的抑郁发作患者具有强迫症状。精神病性症状：少见幻觉，多是第二人称的幻听，内容一般是嘲讽性的或谴责性的；妄想一般不具有精神分裂症的原发性、荒谬性的特征。癔症性症状：多种躯体不适，表演性言辞，过分依赖的态度。抑郁性木僵：他们的情感活动在表情、姿势和内心体验方面都是相符的。解体症状：不常见，但往往较为严重等。

（三）治疗原则与方法

抑郁症多由心理原因引起。应给当事人稳定、温和的情感支持，鼓励其积极从事体育及智力活动，从活动中体验成功、与人交往的乐趣。

1. 认知行为疗法

改变当事人的错误认知模式。抑郁症患者常见的错误认知模式包括：消极地看待自己的过去、现在和将来，于是形成无能、无用和无望的思维定式；喜欢用片面、极端和完美的标准评价事物及自身，因而出现僵化、武断和过于自责等认知偏差。认知行为疗法就可以针对这些错误观念进行工作。

2. 短程心理动力治疗

短程心理动力治疗的理论基础是精神分析理论，但是该方法摒弃了精神分析方法过于冗长、宽泛的特点，将治疗的重点放在抑郁症患者早年形成的思维定式之上，从而使精神分析的动力治疗具有“短程化”的色彩。抑郁症患者必须具备以下四个条件，才能成为短程动力治疗的对象：① 具有较好的领悟能力；② 具有较强的求治动机；③ 具有较高的挫折忍耐性；④ 具有较稳定的人际关系。

短程心理动力疗法强调治疗师需要理解患者的困苦，而非空洞的安慰和劝告；治疗师应主动干预，以缩短疗程；以精神分析的工作基础——移情关系为医患关系的关键点；从核心症状入手，发觉根源，果断处理。

必要时还可以服用抗抑郁药物来缓解症状。

二、焦虑障碍

（一）概　念

焦虑是由紧张、焦急、忧虑、担心和恐惧等感受交织而成的一种复杂的情绪反应，是生物体面临威胁时出现的情绪反应。病理性焦虑是指在缺乏相应的客观因素情况下，出现内心极度不安的期待状态，伴有大祸临头的紧张感。

焦虑障碍是以广泛和持续性焦虑或反复发作的惊恐不安为主要特征的，常伴有自主神经紊乱、肌肉紧张与运动性不安。焦虑谱系障碍中有惊恐障碍、恐惧症、广泛性焦虑障碍、强迫症等类型。

（二）临床表现

1. 惊恐障碍

惊恐障碍又称急性焦虑发作。通常无明显诱因，在没有任何客观危险和特殊恐惧处境下，感到一种突如其来的惊恐体验，伴有濒死感或失控感以及严重的自主神经功能紊乱症状，如心悸、出汗、面色苍白、过度换气或呼吸困难等，一般历时 5～20 分钟，长则数小时；有的患者一生仅发作数次，也有的患者反复发作。

2. 恐惧症

恐惧症以过分和不合理地惧怕外界某种客观事物或情境为主要表现。患者明知这种恐惧是过分的和不合理的，但仍反复出现，难以控制。发作时有焦虑和自主神经症状，有反复或持续的回避行为，包括广场恐惧症、社会焦虑障碍和特定恐惧症。

（1）广场恐怖症。广场恐怖症害怕的对象主要为某些特定环境，如广场、闭室、黑暗场所、拥挤的场所、交通工具（如拥挤的船舱、火车车厢）等，其关键临床特征之一是过分担心处于上述情境时没有即刻能用的出口。

（2）社会焦虑障碍。社会焦虑障碍患者害怕的对象主要为社交场合（如在公共场合进食或说话、聚会、开会，或怕自己作出一些难堪的行为等）和人际接触（如在公共场合与人接触，怕与他人目光对视，或怕在与人群相对时被人审视等），常伴有自我评价和害怕被批评表现。

（3）特定恐惧症。特定恐惧症患者害怕的对象是场所恐惧和社交恐惧未包括的特定物体或情境，如动物（如昆虫、鼠、蛇等）、高处、黑暗、雷电、鲜血、外伤、打针、手术，或尖锐锋利物品等。

3. 广泛性焦虑障碍

又称慢性焦虑症，是焦虑症最常见的表现形式。缓慢起病，常无明显诱因，病程一般持续数年，以经常或持续存在的焦虑为主要临床表现，如过分担心、紧张、害怕等。虽然明知是主观上的顾虑，但仍然无法控制。临床表现有焦虑和烦恼、运动性不安、自主神经功能亢进（口干、恶心、心悸、尿频、多汗等）、过度担心。

4. 强迫症

当事人表现为来源于自我的强迫观念和强迫行为，多数当事人认为这些观念和行为是没有必要的或异常的，是违反自己意愿的。两者强烈的冲突使患者感到焦虑和痛苦，但无法摆脱，病程迁延的当事人可表现出仪式行为，此时焦虑和精神痛苦减轻，但社会功能严重受损。其基本症状为强迫观念（强迫思维、强迫性穷思竭虑、强迫怀疑、强迫联想、强迫回忆、强迫意向）和强迫行为（强迫检查、强迫洗涤、强迫性仪式动作、强迫询问）。

（三）治疗原则与方法

恐惧症最常使用系统脱敏法进行治疗。在使用该方法时，应注意循序渐进的原则。

（1）可以采用认知行为疗法，改变当事人的错误观念。如具有广泛性焦虑的学生常常担心自己有可能发展成严重的精神病，针对这种情况，应引导他们认清焦虑症与精神病在症状表现、发病机理和预后等方面的区别，消除其误解；结合渐进性肌肉放松训练，或静卧、呼吸放松等放松方法改善焦虑症状。

（2）SSRIS 类抗抑郁药、苯二氮唑类药物有一定的效果。

（3）坚持心理治疗与药物治疗相结合是治疗焦虑障碍的最佳方法。

三、网络成瘾

（一）概　念

网络成瘾，也叫网络成瘾综合征，是指在无成瘾物质作用下，由于过度使用网络而造成的一种着迷状态，对上网产生心理与生理上的依赖。网络成瘾目前并未被正式列为精神障碍，因此并无诊断标准。

如果从精神分析的观点来看，网络成瘾的起因与其他多种成瘾障碍（如烟瘾、酒瘾、药物成瘾、暴饮暴食等）的起因一样，都可以追溯到口唇期。在此期间婴儿获得了母爱的温暖、关怀、安全等美好的感觉。患者通过上网，试图重新获得这种从口唇期结束后就似乎消失而又隐藏在无意识中的满足感。成年后，当遇到挫折时，如学业上失败、工作上失落、社会交往恐惧、失恋、家庭打击等，为了避免面对伤痛而沉溺于网络之中，获得无意识的满足。

（二）临床表现

（1）超长时间、持久的（1 年以上）上网行为。

（2）对上网有一种难以控制的强烈渴望，尤其是在面对压力时，这种渴望会加剧。如果不能及时满足，就会产生极度的不适感。

（3）由于长时间上网，睡眠过少、身体疲乏、头晕、食欲不振等躯体症状开始出现；也会产生与社会隔离、孤独、懒散、思维迟缓、学习与职业能力下降等心理症状。

（三）矫正原则与方法

1. 习惯养成

采用行为疗法，通过控制上网次数和时间，逐步形成良好的上网习惯。

2. 矫正观念

采用认知疗法，针对网络成瘾背后的原因，与当事人进行沟通，形成正确的上网观念。

3. 家庭沟通

许多当事人的网络成瘾与家庭环境有密切关系，可以采用家庭疗法，促使家庭成员正视问题，营造良好的家庭关系，促进当事人改变现状。

第三节　中学生心理辅导

一、心理辅导概述

（一）心理辅导的概念

“心理辅导”与“心理咨询”含义非常接近，可以说，心理辅导就是在学校情境中对学生的心理咨询。相比一般的心理咨询而言，学校心理辅导更具有教育性和发展性。

关于“心理咨询”，到目前为止并没有一个公认的定义。结合各方面的意见，可以说，心理咨询是经过专业训练的咨询者，在一种建设性的人际关系中，通过连续性的接触和商谈，对另一个在心理适应上出现困难和问题而又有求助意愿的人，提供心理上的帮助，使其能澄清自己对生活的看法，增强解决问题能力，清除成长道路上的障碍，并能充分实现自己的潜能的过程。

（二）心理辅导的正确理解

1. 心理辅导不等于思想政治工作

思想政治工作的目的是说服学生服从、遵循社会规范。而心理辅导持客观、中立的态度，运用专业理论和技术帮助求助者解决遇到的心理困难，让其最终做出自己的决定。

2. 心理辅导不是一般的社交谈话

辅导是一种进入当事人内心世界的互动，是一种高度人性化、个人化、有内涵的过程。而一般的社交谈话内容相对表浅，流于形式。

3. 心理辅导不是单纯的忠告与建议

不少接受辅导的学生最希望辅导教师给他们一个忠告或建议并为他们作出决定。辅导过程中虽然也可以提供建议，但应记住，辅导的最终目的是协助学生认识自己、接纳自己，学会承担生活的责任，发挥自己的潜能。如果只是给学生建议，就会偏离辅导的基本目标。因为如果学生照着辅导教师的忠告或建议行事，即使成功了，也不是他自己的成功；如果失败了，却可以把责任推给辅导教师，这对于当事人的成长是毫无助益的。

4. 心理辅导不是为学生解决问题

主动寻求辅导或咨询的学生，可能面临种种人生的困难和问题。如果辅导教师替学生解决了一个问题，学生还会有更多的问题需要帮助他解决。实际上，心理辅导不是为学生解决问题，而是帮助学生学会解决问题，帮助学生学会认识自己、确定目标、抉择行动、承担责任。解决问题其实只是辅导过程的副产品。

5. 心理辅导不是安慰和开导

在日常生活中，人们会用安慰和开导的方法帮助遇到心理困扰的人。安慰、同情、开导在帮助陷入困境中的当事人暂时处理个人的感受方面，固然有一定意义，但这些方法实际是引导人们将问题掩盖或搁置起来，甚至否定自己的感受。如果只是这样做，就会阻碍对心理问题和感受的“清理”过程。而心理辅导的重点则是支持学生勇敢地面对问题和自己的感受，然后进一步作积极的处理。

二、中学生心理辅导的主要方法

（一）强化法

1. 强化法的基本原理

强化法是行为治疗中常用的方法，以操作性条件反射原理为基础，系统地使用强化手段去增加某些适应性行为的出现概率，或者减弱或消除某些不适应行为出现概率的心理治疗方法。其主要适应症为行为障碍、恐惧症、焦虑症等。

强化疗法的手段主要为正强化、负强化、正惩罚、负惩罚和消退。正强化是指为建立一个适应性行为模式，采用奖励的办法，使这种行为模式出现的强度、概率或速度增加的过程；负强化是指为建立一个适应性行为模式，采取撤销厌恶刺激的方式，即当该行为模式出现后撤销令当事人厌恶的刺激，最终促使该行为模式出现的强度、概率或速度增加的过程；正惩罚是指不适当的行为出现时给予惩罚，以促使该行为模式出现的强度、概率或速度降低的过程；负惩罚是指不适当的行为出现时，撤销一个令当事人喜欢的刺激，促使该行为模式出现的强度、概率或速度降低的过程；消退是指某种不良行为出现时，不予理睬，让这种行为自行消失。

2. 强化物

强化物是指在强化实施的过程中，伴随行为反应而出现的刺激物，包括正强化物和负强化物。前者是指各种令人喜爱的事物，后者是指各种令人讨厌的事物。选择强化物时要注意以下几点。

（1）针对不同的人的喜好选择不同的强化物。

（2）针对同一个人，也应根据不同的情况选择合适的强化物。

（3）尽量使用社会性强化物。

3. 强化程序

（1）固定比例。在行为强化的固定比例程序和可变比例程序中，强化物的提供是以发生反应的数量为基础的。在固定比例程序中，提供强化物之前必须发生一定数量的反应。工厂中的计件工资，即工人们根据他们完成的数量取得报酬就是一种固定比例强化。

（2）可变比例。在可变比例程序中，强化物的提供是以发出行为的总数为基础的，但是每次提供强化物以前所需的反应数量都可能围绕一个平均值而有所不同。

因为在固定比例和可变比例两种程序中，反应出现得越频繁，强化物出现得也越频繁，因此这两种程序在行为矫正中应用最多。

（3）固定间隔。在间隔程序（固定间隔、可变间隔）中，反应只在一个时间间隔过去后才被强化。在这种程序中，到底发生了多少个反应并不重要，只要指定的时间结束了，第一个发生的反应就被强化。在固定间隔程序中，间隔的时间是固定的。当事人的行为发生频率在间隔期初期降低，在接近间隔结束时增高。因此，很少在教学或训练项目中得到应用。

（4）可变间隔。与固定间隔不同之处在于，在可变间隔程序中，每个强化物发放的时间间隔长度不同，产生出稳定的中等偏低的行为比率，没有降低—升高的模式。

4. 强化法的具体治疗技术

（1）行为塑造法。这是一种通过强化手段来矫正人的行为，使之逐步接近某种适应性行为模式的强化治疗技术。在行为塑造过程中，多采用正强化的手段，即一旦所需的行为出现，就立即给予强化。这是行为疗法中最常用的技术之一。

具体的操作步骤如下：① 确定目标行为与初始行为。② 进行工作分析，选择塑造最合适的方法，并将目标行为细分为更为简单的行为片段，以便循序渐进学习。③ 串连各行为片段，选择合适的学习步骤。有正向串连（从工作分析中最初的步骤开始，列为起点行为，各步骤的表现水平达到标准后，才进入下一个步骤，依序学习）和反向串连（与正向串连相反，从工作分析所列的最后一个步骤开始，依序向前学习）两种学习步骤。④ 选择有效的强化刺激，每当所需的行为出现，就给予适当的强化与反馈，确保所制定的目标行为出现。⑤ 整合各环节的行为，巩固和进一步强化目标行为。

（2）代币奖励法。使用条件强化物以系统性地加强接受教育或治疗的当事人的期望行为。代币作为正性强化物，可以采取不同的形式，如用记分卡、筹码和证券等象征性的方式。持有代币的当事人可在规定的时间和地点，按特定的兑换规则，去换取某种物品、活动或优惠待遇。

实行代币奖励法，一般做法如下：① 确定目标行为，以便增加当事人的期望行为。② 选定所使用的代币。代币必须是一些实在的东西且便于携带，以便治疗师可以在每次目标行为出现时立即给予。③ 确定支持代币的强化物。如零食，允许玩游戏或看电视，其他特权等。④ 制订行为强化计划。通常由连续强化开始，且要确保当事人能够挣到足够的代币，以便换取支持强化物。在目标行为出现得比较规律后，就要加入间歇强化来维持这一行为。并且最终过渡为不使用代币，而仅使用社会性强化物，如表扬等。⑤ 建立代币兑换规则、时间及地点。

代币奖励法的局限：第一，实施需要花费大量的财力、物力。第二，不一定能强化出所期望的行为，有可能因代币制的实施产生不关注目标，只关注如何获得代币的行为，甚至有可能使用不正当手段获取代币。因此，使用代币奖励法必须仔细设计，严谨实施。

（3）行为消退法。此为通过停止对某种行为的强化，使该行为逐渐消失的一种行为矫正方法。它是应该首先考虑的治疗方案之一。

实施行为消退法的具体步骤如下：① 收集相关资料，识别问题行为的强化物。② 在每次出现问题行为时消除强化。③ 考虑强化的时间特点。问题行为是持续性强化的，消失会更为迅速；问题行为是间接性强化的，可能会慢慢消失。④ 强化良好的替代行为。例如，有些儿童的捣乱行为是由母亲的注意强化的。治疗师使用消退法减少捣乱行为，并强化适宜的替代行为，如让儿童对妈妈说："和我玩一会，好吗？" ⑤ 促进替代行为的泛化和维持。

（二）系统脱敏法

系统脱敏疗法运用交互抑制原理，在对来访者施以焦虑和恐惧刺激的同时，给予焦虑和恐惧相对立的刺激，即训练来访者进行放松，从而使来访者逐渐消除焦虑和恐惧，从而达到消除神经症焦虑的目的。该疗法由美国精神病学家沃尔普（Joseph Wolpe）于 20 世纪 50 年代首创，是应用最广和研究最多的行为治疗方法之一，主要用于考试焦虑、社交恐怖、广场恐怖等。

采用系统脱敏疗法进行治疗应包括三个步骤。

（1）建立恐怖或焦虑的等级层次。这是实施该方法的基础，直接影响后续训练过程。

（2）进行放松训练。

（3）系统脱敏练习。来访者进入放松状态时，按某一恐怖或焦虑的等级层次进行脱敏训练。

（三）认知行为疗法

认知行为疗法是一组通过改变思维和行为的方法来改变不良认知，达到消除不良情绪和行为的短程的心理治疗方法，是行为疗法和认知疗法发展到一定程度后相结合的产物。其基本观点是：认知过程是行为和情感的中介，适应不良行为和情感与错误观念有关。治疗师的任务就是与当事人共同找出这些错误观念，并矫正这些错误认知，使来访者的认知更接近现实和实际，最终纠正当事人的问题行为。其中，有代表性的是埃利斯（Albert Ellis）的理性—情绪疗法、贝克的认知疗法以及梅肯鲍姆的认知行为矫正疗法。

1. 理性—情绪疗法

（1）理论基础。理性情绪疗法由美国心理学家阿尔伯特·埃利斯于 20 世纪 50 年代创立。理性情绪疗法的基本假设是：人的认知、情绪和行为是紧密联系在一起的，认知可以影响情绪和行为，不良的情绪与行为均由不合理的思维所致。理性情绪疗法的治疗整体模型以埃利斯的 ABC 理论为基础。

ABC 理论中 A（Activating event）是指诱发事件；B（Belief）是指信念，即人们对诱发事件或情境的解释、评价；C（Consequence）是由该信念所引发的情绪和行为。ABC 理论认为，情绪和行为并非由事件本身引起，而是由人们对这一事件的信念造成的。

埃利斯将信念分为理性信念和非理性信念，引起情绪、行为失调的是非理性信念。非理性信念的三个典型特征是：① 绝对化的要求，即个体以自己的意愿为出发点，认为某一事物必定会发生或不会发生的信念。② 过分概括化。这是指一种以偏概全的思维方式，对自己和他人做出不合理的评价。③ 糟糕至极，即预期事物会有非常可怕、非常糟糕，甚至非常灾难性的后果的非理性观念，是强迫症、抑郁症等神经症发生的认识根源。

（2）治疗过程。治疗过程的具体阶段如下：① 诊断阶段。治疗者根据 ABC 理论对求助者当前的问题进行初步分析和诊断，找出其问题行为（C），诱发这些行为的事件（A），并对两者之间的不合理信念（B）进行初步分析。② 领悟阶段。帮助当事人认识到在更深的层次上领悟到其情绪和行为问题是由非理性信念造成的。③ 修正阶段。这是整个治疗过程的核心。治疗者运用多种技术动摇当事人的非理性信念，说服自己摆脱它们，并代之以合理信念。最常用的技术是辩论法、认知家庭作业和合理的情绪想象。④ 巩固阶段。帮助当事人在认知方式、思维过程以及情绪和行为表现等方面重新建立起新的反应模式，减少他在以后生活中出现情绪困扰和不良行为的倾向。

2. 认知疗法

（1）理论基础。认知疗法是由贝克（A.T. Beck）在研究抑郁症治疗的临床实践中逐步创建的。贝克受过严谨的精神分析治疗方法的训练，但在长期的临床实践观察后认为，是认知产生了情绪及行为，异常的认知产生了异常的情绪及行为。因此，它与理性—情绪疗法在目标上一致，即帮助当事人识别并放弃错误的认知。但是二者风格不同，理性—情绪疗法具有指导性、说理性与面质性；认知疗法更强调苏格拉底式的对话，强调协助当事人自己去发现错误观念，并比理性—情绪疗法更具有结构性。目前，认知疗法已经用于儿童家庭辅导、父母的训练、儿童的虐待、药物滥用、婚姻困扰、离婚咨询、技能训练、压力管理等领域。

（2）治疗过程。治疗过程的具体阶段如下：① 确定问题。首要任务就是把当事人引导至某个特定（通常被当事人所忽略）的问题范围内。② 检查表层错误观念。求助者通常用具体事件对自己的行为加以解释，这种对自己不适应行为的直接、具体的解释就是表层错误观念。治疗者可以通过建议、演示、模仿等方法令当事人自觉纠正。③ 纠正核心错误观念。这是整个治疗过程的核心，是指隐藏在相关事件后的、表现为一些抽象的与自我概念有关的命题。因为抽象且难以用具体的情境来检验，因此需要治疗者用重新归因、认知重建等严密的技术来进行纠正。④ 进一步改变认知。当事人的错误认知和问题行为常常表现出恶性循环。治疗者设计合适的矫正技术来改变其不合理的观念和行为，并建立起认知和行为之间的良性循环。⑤ 巩固新观念。治疗者可以通过家庭作业、阅读等方法让求助者在日常生活中检验自己的信念。

3. 认知行为矫正

（1）理论基础。该方法由梅肯鲍姆提出，旨在通过改变求助者的自我对话来促进行为的改变。他的自我指导训练与前两种方法相比，更注重帮助求助者察觉自我对话。因为梅肯鲍姆认为，一个人的自我对话在很大程度上与人际对话一样能够影响个体的行为。认知行为矫正法要求当事人必须首先了解自己的心理过程和行为以及自己对别人的影响，这是情绪和行为改变的先决条件。当事人需要打破其内部的自我对话，打破行为的刻板定式。

（2）治疗过程。治疗过程的具体阶段如下：① 自我观察。当事人学会怎样观察自己的行为。当事人的自我对话常常是负面的、想象的。此阶段需要使当事人学会倾听自己，提高对自己的想法、情感、行为、生理反应以及他人反应方式的敏感性。② 建立新的内部自我对话。改变当事人原先的自我对话，将新的自我对话作为新行为的向导，并观察和评量其结果。③ 学习新技巧。当自我认知做出改变后，就可以学习新的行为技巧，促使当事人在行为上做出改变。

总之，认知行为疗法有其优势，但是它忽视了求助者过去经验的重要性，没有探索造成情绪和行为困扰的背后原因以及无意识的冲突，导致治疗过程简单化，疗效存在局限性。

（四）来访者中心疗法

1. 理论基础

来访者中心疗法诞生于 20 世纪 40 年代后期，是罗杰斯的自我理论在心理咨询与心理治疗中的具体应用，改变了精神分析自 1900 年问世后在心理治疗领域所占据的统治地位。罗杰斯认为人性本善，人性是积极的、创造性的、亲社会的，因此咨询成功的关键，在于营造辅导者与来访者之间良好的治疗关系，在此基础上，才能充分利用有利于辅导者的无条件积极关注、接纳和移情，帮助来访者充分发挥、发展自己的本性，达到治疗效果。来访者中心疗法对学校心理辅导工作具有深远的影响。

2. 治疗过程

（1）当事人前来求助，其个人感受僵化。

（2）治疗师对当事人采取无条件积极关注的态度，对当事人的消极情感或积极情感不加以赞赏，也不进行道德评价。

（3）当事人产生被接纳的感觉，开始有所动，他们开始领悟和了解自我，但仍僵化。

（4）当事人流露和释放出一些东西但仍然将自己当作一个客体对待。

（5）当事人的感受更强烈、更生动，对经验与自我之间的矛盾和不一致之处有所认识，流露出要接纳自己感受的意思。

（6）当事人可以体验并自由地表达自己的感受，但在体验和接纳自己的感受时，仍然有点迟疑。能够面对自身体验的矛盾，并意识到自己的责任。

（7）当事人的感受能够自由流动，并被及时接受。自我和感受不再分开，而是合二为一。当事人会以此为基础不断进步。治疗目标达成——当事人成为一个机能充分发挥的人。

练习与思考

一、单项选择题

晓红是韩老师班上的学生，性格孤僻、羞涩。当她主动与同学交谈或请教教师时，韩老师会给予肯定。这种心理辅导方法是（　　）。

A. 强化法　　B. 系统脱敏法

C. 理性——情绪疗法　　D. 来访者中心疗法

二、判断解析题

健康是一种在身体上、心理上和社会适应方面的完好状态。

三、简答题

1. 简述中学生心理健康的标准。
2. 简述中学生常见心理健康问题的主要表现。
3. 如何运用强化法塑造学生良好的行为？
4. 来访者中心疗法的基本步骤包括哪些？
5. 理性—情绪疗法的基本步骤包括哪些？
6. 简述认知疗法的含义及其实施的步骤。
7. 如何使用系统脱敏疗法降低学生的考试焦虑？

二、材料分析题

小杨由外婆带大，外婆常常无故对她发脾气。上小学后，小杨开始跟父母住在一起，由于成绩不好、好动、说谎，班主任请家长到学校进行说教，家长因此经常打骂小杨。父母感情一直不好，上初中后二人开始闹离婚。进入初中后，小杨的学习成绩有所进步，但是与同学的关系非常不好，她觉得同学们都很虚伪，不和这些人交往，同学们却觉得她很古怪、内向。

问题：小杨遇到了什么心理问题，应该用怎样的心理方法帮助小杨？

第十二章　教师心理

【学习要求】

1. 理解教师角色的含义、构成；掌握教师角色的形成阶段、主要条件；了解教师的角色冲突；理解教师角色的影响作用。

2. 理解教师威信的含义、构成、影响作用及其维护与发展。

3. 理解教师的认知特征、人格特征和行为特征。

4. 理解新教师与专家型教师的区别，掌握教师成长的历程和成长与发展的基本途径。

5. 理解心理健康的含义，理解教师心理健康的标准，理解教师常见的心理健康问题，掌握影响教师心理健康的因素，掌握促进教师心理健康的途径和方法。

第一节　教师心理概述

一、教师的概念

《中华人民共和国教师法》规定："教师是履行教育教学职责的专业人员，承担教书育人，培养社会主义事业建设者和接班人、提高民族素质的使命。教师应当忠诚于人民的教育事业。"教师是履行教育教学职责的专业人员。

二、教师角色心理

（一）教师角色的含义

教师角色是指由教师的社会地位决定的并为社会所期望的行为模式，也即教师角色代表教师个体在社会团体中的地位和身份，同时包含许多社会期望教师个体应表现的行为模式，包括社会对教师个人行为模式的期望和教师对自己应有行为的认识两方面。

（二）教师角色的构成

1. "知识的传递者"角色

"知识的传递者"是教师所表现出来的最突出的角色。教师的主要功能是传授知识，指导学生学会学习，培养学生的各种能力，促进他们的智力发展。

2.“传道者”角色

教师具有传递社会传统道德、正统价值观念的使命，肩负培育学生心灵和塑造学生精神的责任。

3.“领导者”角色

教师不仅是传道授业者，还是教育教学活动的组织者和管理者，教师必须具备教育教学组织管理能力，才能进行有效教学。

4.“心理医生”角色

进入现代社会，学生的心理健康越来越受到重视，教师充当着“心理医生”的角色。教师首先要创造一个良好的课堂气氛，其次还应是学生个体的心理医生。

5.“学生的朋友”角色

教师的朋友角色是师生间带有感情色彩的一种交往方式，它的教育意义主要是强调教育中的情感因素。教师的这个角色要求教师成为值得学生信赖的朋友和知己，对学生喜爱、友好、民主、平等、宽容与理解，保持良好的师生关系。

6.“父母”角色

在许多学生眼里，教师是父母的化身。大多数教师都接受兼做学生父母的角色，这是因为一方面学生对教师有这方面的情感投入；另一方面，教师对年幼学生更有这种心理倾向。

7.“学生的榜样”角色

教师是社会行为规范的代表，是学生效仿的楷模。教师的榜样作用，构成一种不可缺少的“教育力”。我国教师身为教育者，深知典范楷模对受教育者身心影响甚大，历来高度重视这一行为角色。

8.“研究者”角色

在新课程改革背景下，教师具有一种新的角色，教师即研究者。教师需要展开行动研究，对自己的教育教学问题展开研究，更好地促进教学，提高教学质量。

9.“学者和学习者”角色

教师也需要适应终身学习的要求，不断学习，不断改进自己的教学，使自己从“教书匠”转变为教育家型的教师，成为一个学者。

（三）教师角色的形成阶段

教师职业角色的形成是一个渐进的过程，一般来说，从新手型教师成长为熟手型教师，其职业角色的形成主要经历三个阶段。

1. 角色认知阶段

角色认知是指角色扮演者对某一角色行为规范的认识和了解，知道哪些行为是合适的、哪些行为是不合适的。对教师职业角色的认知，就是教师对教育事业深刻理解的过程，包括对教育工作的性质，它所承担的社会职责，它在历史、现实中的社会地位等的理解。通过这种理解，产生一种自豪感和荣誉感，然后积极投身于教育事业。

2. 角色认同阶段

教师角色认同是指教师通过自己亲身体验接受教师这一角色所承担的社会职责，并用来控制、调节和衡量自己的言行。对角色的认同不仅是在认识上了解教师角色的行为规范、社会价值和评价，并经常用优秀教师的标准来衡量自己的心理和言行，自觉地评价与调节自己的言行，而且在情感上也有所体验，表现出较强的职业情感，如热爱教育事业、热爱学生等。对教师角色的认同，是一个人正式担任教师这一职业，并有了一定的教育实践后才逐步开始的。

3. 角色信念阶段

角色信念阶段是指教师对自己的角色期望转化为自己的心理需要。这时教师坚信自己对教师职业的认识是正确的，并在自己的行动中表现为自信，形成教师职业特有的自尊心和荣誉感。教师意识和教师特有的情感，使他们甘愿为教育事业奉献终身。

（四）教师角色形成的主要条件

1. 全面正确认识教师职业

教师角色的形成，首先是教师在正式成为教师角色之前必须对教师这一职业有一个较为全面而正确的认识。对于教师这一职业全方位的了解，可以通过知识讲座、演讲、报告会、座谈会等形式，有意识地传授有关教师角色知识。

2. 树立学习榜样

通过榜样的示范，人们能够掌握社会对教师的角色期待，学会在不同的情境中从事角色活动，处理角色冲突。榜样的树立要注意几点：① 榜样要具有示范性，特点突出，个性鲜明。② 榜样的行为是可学习的、可模仿的，标准不宜太高或太难。③ 榜样的示范行为要具有可信任性，真实有效。④ 榜样的行为要感人，要能使学习者产生心理上的共鸣。

3. 积极参与教育实践

在促进教师角色意识的形成、转化过程中，实践活动尤其重要。在教育实践中，随着知识、经验的增长，教师把社会对教师的要求与自己的需要联系起来，从而将社会需要转化为心理需要。

（五）教师的角色冲突

角色冲突是指当一个人扮演一个角色或同时扮演几个不同的角色时，由于不能胜任而不合时宜发生的矛盾和冲突。教师身兼数职，同样会发生角色冲突。

1. 教师角色冲突的表现

有研究表明，教师的角色冲突表现在以下几个方面：① 角色职能与角色期望的冲突。② 社会角色定式与个体角色行为的冲突。③ 角色活动性质与角色活动成果的冲突。④ 角色的责任要求与个人事业成就的冲突。⑤ 角色职责与不同价值间的冲突。⑥ 群体组织性与教师个人自我形象维护的冲突。⑦ 职业劳动价值与职业劳动报酬的冲突。

2. 教师角色冲突的原因

教师的角色冲突比起其他大多数职业角色的冲突更为突出。主要有以下几方面的原因：① 教师角色弥散性质造成的冲突。② 教师角色定式的冲突。③ 学校机构的特征造成的冲突。④ 教学中角色责任与个人事业方向造成的冲突。⑤ 不同价值观造成的冲突。⑥ 角色的边缘地位造成的冲突。

3. 教师角色冲突的解决

解决教师角色冲突，可以从社会、学校和个人三个方面入手。

（1）社会方面。教师角色冲突与社会大环境有一定的关系。首先，要在社会上树立正确的教师观，通过相应的社会改革为教师角色活动提供必要条件和创造良好的外部大环境；其次，社会各界要充分理解、合理评价、切实尊重教师的角色活动，提高教师的经济待遇和社会地位。

（2）学校方面。学校是教师工作的场所，对教师角色的影响是直接的、重要的。因此，学校要抓好内部的管理体制改革，使管理科学化，充分调动教师工作的积极性，为教师的工作与发展营造一个和谐适宜的学校氛围。

（3）个人方面。个人是角色改变的关键，因此，教师要提高角色的知觉水平，加强角色学习，了解和掌握角色的行为规范、权利和义务、态度和情感、必要的知识和技能。另外，还要重视角色技能，如角色的视觉转换、角色排练的适宜性、角色行为的折中性及防御性机制的合理运用等。

（六）教师角色的影响作用

教师角色的多样性，决定了其影响与作用的复杂性，具体体现在教师的领导方式、教学风格、教育期望以及言谈举止等方面。

1. 教师领导方式对学生的影响

教师的领导方式就是教师的工作作风。实验和研究证明，教师的领导方式对班集体的社会气氛有决定性影响，对课堂教学气氛、学生的学习态度和价值观、个性发展以及师生关系都有不同程度的影响。

教师领导方式主要有专断型、放任型和民主型三种，其中民主型领导方式是宽严相济的理想教育方式。在这种领导方式下，教师尊重、信任学生，又能提出严格要求，师生之间可以形成团结奋进的求知氛围，学生的学习有高度的自觉性和积极性。

2. 教学风格对学生的影响

教学风格是教师的教育思想、个性特点、教育技巧在教育过程中独特的、和谐的结合和经常性的表现，是教师形成的自己的教学特色。教学风格主要有理智型、自然型、情感型、幽默型和技巧型五种类型。理智型教学风格的特点是，教师讲课深入浅出，条理清楚，层层剖析，环环相扣，论证严密，结构严谨，用思维的逻辑力量吸引学生的注意力，用理智控制课堂教学过程。学生通过听教师精辟的讲授，不仅可以学到知识，受到思维训练，还将被教师严谨治学的态度熏陶和感染，学会冷静、独立地去思考问题。自然型教学风格的特点是，教师讲课亲切自然，朴素无华，没有矫揉造作，也不刻意渲染，而是娓娓道来、细细诱导，师生在一种平等、协作、和谐的气氛下，进行默默的双向交流，将对知识的渴求和探索融于简朴、真实的情景之中，学生在静静地思考、默然地首肯中获得知识。情感型教学风格表现在，教师讲课情绪饱满，把对科学文化的热爱和追求融入对学生的关爱和期望之中，充满着对人的高度尊重和依赖。学生在这样的教师的引导下，所获得的不仅仅是知识训练价值，还包括人格、情感的陶冶价值。幽默型教学风格所体现的最突出特点是，教师讲课生动形象，机智诙谐，妙语连珠，动人心弦。在这种课堂氛围中，学生心情舒畅，乐于学习，在轻松愉快的笑声中获得人生的启迪，获得心智的训练，变机械模仿为心领神会，主动思考。技巧型教学风格在于，教师精于教学技巧，充满机智，各种教学方法技巧可信手拈来，运用自如、恰到好处，并不带有丝毫雕琢的痕迹。对于学生掌握知识而言，这是一种追求高效率的教学风格。

3. 教师期望对学生的影响

美国心理学家罗森塔尔和雅各布森在 1968 年发表了关于《课堂中的皮格马利翁效应》的研究报告，他们对一所小学 1～6 年级三个班的学生进行所谓“预测未来发展实验”，并随机抽取一些家庭贫困的学生，并煞有介事地以赞赏的口吻，将一份“最有发展前途者”的名单交给了校长和相关教师，叮嘱他们务必要保密，以免影响实验的正确性。8 个月以后，对这些学生进行智能测验，发现这些儿童的成绩真的提高了，教师也给予他们好的品行评语。一年以后再施以测验，其结果仍然有所提高，实验取得了奇迹般的效应。罗森塔尔认为这个结果是因为教师接受了“权威谎言的暗示”，左右了教师对名单上学生的能力的评价；而教师又将自己的这一心理活动通过情绪、语言和行为传染给了学生，使他们强烈地感受到来自教师的热爱和期望，从而变得更加自尊、自信和自强，从而使各方面得到了异乎寻常的进步。他把这个效应命名为“皮格马利翁效应”，后来人们又称之为“罗森塔尔效应”或“教师期望效应”。

“皮格马利翁效应”留给我们这样一个启示：赞美、信任和期待具有一种能量，能改变人的行为，当一个人获得另一个人的信任、赞美时，他便感觉获得了社会支持，从而增强了自我价值，变得自信、自尊，获得一种积极向上的动力，并尽力达到对方的期待，以避免对方失望，从而维持这种社会支持的连续性。教师期望是一种巨大的教育力量，它告诫人们，教师要关心每一个学生，不能亲疏有别，要实事求是、客观地评价学生，对每个学生都应寄予合理的期望和要求，给他们以公正和更多的支持与鼓励，尽最大努力使每个学生都能产生良好的“皮格马利翁效应”。

4. 教师的言谈举止对学生的影响

教师对学生的影响，是通过教师的言传身教来实现的。言传即言教，在对学生进行有意识、有系统的教育教学活动中，言教是最主要、最基本的方式。言教固然重要，但“身教重于言教”，在大量的日常活动中，经常起作用的是“身教”，身教意义更大。身教是教师人格的教育力量，教师的举手投足都是学生模仿的对象，对学生起着潜移默化的影响。所以，教师对学生的影响是全面的，是以全部行为和整个个性来影响学生的。学生乐于接受教师言行的影响，有模仿教师行为的倾向。积极的影响如此，消极的影响也如此。

三、教师威信

（一）教师威信概述

1. 教师威信的含义

教师威信是指教师个人或者组织改变、控制人们心理和行为的影响力。威信是教师知识、能力和个性品质在学生的心理上产生的效应，是以教师良好的品质、作风、知识、能力自然地影响学生，使学生自觉自愿信服、尊重教师。因此，威信并不等同于威严，以教师的职权威慑、压服学生，只能使学生产生惧怕和回避心理，不仅不可能在学生心目中产生威信，反而会压抑制学生的身心发展，损害教师的形象，对教育教学产生负面影响。

2. 教师威信的构成

一般来说，教师威信主要由以下三个方面构成。

（1）学识威信。高深渊博的学识，旁征博引、风趣幽默的讲学风格是教师在学生中获得威信的重要原因。同时，教师高深渊博的学识本身能够消除人们的不确定感，从而获得别人的尊敬，其带来的心理效益之一就是威信。

（2）人格威信。优秀教师表现出来的求真务实、爱岗敬业的人梯精神所折射出来的人格魅力是教师威信的重要来源。教师在教学和日常交往中表现出来的认真负责、维护和坚持真理、不阿谀奉承、不趋炎附势的刚正不阿的人格和以身作则的行为方式，不仅会给学生带来潜移默化的影响，而且会令学生信服。

（3）情感威信。情感威信来源于教师对学生的情感投入和彼此的情感交融。教师平等对待学生，从思想上、学习上和生活上予以关心爱护，学生就会产生信赖感。教师的谦逊和蔼，对学生真诚的态度，会使学生产生亲切感。有了信赖感和亲切感，教师对学生的影响力就大，教师的威信相应就能得到提高。

3. 教师威信的影响作用

教师威信的高低是直接影响教育教学效果的重要因素之一。作为一种无形的教育力量，教师威信会在教育教学中起到以下作用。

（1）教师威信影响学生的认识。教师的威信影响学生的认识，是学生接受其教诲的前提。有威信的教师能使学生产生信任的心理感受，学生会更积极主动地接受他们的指导。

（2）教师威信影响学生的思想品德和行为习惯。有威信的教师常常被学生自觉或不自觉地视为心目中的榜样而加以模仿，所以，有威信的教师的一言一行都能起到教育作用，这样的“言传”和“身教”，无形之中塑造了学生的思想品性。

（3）教师威信影响学生的情感体验。有威信的教师的表扬，能引起学生愉快和自豪感，其批评也能引起学生的悔悟、自责和内疚感，这样的情感体验有利于强化学生的行为方式，对思想和行为的塑造具有推波助澜的作用，因而能够放大教育的效果。

（4）教师威信影响学生班集体的建设。一个富有威信的教师可以创造一个良好的班集体，充分发挥班集体的教育功能。

（5）教师威信影响学生需求的实现。有威信教师的要求很容易被转化为学生的需要，这就有利于教师对学生优良品质的培养。

（二）教师威信的形成与发展

1. 影响教师威信形成的因素

教师威信的形成取决于一系列主客观因素。

（1）影响教师威信形成的客观条件。影响教师威信形成的客观条件包括以下四方面：① 党和国家对教师的重视和关怀；② 社会对教师劳动的尊重；③ 教师的社会地位和物质待遇的提高；④ 学生及家长对教师的态度。

（2）影响教师威信形成的主观条件。教师的主观因素是教师威信形成的决定因素。影响教师威信形成的主观因素有以下几种：① 教师素质。教师高尚的思想道德品质、渊博的知识和高超的教育教学艺术是教师获得威信的基本条件。② 教师人格。教师端庄和优雅的仪表、良好的生活作风和习惯、健康的个性有助于教师威信的获得。③ 师生关系。经常和学生保持平等、密切的交往，有利于教师威信的形成。值得注意的是，教师给学生的第一印象，对教师获得威信有较大影响。教师和学生初次见面，特别是开始几节课，会给学生留下深刻的印象，产生首因效应。因此，每个教师必须注意给学生留下一个美好的第一印象。④ 教师评价。教师评价包括教师对学生的评价和教师的自我评价。教师对学生评价的时机是否恰当、评价的场合是否适宜、评价的强度是否适中、评价的方式是否合适等，都影响着学生对教师所做评价的接受程度，并因此影响着教师权威的树立与巩固。另外，教师要真正树立威信，必须严格要求自己，不断反思，始终保持表率作用，只有这样才能不断保持和提高威信。

2. 教师威信的维护与发展

教师威信一旦形成，就具有一定的稳定性，但稳定是相对的、有条件的，不是一成不变的。因为形成教师威信的主客观条件是处于不断变化之中的，只要某一方面的条件发生了较大的变化，教师的威信就会受到影响。因此，教师威信形成之后，维护与发展已形成的威信也十分重要。教师威信的维护与发展主要包括：巩固已获得的威信；发展不全面的威信为全面的威信，发展低水平的威信为高水平的威信；防止威信的下降和丧失；提高威信的教育影响力等。对于教师威信的维护与发展，要努力做到以下几个方面。

（1）教师要有不断进取的学习精神。教师知识水平的高低，直接影响着自身威信的高低。教师要不断学习，积极进取，不断地更新、充实和丰富自己的知识，努力提高自己业务能力。

（2）教师要始终坚持为人师表。要赢得长久的教师威信，教师应不断加强自身的思想、文化、道德修养，做到严于律己、以身作则，处处严格要求自己，始终树立表率意识，注意自身形象。

（3）教师要注重建立良好的师生关系。要建立良好的师生关系，教师要认真了解每个学生，平等、公正对待每个学生；对待学生宽严相济，对学生既严格要求，又充分尊重肯定。

（4）教师要正确认识和合理运用自己的威信。教师要对威信有正确的认识，威信不是威严，不能为了维护自己的威信而不恰当地运用教师的权威，以致损害学生的自尊心，挫伤学生的积极性，削弱学生对教师的亲近感、信赖感和尊敬心理，最终导致教师威信的降低。

四、教师的心理特征

教师的心理特征是指教师在教育教学实践活动中长期扮演的各种不同的角色并随之逐渐形成的特有的心理品质。教师的职业特点、社会角色决定了教师应具备一系列特定的心理素质。

（一）教师的认知特征

教师的认知特征包括其知识结构和教学能力。

1. 教师的知识结构

教师的知识结构主要包括三个方面：① 学科专业知识。② 广博的文化知识。③ 教育科学知识。

2. 教师的教学能力

教师的教学能力主要包括如下六个方面。

（1）教学设计能力。教学设计能力是教师在具备基本专业知识和教学技能的基础上，能够综合运用这些知识和能力，根据教学大纲的要求设计出适当的单元、课时教学计划的能力。

（2）表达能力。教师表达能力包括言语表达能力和非言语表达能力。言语表达包括口头语言表达和书面语言表达。教学非言语表达是指教师在教学中创造性地运用非言语因素进行教学表达的活动。它主要是指由教师人体本身的动作和姿态来传播教学信息，也即教师表达内容时的表情、动作（手势、摇头、耸肩等）、眼神、姿态（站姿、步态等）等体态语言以及服饰。

（3）课堂教学机智。教学机智是教师在一定的理论修养基础上，在长期实践体验、感悟和实际经验基础上形成的一种超乎寻常的、出类拔萃的临场发挥能力。教学机智有三个重要特性：① 事件的突发性。教学机智一定是在突发事件的处理过程中表现出来的，是在教师毫无思想准备的情况下所表现出来的应急能力。如果发生的事件不是突然的，而是教师意料中的事，那么对这件事的处理不管如何巧妙、正确，也不能称为教学机智。② 处理的迅速性。教学机智一定是在对突发事件的处理速度上表现出来的，越能急中生智，果断决策，迅速处理，就越能表现出教师的教学机智能力。③ 效果的良好性。方法是否正确，效果是否良好，这是衡量教学机智的最终标准。教学机智在教学活动中具体表现在四个方面：第一，处理课堂突发事件的机智；第二，处理教师自身失误的机智；第三，处理教学疑难的机智；第四，处理恶作剧的机智。

（4）常规教学的能力。对于一堂常规课，教师的教学工作主要包括备课、讲课、作业、辅导、考评五个基本环节。与此相适应，教师常规教学能力主要表现在备课、上课、作业布置和批改、课后辅导和评价几方面。

（5）组织管理能力。教师的组织管理能力，是指为完成人才的培养目标，在进行施教过程中教师对学生的组织能力和领导能力。

（6）人际关系能力。教师处理和协调人际关系的能力在教学中也是非常重要的。

（二）教师的人格特征

教师的人格特征即教师的个性品质或个性心理，包括教师的气质类型、性格特点、教师的职业信念和教师对学生的理解等。

1. 教师的职业信念

教师的职业信念是指教师对成为一个成熟的教育教学专业工作者的向往和追求，为教师提供奋斗目标，是推动教师成长的巨大动力。有关职业信念的心理研究主要集中在以下两方面：

（1）教学效能感。教学效能感一般指教师对自己影响学生行为和学习结果的能力的一种主观判断。这种判断会影响教师对学生的期待和指导，从而影响教师的工作效率。教学效能感又分为两个方面：① 一般教学效能感，是指教师对教与学的关系、教育在学生身心发展中的作用等问题的一般看法和判断。② 个人教学效能感，是指教师认为自己能有效地指导学生，相信自己具有教好学生的能力。

（2）教学归因。教学归因是指教师对学生学习结果的原因的解释和推测，这种解释和推测所获得的观念必然影响其自身的教学行为。例如，倾向于归因于外部因素的教师，往往会更多地将学生的学习结果归结于学生的能力、教学条件等因素，因而在面对挫折时，就比较倾向于采取职业逃避策略，做出听之任之或者怨天尤人的消极反应。

2. 教师的职业情感

研究证明，决定教师能否促进学生人格的健康发展，从而调动学生学习积极性和主动性的是教师的职业情感人格品质。一个好教师的职业情感人格品质的基本内核是“促进”，即对教师对学生行为有所帮助。教师的促进作用主要表现在三个方面。

（1）理解学生。教师要真正理解学生，就应心胸豁达、具有敏感性、善于移情、保持客观。

（2）与学生和谐相处。教师要做到与学生和谐相处，就必须具有真诚、非权势、积极相待和善于交往等品质。

（3）积极的自我意识。教师对自己具有比较全面、实际和最接近真实的看法，有助于他的举动表现得敏感而有节制。

（三）教师的行为特征

教师的行为特征一般包括教师教学行为的明确性、多样性、启发性、参与性、任务取向性和及时的教学效果评估及其对学生产生的期望效应。

在实际教育情境里，教师对学生的期望并不一定会发生自我应验的预言假设。因为教师期望效应的发生，既取决于教师自身的因素，也取决于学生的人格特征、原有认知水平、归因风格和自我意识等心理因素。

第二节　教师成长心理

一、新教师与专家型教师的区别

专家型教师，是指那些具有良好的知识结构，在教学中富有创见，能根据课堂情境的变化采取及时而有效的措施保证教学顺利实施的教师。新教师一般指刚走上工作岗位 3 年以下的教师。根据研究结果，根据专家型教师和新教师在课前计划、课堂教学过程和课后教学评价三个方面存在差异。

（一）课时计划的差异

对教师课时计划的分析表明，与新教师相比，专家型教师的课时计划简洁、灵活，以学生为中心并具有预见性。

1. 在课时计划的内容上

专家型教师的课时计划只是突出了课的主要步骤和教学内容，新教师却把大量时间用在课时计划的一些细节上。专家型教师的课时计划修改与演练所需的大部分时间都是在正式计划的时间之外，新教师要在临上课之前针对课时计划做一下演练。在两个平行班教同样的课时，新教师往往利用课间来修改课时计划。

2. 在课时计划的制订上

在制订课时计划时，专家型教师能根据学生的先前知识来安排教学进度，课时计划有很大的灵活性。而新教师仅仅按照课时计划去做，只考虑如何完成课时计划而很少考虑课堂情境的变化和学生的需要，是一种比较简单、孤立的课时计划。

3. 在教学的细节方面

专家型教师认为教学的细节方面是由课堂教学活动中学生的行为所决定的。而新教师的课时计划往往依赖于课程的目标，不能够把课堂教学计划与课堂情境中的学生行为联系起来。

4. 在教学预见性上

在备课时，专家型教师表现出一定的预见性，他们会在头脑中形成包括教学目标在内的课堂教学表象和心理特征，并且能预测计划执行的情况。新教师则认为自己不能预测计划执行的情况，他们不知道学生将要做些什么。

（二）课堂教学过程的差异

1. 课堂规则的制订与执行

专家型教师制定的课堂规则明确，并能坚持执行，而新教师的课堂规则较为含糊，不能坚持执行下去。专家型教师集中关注学生应该做的和不应该做的事情。同时，专家型教师知道许多课堂规则是可以通过练习与反馈习得的，是一种可以习得的技能，他们能教会学生一些重要的鉴别课堂活动的能力。而新教师却不会这样去做，在阐述规则的时候，他们往往含糊其词。

2. 吸引学生注意力

专家型教师有一套完善的维持学生注意的方法，新教师则相对缺乏这些方法。专家型教师在课堂教学中运用不同的“技巧”来吸引学生的注意力；预先计划好每天的工作任务，使学生一上课就开始注意和立刻参与所要求的活动；在教学环节转换或有重要信息时，能提醒学生注意。而新教师往往在没有暗示的前提下，就要变换课堂活动；遇到突发的事情，就会自己停下课，但又希望学生忽略这些干扰。

3. 教材的呈现

专家型教师在教学时注重回顾先前知识，并能根据教学内容选择适当的教学方法，新教师则不能。在教学内容的呈现上，专家型教师通常用导入式方法，从几个实例出发，慢慢地引入要讲的教学内容。而新教师一上课就开始讲一些较难的和使人迷惑的教学内容，而不注意此时学生还未进入课堂学习状态。

4. 课堂练习

专家型教师将练习看作检查学生学习的手段，新教师仅仅把它当作必经的步骤。在学生做练习时，专家型教师往往帮助他们把握做作业的速度，检查学生的作业情况，对练习情况提供系统的反馈，关心学生是否掌握了刚才所教的知识，而不是纪律问题。而新教师则对课堂练习的时间把握不准，照顾不到全体学生，对练习无系统的反馈，把维持课堂纪律看作最重要的事情。

5. 家庭作业的检查

专家型教师具有一套检查学生家庭作业的规范化、自动化的常规程序，其用时短、效果好，对作业的难点和重点有很好的掌握和讲析。而新教师则没有。

6. 教学策略的运用

专家型教师具有丰富的教学策略，并能灵活应用。新教师或者缺乏或者不会运用教学策略。

在提问策略与反馈策略上，首先，专家型教师比新教师提的问题多，从而学生获得反馈的机会就多，学习更加精确的机会也越多。其次，在学生正确回答后，专家型教师会更多地再提另外一个问题，这样可促使学生进一步思考。再次，对于学生错误的回答，专家型教师较之新教师更易针对同一学生提出另一个问题，或者给出指导性反馈，即教师确定学生学习过程中哪一步导致错误，而不是仅仅说出答案是错的。最后，专家型教师比新教师在学生自发的讨论中更可能提出反馈。

在对学生发出的非言语线索上，专家型教师常利用这种线索来判断和调整教学。而新教师往往只注意课堂中的细节，也难以解释他们看到的事情间的联系。而专家型教师富有洞察力，能够从细节中鉴别出有助于问题解决的信息，并有效地将这些信息联系起来做出推论。

（三）课后评价的差异

在课后评价时，专家型教师和新教师关注的焦点不同。研究发现，新教师的课后评价要比专家型教师更多地关注课堂中发生的细节。而专家型教师则多谈论学生对新材料的理解情况和他认为课堂中值得注意的活动。专家型教师都关心那些他们认为对达到目标有影响的活动。

二、教师成长的历程

（一）富勒的“教师关注阶段理论”

从一名新教师成长为一名合格的教师有一个过程，教师在不同的成长阶段所关注的问题不同。福勒和布朗根据教师的需要和不同时期所关注的焦点问题，把教师的成长划分为关注生存、关注情境和关注学生等三个阶段。

1. 关注生存阶段

处于这一阶段的一般是新教师，他们非常关注自己的生存适应性，关心他人对自己的评价和态度，最担心的问题是：“学生喜欢我吗?”“同事们如何看我?”“领导是否觉得我干得不错?”等等。因而，有些新教师可能会把大量的时间都花在如何与学生搞好个人关系上，有些新教师则可能想方设法控制学生。因为，教师都想成为一个良好的课堂管理者。

2. 关注情境阶段

当教师感到自己完全能够适应时，便把关注的焦点投向提高学生的成绩即进入关注情境阶段。开始注意教学的质量以及影响质量的因素。在此阶段，教师关心如何教好每一堂课，关心诸如班级的大小、时间的压力和备课材料是否充分等与教学情境有关的问题。他们能对教学问题提出改进方案，能从自身的教育实践中寻找研究课题，渴望成为研究型的教师，专业水平较高。传统教学评价也集中关注这一阶段。一般来说，老教师比新教师更关注此阶段。

3. 关注学生阶段

当教师顺利地适应了前两个阶段后，成长的下一个目标便是关注学生。教师将考虑学生的个别差异，认识到不同发展水平的学生有不同的需要，考虑教学材料和方式是否能够让全体学生接受。能否自觉关注学生是衡量一个教师是否成长成熟的重要标志之一。

（二）伯利纳的“教师教学专长发展阶段理论”

美国亚利桑那州大学的伯利纳（Berliner）受人工智能研究领域中“专家系统”的思路的启发，在职业专长发展五阶段理论的基础上，提出了教师教学专长发展的五阶段理论。伯利纳认为，教师教学专长的发展可以划分为新手教师、熟练新手教师、胜任型教师、业务精干型教师和专家型教师五个阶段。

1. 新手教师阶段

新手教师是经过系统的师范教育与专业学习，刚刚从事教学工作的教师。新手教师教学专长的特征主要表现在三个方面：① 理性化，在分析和思考的基础上处理问题。② 缺乏灵活性。③ 刻板，处理问题时刻板地依赖特定的原则、规范和计划。在这个阶段，教师的主要需求是了解与教学有关的实际情况，熟悉具体的教学情境，积累教学经验。

2. 熟练新手教师阶段

随着知识和经验的积累，经过 2 ~ 3 年，新手教师逐渐发展成为熟练新手教师。熟练新手教师的特征主要表现在四个方面：① 实践经验与书本知识逐渐整合，并逐步掌握了教学过程中的内在联系。② 教学方法和策略方面的知识与经验有所提高，处理问题时表现出一定的灵活性。③ 经验对教学行为的指导作用提高，但还不能够很好地区分教学情境中的重要信息和无关信息。④ 对自己的教学行为还缺乏一定的责任感。

3. 胜任型教师阶段

大部分熟练新手教师经过教学实践和职业培训，经过 3 ~ 4 年成为胜任型教师，这是教师教学专长发展的基本目标。胜任型教师的特征主要表现在四个方面：① 教学行为有明确的目的性。② 能够区分出教学情境中的重要信息，并选择有效的方法或手段达到教学目标。③ 他们对自己的行为结果表现出更多的责任心，对于成功和失败表现出强烈的情绪情感反应。④ 教学行为还没有达到足够快捷、流畅和灵活的程度。

4. 业务精干型教师阶段

在成为胜任型教师后，经过 5 年左右的知识和经验积累，有相当部分的教师成为业务精干型教师。业务精干型教师的特征主要表现在三个方面：① 具有较强的直觉判断能力。② 教学技能方面接近认知自动化水平。③ 教学行为已经达到了快捷、流畅和灵活的程度。

5. 专家型教师阶段

专家型教师阶段是教师发展的最终阶段，只有部分业务精干型教师在以后的职业发展中成为专家型教师。专家型教师的特征主要表现在三个方面：① 处理问题的非理性倾向。② 对教学情境的观察与判断的直觉性。③ 教学技能达到了完全自动化水平。

（三）利斯伍德的“心理发展阶段理论”

心理发展阶段理论把教师作为一个成年学习者看待，它假设人的发展是心理结构改变的结果，人的内部心理过程随着年龄和发展阶段的不同而有所变化，这一变化过程有一定的顺序和层级。心理发展阶段理论的代表人物之一是利斯伍德（K.A.Leithwood），他将自我发展、道德发展和概念发展等相结合，综合描述教师的发展阶段。他把教师的发展分为四个阶段。

1. 第一阶段

第一阶段的教师的世界观非常简单，坚持原则，把权威当作善的最高准则，认为任何问题只有一种答案。他们不赞成求异思维，而鼓励顺从和机械学习。这些教师的课堂是以教师为主导的。

2. 第二阶段

第二阶段的教师主要表现为“墨守成规”。这些教师的课堂有着传统课堂的特征，课堂规则十分明确，无论学生之间有什么差异或有什么特殊情况，学生都必须严格遵守规则。

3. 第三阶段

第三阶段的教师的主要特征是有较强的自我意识，能够意识到某些情境下的多种可能性（如学生某一行为的多种解释），意识到依照具体情况灵活掌握规则的必要性。

4. 第四阶段

第四阶段的教师较有主见，而且能够从多角度分析遇到的课堂情境并予以综合。由于这一阶段的教师对于制定课堂规则的原理已经有所理解，他们在应用规则时显得更加灵活、明智。在这些教师的课堂上，师生之间密切合作，强调有意义学习、创造性和灵活性。

（四）卡茨的“教师发展时期论”

卡茨采用访谈和问卷法研究学前教师的培训和发展，提出了“教师发展时期论”，把教师的发展分为四个阶段：求生存时期、巩固时期、更新时期和成熟时期。

（五）伯顿的“教师生涯循环发展理论”

美国俄亥俄州立大学的伯顿等人通过大样本访谈研究，提出来“教师生涯循环发展理论”，认为教师的成长要经历求生存、调整、成熟三个阶段。

（六）费斯勒的“教师生涯循环论”

美国约翰·霍普金斯大学的费斯勒从生命的自然老化过程与生命周期的角度，对不同生涯发展阶段的教师进行研究，将教师的发展分为八个阶段，即职前教育阶段、入职阶段、能力形成阶段、热心和成长阶段、职业挫折阶段、稳定和停滞阶段、职业低落阶段、职业退出阶段。

（七）司特菲的“教师生涯发展模式”

司特菲根据人文心理学派的自我实现理论，将教师的发展划分为预备生涯、专家生涯、退缩生涯、更新生涯、退出生涯五个阶段。

（八）休伯曼的“教师职业生活周期论”

休伯曼等人通过对瑞士教师的调查研究，结合教育心理学和社会心理学的研究方法，将教师职业发展分为七个阶段，即入职期、稳定期、实验和歧变期、重新估价期、平静和关系疏远期、保守和抱怨期、退休期。

三、教师成长与发展的基本途径

教师成长与发展的基本途径主要有两个方面：一方面是通过师范教育培养新教师作为教师队伍的补充，另一方面是通过实践训练提高在职教师的素养。

对于教师个人来说，实践训练主要从以下几方面入手。

（一）观摩和分析优秀教师的教学活动

课堂教学观摩可分为组织化观摩和非组织化观摩。组织化观摩是有计划、有目的的观摩；非组织化观摩则没有这些特征。

一般来说，为培养提高新教师和教学经验欠缺的年轻教师宜进行组织化观摩，这种观摩可以是现场观摩（如组织听课），也可以是观看优秀教师的教学录像。非组织化观摩要求观摩者有相当完备的理论知识和洞察力，否则难以达到观摩学习的目的。通过观摩分析，学习优秀教师驾驭专业知识、进行教学管理和调动学生积极性等方面的教育智慧和教学能力。

（二）开展微格教学

微格教学也称为“微型教学”“微观教学”，指以少数的学生为对象，在较短的时间内（5～20 分钟），尝试做小型的课堂教学，可以把这种教学过程摄制成录像，课后再进行分析。这是训练新教师、提高教学水平的一条重要途径。微格教学可以使教师分析自己的教学行为时更加直接和深入，可以增强改进教学的针对性，因而往往比正规课堂教学的经验更有效。

微格教学通常采用以下的教学程序：① 学习相关知识。② 确定训练目标。③ 观摩示范。④ 分析与讨论。⑤ 编写教案。⑥ 角色扮演与微格实践。⑦ 评价反馈。⑧ 修改教案，再次实践。

（三）进行专门训练

要想促进新教师的成长，还可以对他们进行专门训练。有人曾将某些“有效的教学策略”教给教师，其中的关键程序有：① 每天进行回顾。② 有意义地呈现新材料。③ 有效地指导课堂作业。④ 布置家庭作业。⑤ 每周、每月都进行回顾。

（四）反思教学经验

1. 反思性教学的含义

对教学经验的反思，又称反思性实践或反思性教学，是指教师以自己的教学活动为意识对象，对自己的教育理念、教学行为、教学决策以及由此所产生的结果进行认真的自我审视、评价、反馈、控制、调节、分析的过程。它是一种思考教育问题的方式，要求教师具有作出理性选择并对这些选择承担责任的能力，建立在对教学的道德责任以及技术性教学的实际效果的分析基础上。

美国心理学家波斯纳提出了一个教师成长公式：经验+反思=成长。他还指出，没有反思的经验是狭隘的经验，如果教师仅仅满足于获得经验而不对经验进行深入思考，那么他的发展将大受限制。

2. 教学反思的过程

科顿等人 1993 年提出了一个教师反思框架，描述了反思的过程。

（1）教师选择特定问题加以关注，并从可能的领域，包括课程方面、学生方面等，收集关于这一问题的资料。

（2）教师开始分析收集来的资料，形成对问题的表征，以理解这一问题。他们可以利用自我提问来帮助理解。提出问题后，教师会在已有的知识中搜寻与当前问题相似或相关的信息。如果搜寻不到，教师就会去请教其他教师或阅读专业书籍来获取这些信息。这种调查研究的结果，有助于教师形成新的、有创造性的解决办法。

（3）一旦对问题情境形成了明确的表征，教师就开始建立假设以解释情境和指导行动，并且在内心对行动的短期和长期效果加以考虑。

（4）考虑过每种行动的效果后，教师就开始实施行动计划。当这种行动再被观察和分析时，就开始了新一轮循环。

3. 教学反思的方法

布鲁巴奇等人于1994年提出了四种反思的方法。

（1）反思日记。在一天教学工作结束后，要求教师写下自己的经验，并与其指导教师共同分析。

（2）详细描述。教师相互观摩彼此的教学，详细描述他们所看到的情景，教师们对此进行讨论分析。

（3）交流讨论。来自不同学校的教师聚集在一起，首先提出课堂上发生的问题，然后共同讨论解决的办法，最后得到的方案为所有教师及其他学校所共享。

（4）行动研究。为弄明白课堂上遇到的问题的实质，探索用以改进教学的行动方案，教师以及研究者进行调查和实验研究。它不同于研究者由外部进行的旨在探索普遍法则的研究，而是直接着眼于教学实践的改进。

第三节　教师心理健康

一、教师心理健康概述

（一）心理健康的含义

从广义上讲，心理健康是指一种高效而满意的、持续的心理状态。从狭义上讲，心理健康是指人的基本心理活动的过程内容完整、协调一致，即认识、情感、意志、行为、人格完整和协调，能适应社会，与社会保持同步。

（二）教师心理健康的标准

1. 能积极地悦纳自我

能真正了解、正确评价、乐于接受并喜欢自己。承认人是有个体差异的，允许自己不如别人。

2. 有良好的教育认知水平

对教育教学工作有正确的认识，具备教育的基本能力和优良的综合素质，能面对现实并积极地去适应环境与教育工作要求。例如，具有敏锐的观察力及客观了解学生的能力，具有获取信息、适宜地传递信息和有效运用信息的能力，具有创造性地进行教育教学活动的能力。

3. 热爱教师职业，热爱学生

对教师职业和学生保持热情和热爱，能从爱的教育中获得自我安慰与自我实现，从有成效的教育教学中得到成就感。

4. 具有稳定而积极的教育心境

教师的教育心理环境是否稳定、乐观、积极，将影响教师整个心理状态及行为，也关系到教育教学的工作效果。

5. 较高的自我调适能力

有良好的、坚强的意志品质，能够运用各种理性的应对策略和心理防御机制加以调节，及时转移、摆脱不良情绪，保持自己的心理平衡。

6. 和谐的教育人际关系

有健全的人格，在交往中能与他人和谐相处，积极态度（如尊重、真诚、羡慕、信任、赞美等）多于消极态度（如畏惧、多疑、嫉妒、憎恶等）。

7. 能适应和改造教育环境

能适应当前发展、改革与创新的教育环境，为积极改造不良教育环境、提高教学质量献计献策。

二、教师常见的心理健康问题

（一）教师焦虑

焦虑是个体对即将到来的、可能会造成危险或威胁时产生的紧张、不安、忧虑、烦恼等不愉快的复杂情绪状态。在社会生活中，人们不可避免地会碰到一些意外，遭遇危险，因此焦虑是一种常见的心理现象。一般水平的焦虑对个体没有太多的不良影响，但是当焦虑长期存在或者达到一定水平的时候，就会对个体的身心产生严重的影响，导致个体表现出身心疾病。在具体的教育教学工作中，教师由于焦虑与压力等心理问题而经常表现出某种程度的神经衰弱、失眠、无食欲、咽喉肿痛、腰部酸痛、恶心、心动过速、呼吸困难、头疼、眩晕等，这是一些典型的身心疾病。

（二）教师工作压力

工作压力是指工作负担过重、责任过大或工作改变产生的压力。名目繁多的各种教育教学工作，各种考试和评估，不健全的奖惩机制，超负荷工作，都给教师带来了沉重的工作负担，使其产生了很大的心理压力。还有，基础教育改革对教师的教育观念、教育知识、教育能力特别是教育方法与教育技术的要求越来越高，教师在承受繁重的教育教学任务时，还要承受来自教育变革的现实压力。

（三）教师人格异常

人格是个体具有的稳定的、独特的心理特征的综合，是个体区别于他人的心理特征。人格异常也称为人格障碍，一般是指由于个体人格发展的内在不协调而导致人格特征偏离了正常人群，并与社会日常规范有本质差异的一种比较持久的心理与行为模式。人格障碍者不同于精神病患者，通常不存在智力方面的问题，能够对自己的行为后果有清楚的认识。人格障碍者也不同于神经症患者，没有情绪上的困扰。

人格异常依据其表现通常可以分为三种类型。第一类是以行为古怪、奇特为主要特征的人格异常。这种类型主要包括妄想型人格异常、分裂型人格异常等形式，其主要特征是对人充满怀疑，做事情常常出人意料，行为怪异，与众不同。第二类是以行为违反常规、情绪化、不稳定为主要特征的人格异常。这种类型主要包括反社会型人格异常、边缘型人格异常、戏剧型人格异常、自恋型人格异常等形式。具有这种人格异常的人表现为有偏执性思维，喜欢与人敌对，好猜疑，妄想，常常夸大自己的作用，对艺术、体育活动的兴趣小，认为它们没有意义。第三类是以焦虑与害怕为特征的人格异常。这种类型主要包括回避型人格异常、依赖型人格异常、强迫型人格异常、被动攻击型人格异常等形式。具有这种人格异常的人通常表现为过分追求完美，甚至因此影响工作的完成；做事按部就班，不敢变化；对人要求太严格、片面，不敢相信别人对事情的态度；为人处世谨小慎微，有绝对化与概括化的倾向。

教师人格异常一般是在长期的生活中逐渐形成的，因此人格异常的辅导通常也需要长期潜移默化，很难有短时间就可以立即发挥作用的方法。

（四）教师人际关系问题

人类的心理适应主要就是人际关系适应，良好的人际关系往往使人保持健康、生活愉快，反之，则易出现心理问题与心理危机。教师由于角色的多重性与工作的重要性，极易产生人际交往方面的困惑。通常来说，教师的人际关系中主要有教师与学生的关系、教师与学校领导的关系，而这两种人际关系在当前的教育情境下都具有某种程度的潜在不良倾向。就师生关系而言，教师在其中起着主导作用，学生在与教师的交往中往往处于被动地位，这种人际交往如果迁移到与一般人的交往中，教师就容易表现出过于主观、不考虑他人的需要的特征。而在教师与学校领导的关系中，教师通常又处于相对被动的地位，教师往往因为某种缘故不能理性地表达自己的意图，争取自己的权益。长此以往，教师在与他人交往时，也就不能客观公正地对待自己与他人的权益。

（五）教师自我认知偏差

教师的自我认知偏差主要表现为两种类型：一是自我扩张型，其特点是过于悦纳自己，自我评价偏高，形成虚假的理想自我，常表现为过于看高自己而导致自负、自吹自擂、盲目自尊。二是自我否定型，其特点是对自我认识和评价过低，常表现为安于现状、不思进取，由自卑导致自贱自轻，最终走向自我否定。

（六）教师情绪困扰

情绪困扰是指教师在教育教学、职称评聘、人际关系等过程中所体验到的不良情绪和挫败感，主要表现为焦虑、抑郁、急躁、易怒、心情不好等。教师的这些情绪困扰，使他们在工作中逐渐丧失对学生的爱心和耐心，动辄发怒，处罚学生；使他们感到身心疲惫，产生挫折感，意志消沉等。这会严重影响教育教学工作，不仅给自己的发展带来不良影响，也会给学生的发展带来不良影响。

（七）教师职业不良行为

教师在职业方面的行为问题主要表现为教师的适应不良与教师的职业倦怠。就适应不良而言，教师主要表现为对教师这一职业不能够有效对待。教师的职业倦怠是教师不能顺利应对工作压力时的一种消极反应，是教师将其工作付出与回报进行比较时出现不平衡的结果，是教师在长期压力体验下产生的情感、态度和行为的衰竭状态。教师的职业倦怠，目前被认为是教师职业问题最主要的表现。教师职业倦怠作为一种职业性伤害，给教师、学生与整个社会都带来了极大的消极影响。教师一旦产生职业倦怠，就会对教育工作缺乏动机和兴趣，勉强维持教学工作，在内心产生一种对教书育人的厌烦和心力俱疲的状态，导致教学工作能力和工作业绩的下降。

三、影响教师心理健康的因素

（一）客观因素

1. 社会因素

（1）知识、技术迅速发展带来巨大的冲击。在这个瞬息万变的信息化社会，知识、技术更新的速度超越了以往任何一个时代。首先，知识的日新月异、知识老化加速的现象要求教师必须不断更新自己的知识体系和结构，不断充实、提高自己。其次，现代社会技术进步的速度加快，加速了教育教学技术的不断革新。面对这些变革，一些教师感到难以跟上时代变革的步伐，担心落伍、掉队等，可能产生紧张、焦虑等不良情绪。

（2）社会文化和价值取向多元化。在现代社会，多元的社会文化和价值取向使教师在教学、生活中常常感受到价值冲突，以致无所适从，产生困惑感。

（3）社会与家长对教师期望过高。社会与家长不理解教师工作，对教师的要求逐渐提高，也给教师增加了心理负担。

（4）教育政策没有给教师提供保障。教师的待遇不高，教师付出的劳动与待遇不成正比。教师的社会地位不高，社会对教师的看法与教师的神圣职责不成正比。人事制度改革，也给教师带来巨大的压力，如全面采取教师聘任制、教师末位淘汰制、职称方面的竞聘上岗等。

2. 学校因素

学校对教师的要求过高，学校管理的条条框框过多，导致教师一天到晚都要埋头于苛刻的书面文字抄写工作，机械地重复着形式上的任务。

3. 学生因素

首先，学生学习渠道多样化，知识面较广，导致教师难教。其次，现在的中小学生个性强、不合群，家长给予过多的呵护和娇惯，给教师的教育与管理造成困难。

4. 环境因素

影响教师心理健康的环境因素主要包括以下两个方面：一是物理和物质环境，二是社会生活环境。教师的不良情绪与行为反应，如过度焦虑、紧张，过于敏感和过于自我保护以及抑郁、内闭等心理与行为问题大多数是由工作环境和生活环境不好、人际关系紧张所造成的。还有教师工作调动、家庭变异、子女升学与就业、待遇偏低等因素对教师心理健康问题的产生也有较大的影响。

（二）主观因素

1. 人格特征

人格对人的心理健康有着非常明显的影响，是造成心理障碍或精神失常的一个重要因素。不能客观认识自我和现实，目标不切实际，理想和现实差距太大的教师，或有过于强烈的自我实现和自尊需要的教师，更容易出现心理问题。

2. 教学效能感

教师的教学效能感是指教师对自己是否能够影响学生的学习行为和学习成绩的主观判断。这种判断不仅影响教师的工作效率，而且影响教师在工作中的情绪。效能感高的教师在工作时会信心十足、精神饱满、心情愉快，对工作表现出极大的热情；效能感低的教师在工作中往往感到信心不足、紧张焦虑，面对教育改革提出的新要求，更是感到惶恐不安。

3. 归因模式

所谓归因，是指个体对导致自己或他人行为结果的原因的知觉和推断。人们对于重大的、意外的或失败的事件，都有一种天然的归因倾向，并形成一定的归因模式。不同的归因模式使教师在面对成功和挫折时会有不同的反应，进而影响他们的心理健康。具有积极的归因模式的教师，成功时既能看到自身的优势，也能看到外在的客观条件所起的作用，并及时地提出新的奋斗目标，对未来的发展抱有乐观的态度和坚定的信念；遭遇失败时也能够冷静客观地分析主客观因素，坚信失败是成功之母，既维护了自己的自尊心，又不丧失前进的动力。

而形成消极归因模式的人往往容易把成功单方面地归因于自身的主观因素，而否认其他客观因素所起的作用，自我感觉太好，飘飘然忘乎所以，目空一切，狂妄自大；遭受失败时又片面地归因于外在的客观因素，怨天尤人，牢骚满腹，不从自己身上寻找失败的原因。

4. 认知方式

认知方式是应激性事件与情绪产生的中介因素，教师形成的较固定的认知方式也会影响他们的心理健康。非理性思维、弊导式思维等消极的认知方式往往是一定压力下教师产生心理问题的催化剂。

（三）职业因素

1. 职业压力

首先，教师有巨大的升学压力，社会、家长和学校对教师的要求过高。其次，教师考核、竞聘上岗、职称评定、教师关系等方面也给教师带来巨大压力。最后，基础教育改革和新课程改革，知识、技术的快速更新，对教师提出了更高的要求，也使教师感到责任重大，压力过大。

2. 职业倦怠

教师缺乏职业满意感，出现职业倦怠是教师中出现最多的问题。教师工作重复、单调、枯燥是导致教师出现职业倦怠的原因之一。教师工作负担过重，是教师产生职业倦怠的另一个原因。

四、促进教师心理健康的主要途径和方法

教师心理健康问题的出现是在自身心理素质和外界压力的互动下形成的。所以，要维护与促进教师的心理健康，应从社会、学校和教师个人层面构建“三位一体”的模式，切实有效地维护和促进教师的心理健康。

（一）社会层面

教师的心理健康问题不仅是教育上的问题，还是社会问题的反映，因此应该得到社会层面的理解和支持，在学校内部乃至整个社区和全社会形成教师的社会支持系统，这样才能有效地维护教师的心理健康。

1. 提高教师的经济待遇和社会地位

社会要全面正确地理解教师。教师首先是社会人、自然人，不能仅仅只强调奉献和责任，还要重视教师作为一个平凡人的需要。只有切实地改善教师工作和生活的物质条件，为教师创设良好的尊师重教的精神环境，才能增强教师角色行为的光荣感、自尊感，使教师职业成为人人仰慕、人人愿意为之奉献的职业；只有提倡全社会都来关心、支持、配合教师做好教

育工作，才能提高教师工作的积极性，减少并杜绝教师的消极心理。

2. 建立合理的社会期待

领导、家长、学生及社会大众应对教师抱有合理的期望，要充分理解、合理评价、切实尊重教师的职业活动，形成良好的公共信任氛围，为教师营造一种宽松的工作环境，以减轻其职业压力。

3. 健全考核评估制度

教育行政部门应该从宏观的角度做出调控，重新制定一套教师教育教学成绩评价体系。对教师的评价，应该全面考核教师的素质能力，即从职业道德、教育思想、教学态度、教学行为、教学基本功、科学文化知识水平以及教育科研能力等方面全面考察。既重视教育结果，又重视教育过程，让教师真正体会到评价是客观的、合理的、公正的。只有这样，才能使教师从片面追求升学率的压力下解放出来，致力于提高自身的综合素质，以全面提高学生的素质。

（二）学校层面

学校有责任和义务帮助教师更好地适应教育环境，度过心理危机，促进其心理健康。

1. 推行以人为本的管理模式

学校应推崇以人为本的管理模式，实行开放民主的行政管理，吸纳教师参与学校的管理和决策，赋予教师更多的专业自主权和更大的自由度，激发他们的工作热情和动力，使之具有强烈的责任感和归属感。

2. 创设良好的学校人际环境

学校应创设民主、宽松、和谐的学校人际环境，倡导教师间进行交流和沟通，加强教师间的合作，营造学校组织的和谐气氛。利用节假日经常组织丰富多彩、健康文明、喜闻乐见的文体娱乐活动，丰富教师的课余文化生活，让教师在活动中得到心理补偿。鼓励教师不断丰富生活内容，拓展生活空间，提高生活质量。

3. 健全教师心理教育机制

随着教育改革的深入进行，教师面临的压力大大增加，学校应树立教师也需要心理保健的观念，健全教师心理教育机制。首先，要建立教师心理状况定期检查和心理素质测查制度，让教师了解自己的心理健康状况，为调整自己的心态提供依据。其次，采取听讲座、观看录像等多种形式，让教师掌握一些心理保健、心理卫生等方面的知识，使他们能够有效地进行自我调适。最后，应建立教师心理健康咨询、服务机构，为教师的不良情绪和心理障碍提供疏导、排解渠道。聘请知名的教育学、心理学专家及心理医护人员，定期为教师提供心理健康咨询服务，让教师出现的一些消极的心理感受能够及时得到疏解。

4. 建立赏罚分明的激励机制

学校应建立赏罚分明的激励机制，肯定教师的成就，凸显公平竞争的精神。

（三）个人层面

从教师个人层面看，教师要学会自我调适，维护自身心理健康。

1. 树立正确的认知观念

首先，教师要树立正确的教育观念。其次，教师要树立正确的自我概念。自我是指一个人对自身存在的体验，包括对自己身体、能力、性格、态度、思想等方面的认识。个体只有树立正确而稳定的自我概念，才能正确认识自己，客观评价自己，合理要求自己，从而能客观地评价别人，接纳并理解别人的错误和缺点。

2. 提高情绪自我调节能力

教师要掌握科学的方法，提高情绪自我调节能力。它主要包括五个方面：① 教师要学会控制情绪。教师在学生面前应控制自己的不良情绪，不把消极情绪带进教室。② 运用积极认知。改变认知是一种非常重要的调节策略，认知评估是情境与情绪之间重要的中介变量。任何事情都有两面，积极的认知就是在看到事物不利方面的同时，能看到有利的方面，这种看待问题的方式容易使人增强信心、情绪饱满。③ 注意行为调节。不良情绪已经发生的时候，可以通过一些行为上的改变而加以调控，这属于反应调节。例如，参加文体活动、改变面部表情、改变行走姿势、进行肌肉放松训练，等等。这些行为能宣泄情绪，或转移注意，或产生积极暗示，经常运用则能增强自我对情绪的调控能力。久而久之，它们就会成为个体的反应机制。④ 掌握情绪调剂的技巧和方法。生活中不良情绪的产生总是难免的，强行压抑不良情绪，不但不能从根本上解决问题，而且还会陷入更深的心理困境，带来更大的心理危害。为此，教师应该学会一些积极调节情绪的技术和方法，如合理宣泄法、理智法、转移法、幽默法、适度让步法、升华法、音乐法等，及时地调整自己的情绪，使自己恢复身心平衡状态。⑤ 学会放松。教师要学会放松自己的心态，放松心态的方式多种多样，如静坐、听音乐、打篮球、练习书法，等等。

3. 主动寻求社会支持

在心理学上，社会支持是指一种特定的人际关系，有了它，也就意味着知道有可以信赖的人在尊重、照顾和爱护自己。当一个人遇到心理压力时，他能够从这种社会支持关系中获得有效的帮助。寻求社会支持是我们应对压力和调节情绪的有效手段。研究表明，社会支持水平会直接影响个体的心理健康水平，社会支持水平越高，心理健康水平越高，主观幸福度越高，心理症状越少。教师因工作方式的相对独立性，容易形成人际交往的有限性和自我封闭性，致使他们在面对压力和挫折情境时深感孤独失落和无助。因此，教师应自觉地培养自己的交往意识和积极坦率的社会交往方式，提高人际沟通技能，形成融洽的人际关系，使自己在遇到挫折和困难时能获得来自同事、朋友、亲属等强有力的社会支持，减轻或化解心理压力。

练习与思考

一、单项选择题

1. 李老师坚信自己能教好学生，在教育教学中表现出很高的热情。这主要反映了他具有较高的教学（　　）。

A. 认知能力　　B. 监控能力　　C. 操作能力　　D. 效能感

二、判断辨析题

罗森塔尔效应强调教师的期望因素对学生发展具有重要影响。

三、简答题

1. 简述教师角色构成。
2. 简述建立教师威信的途径。
3. 简述教师的知识结构。
4. 简述教师教学能力的结构。
5. 简述新教师与专家型教师的差异。
6. 简述富勒等人提出的教师成长的三个阶段。
7. 简述教师心理健康的标准。

四、材料分析题

美国教育心理学家吉诺特说：“作为一位教师，他要么是在帮人，要么就是害人（For better or for worse）。”在每个人的成长过程中，中小学教师对他们的影响是不言而喻的，教师心理健康如果出了问题，给学生带来的伤害就是巨大的。因此，教师心理健康水平比他的专业知识和教学技能更具重要性。国内近年来的研究显示，中小学教师的身心健康状况低于普通人的水平。这让我们为中小学教师的身心健康状况担心，也为中小学生的健康成长担忧。（刘婧、刘宪峰：《浅谈中小学教师心理健康》，《科教文汇·下旬刊》，2011 年第 8 期）

问题：影响教师心理健康的因素有哪些？如何促进教师的心理健康发展？

附　录

《教育知识与能力》（中学）考试大纲

一、考试目标

（1）理解并掌握教育教学和心理学的基础知识、基本理论，能运用这些知识和理论分析、解决中学教育教学和中学生身心发展的实际问题。

（2）理解中学生思想品德发展的规律，掌握德育原则和德育方法，具有有针对性地开展思想品德教育活动的能力。

（3）掌握中学生学习心理发展的特点和规律，能指导学生进行有效的学习。

（4）理解中学生生理、心理的特性和差异性，掌握心理辅导的基本方法。

（5）掌握班级日常管理的一般方法，了解学习环境、课外活动的组织和管理知识，具有设计一般课外活动的能力。

（6）掌握教师心理，促进教师成长。

二、考试内容模块与要求

（一）教育基础知识和基本原理

（1）了解国内外著名教育家的代表著作及其主要教育思想。

（2）掌握教育的含义及构成要素；了解教育的起源、基本形态及其历史发展脉络；理解教育的基本功能，理解教育与社会发展的基本关系，包括教育与人口、教育与社会生产力、教育与社会政治经济制度、教育与精神文化等的相互关系；理解教育与人的发展的基本关系，包括教育与人的发展，教育与人的个性形成，以及影响人发展的主要因素——遗传、环境、教育、人的主观能动性等以及它们各自在人的发展中的各自作用；了解青春期生理的变化，包括中学生的身体外形、体内机能、脑的发育、性的发育和成熟。

（3）理解义务教育的特点；了解发达国家学制改革发展的主要趋势；了解我国现代学制的沿革，熟悉我国当前的学制。

（4）掌握有关教育目的的理论；了解新中国成立后颁布的教育方针，熟悉国家当前的教育方针、教育目的及实现教育目的的要求；了解全面发展教育的组成部分（德育、智育、体育、美育、劳动技术教育）及其相互关系。

（5）了解教育研究的基本方法，包括观察法、调查法、历史法、实验法和行动研究法等。

（二）中学课程

（1）了解不同课程流派的基本观点，包括学科中心课程论、活动中心课程论、社会中心课程论等；理解课程开发的主要影响因素，包括儿童、社会以及学科特征等。

（2）掌握基本的课程类型及其特征，其中包括分科课程、综合课程、活动课程，必修课程、选修课程，国家课程、地方课程、校本课程，显性课程、隐性课程等。

（3）了解课程目标、课程内容、课程评价等含义和相关理论。

（4）了解我国当前基础教育课程改革的理念、改革目标及其基本的实施状况。

（三）中学教学

（1）理解教学的意义，了解有关教学过程的各种本质观。

（2）熟悉和运用教学过程的基本规律，包括教学过程中学生认识的特殊性规律（直接经验与间接经验相统一的规律）、教学过程中掌握知识与发展能力相统一的规律、教学过程中教师的主导作用与学生的主体作用相统一的规律、教学过程中传授知识与思想教育相统一的规律（教学的教育性规律），分析和解决中学教学实际中的问题。

（3）掌握教学工作的基本环节及要求；掌握和运用中学常用的教学原则、教学方法；了解教学组织形式的内容及要求。

（4）了解我国当前教学改革的主要观点与趋势。

（四）中学生学习心理

（1）了解感觉的特性，理解知觉的特性。

（2）了解注意的分类，掌握注意的品质及影响因素；了解记忆的分类，掌握遗忘的规律和原因，应用记忆规律促进中学生的有效学习。

（3）了解思维的种类和创造性思维的特征，理解皮亚杰认知发展阶段论和影响问题解决的因素。

（4）了解学习动机的功能，理解动机理论，掌握激发与培养中学生学习动机的方法。

（5）了解学习迁移的分类，理解形式训练说、共同要素说、概括化理论、关系转换理论、认知结构迁移理论，掌握有效促进学习迁移的措施。

（6）了解学习策略的分类，掌握认知策略、元认知策略和资源管理策略。

（7）理解并运用行为主义、认知学说、人本主义、建构主义等学习理论促进教学。

（五）中学生发展心理

（1）掌握中学生认知发展的理论、特点与规律。

（2）了解情绪的分类，理解情绪理论，能应用情绪理论分析中学生常见的情绪问题。

（3）掌握中学生的情绪特点，正确认识中学生的情绪，主要包括情绪表现的两极性、情绪的种类等。

（4）掌握中学生良好情绪的标准、培养方法，指导中学生进行有效的情绪调节。

（5）理解人格的特征，掌握人格的结构，并根据学生的个体差异塑造良好人格。

（6）了解弗洛伊德的人格发展理论及埃里克森的社会性发展阶段理论，理解影响人格发展的因素。

（7）了解中学生身心发展的特点，掌握性心理的特点，指导中学生正确处理异性交往问题。

（六）中学生心理辅导

（1）了解心理健康的标准，熟悉中学生常见的心理健康问题，包括抑郁症、恐惧症、焦虑症、强迫症、网络成瘾等。

（2）理解心理辅导的主要方法，包括强化法、系统脱敏法、认知疗法、来访者中心疗法、理性-情绪疗法等。

（七）中学德育

（1）了解品德结构，理解中学生品德发展的特点。

（2）理解皮亚杰和柯尔伯格的道德发展理论，理解影响品德发展的因素，掌握促进中学生形成良好品德的方法。

（3）熟悉德育的主要内容，包括爱国主义和国际主义教育、理想和传统教育、集体主义教育、劳动教育、纪律和法治教育、辩证唯物主义世界观和人生观教育等。

（4）熟悉和运用德育过程的基本规律（包括德育过程是具有多种开端的对学生知、情、意、行的培养提高过程；德育过程是组织学生的活动和交往，对学生多方面教育影响的过程；德育过程是促使学生思想内部矛盾运动的过程；德育过程是一个长期的、反复的、不断前进的过程），分析和解决中学德育实际中的问题。

（5）理解德育原则，掌握和运用德育方法，熟悉德育途径。

（6）了解生存教育、生活教育、生命教育、安全教育、升学就业指导等的意义及基本途径。

（八）中学班级管理与教师心理

（1）熟悉班集体的发展阶段。

（2）了解课堂管理的原则，理解影响课堂管理的因素；了解课堂气氛的类型，理解影响课堂气氛的因素，掌握创设良好课堂气氛的条件。

（3）了解课堂纪律的类型，理解课堂结构，能有效管理课堂；了解课堂问题行为的性质、类型，分析课堂问题行为产生的主要原因，掌握处置与矫正课堂问题行为的方法。

（4）了解班主任工作的内容和方法，掌握培养班集体的方法。

（5）了解课外活动组织和管理的有关知识，包括课外活动的意义、主要内容、特点、组织形式以及课外活动组织管理的要求。

（6）理解协调学校与家庭联系的基本内容和方式，了解协调学校与社会教育机构联系的方式等。

(7)了解教师角色心理和教师心理特征。
(8)理解教师成长心理，掌握促进教师心理健康的理论与方法。

三、试卷结构

模块	比　例	题型
教育基础知识和基本原理 中学教学 中学生学习心理 中学德育	68%	单项选择题 辨　析　题 材料分析题
中学课程 中学生发展心理 中学生心理辅导 中学生班级管理与教师心理	32%	单项选择题 简　答　题 材料分析题
合计	100%	单项选择题：约 30% 非选择题：70%

四、题型示例

1. 单项选择题

(1) 1958 年我国曾提出过“两个必须”的教育方针。“两个必须”是指(　　)。
A. 教育必须为当前建设服务，必须与生产劳动相结合
B. 教育必须为阶级斗争服务，必须与社会活动相结合
C. 教育必须为无产阶级政治服务，必须与生产劳动相结合
D. 教育必须为社会主义建设服务，必须与工农相结合
(2)人在心理活动和行为中表现出的稳定的动力特点是(　　)。
A. 人格　B. 性格　C. 能力　D. 气质

2. 辨析题(判断正误，并说明理由)

(1)美育就是指艺术教育。
(2)负强化等同于惩罚。

3. 简答题

(1)我国中学应贯彻哪些基本的教学原则?
(2)如何组织有效的复习?

4. 材料分析题

(1)阅读下列材料，运用教育与社会发展相互关系的有关理论进行简要评析。

我国著名平民教育家晏阳初在 20 世纪 30 年代曾提出过“教育救国”的理论。他认为中国落后的主要原因是因为当时农民存在贫、愚、弱、私四大病害，只要我们的教育工作者、仁人志士深入到广大农村推行相应的四种教育，即生计教育、文艺教育、卫生教育和公民教育，这样就可以克服上述四大病害，中国自然就富强了。但实践证明，这种设想只是善良的愿望，并未成功，正如毛泽东同志所说，“教育救国”，唤来唤去还是一句空话。

（2）阅读下列材料，回答问题。

李明学习非常用功，平时各科成绩都还不错，但每逢大考前他就非常紧张、烦躁、害怕，前一天晚上睡不好觉，第二天进入考场头脑就一片空白，结果成绩总是不理想。老师与同学都认为，李明的考试成绩与平时的努力程度不相称。

问题：

① 运用情绪相关知识分析李明同学面临的问题。

② 作为教师，你会采取什么措施来帮助他?

参考文献

[1] Conger J J. Adolescence and youth：Psychological Development in a Changing World[M]. New York：Harper & Row，1997.
[2] Raymond G Miltenberger. 行为矫正——原理与方法[M]. 3 版. 石林，等，译. 北京：中国轻工业出版社，2004.
[3] [加]罗比凯斯. 智慧的发展——一种新皮亚杰主义理论[M]. 吴庆麟，等，译. 上海：上海教育出版社，1994.
[4] [美]菲利普·津巴多. 心理学与生活[M]. 王垒，王甦，等，译. 北京：人民邮电出版社，2011.
[5] 车文博. 当代西方心理学新词典[M]. 长春：吉林人民出版社，2001.
[6] 叶亦乾，等. 普通心理学[M]. 上海：华东师范大学出版社，2007.
[7] 叶澜. 教师角色与教师发展新探[M]. 北京：教育科学出版社，2001.
[8] 冯忠良，等. 教育心理学[M]. 2 版. 北京：人民教育出版社，2010.
[9] 全国十二所重点师范大学联合编写. 心理学基础[M]. 北京：教育科学出版社，2002.
[10] 刘华山，江光荣. 咨询心理学[M]. 上海：华东师范大学出版社，2010.
[11] 刘晓明，孙文影. 教师心理健康教育[M]. 北京：中国轻工业出版社，2008.
[12] 阮建芳.气质与性格[M]. 北京：同心出版社，2013.
[13] 孙学礼. 精神病学[M]. 3 版. 北京：高等教育出版社，2013.
[14] 阴国恩，梁福成，白学军. 普通心理学[M]. 天津：南开大学出版社，1998.
[15] 李小融. 教育心理学新编[M]. 成都：四川教育出版社，2005.
[16] 李晓文. 人格发展心理学[M]. 杭州：浙江教育出版社，2008.
[17] 李梅. 教育心理学[M]. 南京：江苏教育出版社，2008.
[18] 杨治良. 记忆心理学[M]. 2 版. 上海：华东师范大学出版社，1999.
[19] 吴新春. 中学生心理辅导[M]. 北京：高等教育出版社，2010.
[20] 张大均，江琦. 教师心理素质与专业性发展[M]. 北京：人民教育出版社，2005.
[21] 张春兴. 心理学思想的流变——心理学名人传[M]. 上海：上海教育出版社，2000.
[22] 陈少华. 人格心理学[M]. 广州：暨南大学出版社，2010.
[23] 陈仲庚，张雨新. 人格心理学[M]. 沈阳：辽宁人民出版社，1986.
[24] 陈国明. 心理健康教育指导[M]. 宁波：宁波出版社，2002.
[25] 陈琦，刘儒德. 当代教育心理学[M]. 北京：北京师范大学出版社，2007.
[26] 陈慕泽. 智力大挑战[M]. 上海：上海人民出版社，2000.
[27] 邵瑞珍. 教育心理学[M]. 上海：上海教育出版社，1997.
[28] 罗小兰. 教师心理学[M]. 北京：中国社会出版社，2007.

[29] 周作云. 教师心理概论[M]. 成都：成都科技大学出版社，1988.
[30] 周国韬，张明，等. 教师心理学[M]. 北京：警官教育出版社，1998.
[31] 周明星. 创造教育与挫折教育[M]. 北京：中国人事出版社，2009.
[32] 郑日昌，陈永胜. 学校心理咨询[M]. 2 版. 北京：人民教育出版社，2009.
[33] 郑雪. 人格心理学[M]. 广州：暨南大学出版社，2001.
[34] 郑敦淳. 经典人格论[M]. 广州：广东人民出版社，1988.
[35] 孟昭兰. 人类情绪[M]. 上海：上海人民出版社，1989.
[36] 孟昭兰. 情绪心理学[M]. 北京：北京大学出版社，2005.
[37] 赵淑文. 心理学新编[M]. 北京：首都师范大学出版社，1996.
[38] 柳友荣. 现代心理学基础[M]. 合肥：安徽人民出版社，2003.
[39] 洪明，张锦坤. 教育知识与能力（中学）[M]. 北京：北京大学出版社，2014.
[40] 晋劲敏. 教师心理[M]. 北京：北京师范学院出版社，1987.
[41] 徐厚道. 心理学概论[M]. 北京：北京工业大学出版社，2003.
[42] 郭永玉，贺金波. 人格心理学[M]. 北京：高等教育出版社，2011
[43] 教师资格认定考试编写组. 教育心理学[M]. 北京：北京师范大学出版社，2008.
[44] 黄希庭. 心理学导论[M]. 2 版. 北京：人民教育出版社，2007.
[45] 章泽渊，陈科美. 教育心理学[M]. 北京：人民教育出版社，1986.
[46] 彭耽龄. 普通心理学[M]. 修订版. 北京：北京师范大学出版社，2004.
[47] 彭聃龄. 普通心理学[M]. 4 版. 北京：北京师范大学出版社，2013.
[48] 程明亮. 解决问题心理学[M]. 重庆：重庆大学出版社，1997.
[49] 虞国庆，漆权. 中学教育心理学[M]. 南昌：江西高校出版社，2008.
[50] 雒晓春. 教育心理学[M]. 中学最新版. 北京：中国经济出版社，2013.
[51] 廖正峰. 教师心理学[M]. 杭州：浙江教育出版社，1985.
[52] 章志光. 心理学[M]. 3 版. 北京：人民教育出版社，2002.
[53] 陈琦，刘儒德. 当代教育心理学[M]. 2 版. 北京：北京师范大学出版社，2000.
[54] 蔡笑岳. 心理学[M]. 3 版. 北京：高等教育出版社，2014.
[55] 冯维. 小学心理学教程[M]. 重庆：西南师范大学出版社，2014.
[56] 吴红耘，皮连生. 学与教的心理学[M]. 6 版. 上海：华东师范大学出版社，2020.
[57] 郑雪. 人格心理学[M]. 3 版. 广州：暨南大学出版社，2022.
[58] 陈少华. 人格心理学[M]. 2 版. 广州：暨南大学出版社，2019.
[59] 张大均. 教育心理学[M]. 3 版. 北京：人民教育出版社，2015.
[60] 莫雷. 教育心理学[M]. 北京：教育科学出版社，2007.
[61] 项贤明. 教育学原理[M]. 北京：高等教育出版社，2019.
[62] 苏春景. 教育学[M]. 北京：高等教育出版社，2010.
[63] 全国十二所重点师范大学联合编写. 教育学基础[M]. 3 版. 北京：教育科学出版社，2014.